Erfahrungen als Schüler:
Mein elftes Schuljahr in den USA

Eine Mutter:
Meine Tochter geht nach Amerika

Fakten und Informationen
zu den US-Gastschüler-Programmen

Worauf man achten muß,
damit der High School-Besuch ein Erfolg wird

Gastland USA:
Anreise, Lebensumstände

Schulvokabular, Info-Literatur

Reise Know-How

Max Rauner

Als Gastschüler in den USA

Mit einem Beitrag
von Katrin Asmuß

Meine Tochter
geht nach Amerika

Erfahrungen,
Fakten und
Informationen

Impressum

Max Rauner
Als Gastschüler in den USA
Erfahrungen, Fakten und Informationen
Aktualisierte und erweiterte Auflage 2001
ist erschienen im

Reise Know-How-Verlag Hohenthann
ISBN 3-89662-181-5

Dr. Hans-R. Grundmann GmbH
Am Hamjebusch 29, 26655 Westerstede

Gestaltung
Umschlag: Mani Schömann, Köln; Peter Rump, Bielefeld
Satz und Layout: Hans-R. Grundmann
Foto Seite 270/271: Werner Schmidt, Ganderkesee
Weitere Fotos: Max Rauner, Hans Grundmann
Karten: Elsner&Schichor, Karlsruhe
Illustrationen: Folkmar Immel, Westerstede

Belichtung und Druck
Fulda Verlagsdruck

Dieses Buch ist in jeder Buchhandlung
im deutschsprachigen Raum erhältlich.
Die Bezugsadressen für den Buchhandel sind

- Prolit GmbH, 35463 Fernwald-Annerod
- AVA Buch 2000, CH-8910 Affoltern
- Mohr Morawa GmbH, A-1230 Wien
- Barsortimenter

Wer im lokalen Buchhandel Reise Know-How-Bücher nicht findet, kann diesen und andere Titel der Reihe auch beim Verlag (✆ 04488/761994) oder be ider *Germinal GmbH*, Verlags- und Medienhandlung bestellen: Postfach 70, D-35463 Fernwald; ✆/Fax: 0641-41700, außerdem im Internet unter www.reisebuch.de.

Als Gastschüler in die USA?

Ich hatte einerseits Angst vor diesem Schritt. Andererseits war ich neugierig. Als ich zusammen mit 150 anderen Jugendlichen in der Abfertigungshalle des Frankfurter Flughafens stand, machte ich mir kaum eine Vorstellung von dem, was mich drüben erwartete. Die Prospekte und Broschüren fast aller Organisationen zeigten zwar hübsche Farbfotos mit fröhlichen Gesichtern, und die Handbücher sprachen von "Kulturschock" und erforderlicher "Anpassungsfähigkeit". Doch weder sie noch die Reiseführer und Länderanalysen konnten mir wirklich vermitteln, was es bedeutet, Gastschüler zu sein. Vergeblich suchte ich nach geeigneter Literatur.

Mit diesem Buch möchte ich kein "Patentrezept Gastschüler/in" vorlegen. Jede(r) muß die Entscheidung für einen USA-Aufenthalt für sich treffen. Er/sie wird in den USA mit Verhältnissen und Problemen konfrontiert, die nicht überall gleich sind. Ich schreibe im **Teil 1** dieses Buches von den Erfahrungen an "meiner" High School. Aber gerade die subjektive, nicht verallgemeinernde Sichtweise regt dazu an, sich kritisch, intensiv und selbständig mit der Möglichkeit eines High School-Aufenthaltes auseinanderzusetzen.

Diese Auflage enthält den **Beitrag einer Mutter** über das Amerikajahr ihrer Tochter von der Idee über Vorbereitung und Abflug bis zur konkreten Erfahrung der langen Trennung aus **Elternsicht**.

Alle technisch-organisatorischen Aspekte auf der Basis von Anfang 2001 verfügbaren Daten werden im **Teil 2** ausführlich behandelt. Im **Teil 3** finden sich über die Gastschülerthematik hinausgehende Informationen zu den USA, zusätzlich ein nützlicher Vokabelanhang und eine kleine Liste empfehlenswerter Bücher.

Bei den zahlreichen Organisationen, die mir mit Auskünften und Materialien bei der Anfertigung des 2. Teils behilflich waren, möchte ich mich an dieser Stelle ausdrücklich bedanken, namentlich bei Frau B. Engler von der Aktion Bildungsinformation, beim Pädagogischen Austauschdienst und den Kultusministerien der Bundesländer. Meinem Verleger danke ich für seine konstruktive Kritik und Unterstützung beim Abfassen der Skripte.

Besonderer Dank gilt meinen Eltern, die mir das High School-Jahr ermöglichten, sowie meinen beiden amerikanischen "Gastfamilien" und allen, die mich in den USA so freundlich und offen aufgenommen haben.

Über Kommentare und Anregungen für künftige Verbesserungen des Buches würde ich mich freuen.

Max Rauner

Teil 1

Mein elftes Schuljahr in den USA

Kapitel 1

Soll ich, soll ich nicht, soll ich ...?

Die Idee kommt vom Vater

»Nun überleg es dir doch noch einmal.« Er guckte über den Rand der Zeitung hinweg und sah mich eindringlich an. Jedesmal wenn mein Vater diesen Ton anschlägt, haben seine zahlreichen Überzeugungsversuche sämtlich versagt, und mit einem »Wie du willst« ist das Thema dann schließlich vom Tisch. So blieb ich auch weiterhin stur bei meinem »Nein«, während meine Mutter mich mit einem »wenn er sich entschieden hat, dann akzeptiere das doch endlich!« unterstützte. Was sich hier abspielte, war das Ende einer dieser tiefschürfenden Familiensitzungen, bei denen die Zukunft der Kinder auf der Tagesordnung steht. »Die Zukunft«, das war in diesem Fall ein einjähriger »High School-Besuch mit Familienaufenthalt in den Vereinigten Staaten von Amerika«, wie es hübsch ausformuliert in dem Zeitungsartikel hieß, den mein Vater mir vorgelesen hatte. Die Autorin hatte deutsche Schüler, die in den Vereinigten Staaten zur Schule gegangen waren, nach ihren Erlebnissen und Meinungen befragt. Es war das erste Mal, daß ich mit diesem Thema konfrontiert wurde. Aber noch während mein Vater den Artikel vorlas, wußte ich schon, daß ich keine Lust auf ein derartiges Vorhaben verspürte – es ging nur noch um ein paar gute Ausreden, die Entscheidung vor mir und meinen Eltern zu rechtfertigen.

»Viel zu teuer«, sagte eine Freundin, der ich von dem Gastschülerprogramm erzählte. Im Artikel war von 10.000 bis 15.000 DM Gesamtkosten die Rede, wenn der Aufenthalt von einer kommerziellen Organisation vermittelt und organisiert wird – ein gutes Argument. Außerdem würde ich ein Schuljahr verlieren; ein ehemaliger Gastschüler aus der Nachbarschaft hatte die 11. Klasse nach seiner Rückkehr wiederholen müssen. Einer aufatmenden Mutter und einem »Wie du willst«-

Vater erklärte ich am Abend, daß ich immer noch im nächsten Jahr, nach der 11. Klasse, über den Atlantik fliegen könne, falls ich mich irgendwann anders entscheiden sollte. Das Thema war für mich abgehakt, die Familiensitzung beendet – hoffte ich. Insgeheim ärgerte es mich im Nachhinein doch, nicht auf das Angebot eingegangen zu sein. Meine Eltern hätten den Aufenthalt bezahlen können. Auch die Idee, nach der 11. Klasse, also während der Vorbereitung auf das Abitur, nach Amerika zu gehen, war unrealistisch. Ich hatte die Frage verdrängt, kam mir ein wenig feige und unaufrichtig vor. Denn meine eigentlichen Gründe waren die Angst vor dem Neuen und Unbekannten, das Unbehagen bei dem Gedanken, den vertrauten Alltag zu verlassen und auch die Ungewißheit, inwieweit mich der Sprung in eine völlig neue Umwelt verändern würde. Auf der anderen Seite sah ich in diesen Punkten eine gewisse Herausforderung.

Ich beschloß, demnächst Unterlagen zu High School-Programmen zu besorgen. Indessen hatte sich das Problem in der Zwischenzeit von selbst gelöst: der im Zeitungsartikel angegebene Einsendeschluß für Bewerbungen an die beschriebene Organisation war Oktober, und der war verstrichen. Ich war zufrieden, konnte ich doch behaupten: »Ich wollte ja in die USA, aber leider, leider war es zu spät.«

Und dann doch!

Durch Zufall geriet mir im Februar das Infoblatt des Sprachreiseveranstalters *Trans Atlantic Language* (TAL*) in die Hände. Die Schülervertretung unseres 200köpfigen Dorfgymnasiums bekam permanent Werbeprospekte dieser Art, durfte sie allerdings nicht verteilen. Es war meine Aufgabe, überflüssige Sendungen aus der SV-Post auszusortieren, und so

(*) Die hier verwendeten Organisationsbezeichnungen und Abkürzungen sind fiktiv, die mit diesen verbundenen Gegebenheiten und Ereignisse jedoch real.

fischte ich mir oft eines der Faltblätter aus den Umschlägen, bevor sie in den Mülleimer wanderten. Mehr aus Langeweile als aus Interesse las ich die Post, meistens in den Geschichtsstunden. Das Werbeblatt von TAL sah recht vielversprechend aus: »Transatlantikflug Frankfurt–New York und zurück. Unterkunft bei einer sorgfältig ausgewählten Familie, Beaufsichtigung und Beratung durch den örtlichen Repräsentanten, dreitägiges Einführungsprogramm in New York ...« – für stolze 9300 Mark plus Taschengeld, Einsendeschluß für eine Bewerbung war der 15. April – noch zwei Monate.

In einem Artikel für unsere Schülerzeitung schrieb ich rückblickend: »Auch diesen Prospekt wollte ich in den Papierkorb werfen, doch als ich am Abend, bei Erklingen der Dallas-Erkennungsmelodie den Fernseher ausschaltete, hatte ich es mir anders überlegt – es mußte doch in den USA auch andere Familien geben als die *Ewings.*«

Ich gebe zu, ganz so locker fiel die Entscheidung nicht. Vielmehr schienen die Werbesprüche und die beeindruckenden Bilder vom sonnigen San Francisco und dem Capitol-Gebäude in Washington ihr Ziel zu erreichen. »Amerika, das Land der unbegrenzten Möglichkeiten, ein riesiger Kontinent, ein faszinierendes Land! Nach Amerika zu reisen heißt, einen anderen Lebensstil kennenzulernen, den *American Way of Life* – ein unvergeßliches Erlebnis«, heißt es am Anfang des TAL-Blattes. Die angeführten Vorteile leuchteten mir ein: »das amerikanische Leben intensiv und unmittelbar erleben, die englische Sprache verbessern und fließend beherrschen und Kenntnisse in wichtigen Schulfächern vertiefen«. Es war mir klar, daß ich neben dem »man organisiert Partys und Ausflüge und nimmt am Gemeindeleben teil« auch die (im Prospekt natürlich unerwähnten) Schattenseiten des *American Dream* kennenlernen würde. Doch das erschien mir jetzt eher als ein zusätzlicher Grund, den Schritt zum einjährigen Auslandsaufenthalt zu wagen.

Soweit war es allerdings noch nicht. Zunächst zeigte ich meinen Eltern den Prospekt und forderte am nächsten Tag weitere Unterlagen von TAL an. Zum Vergleich mit anderen Organisationen war es zu spät – TAL oder nichts. Ich war verwundert, wie sich die Idee inzwischen in meinem Kopf festgesetzt hatte, wo ich doch im November den US-Aufenthalt noch entschieden abgelehnt hatte. War es die Möglichkeit, eine verdrängte Entscheidung nachholen und eine verpaßte Chance noch einmal wahrnehmen zu können, die meine jetzige Haltung bestimmte? Ich weiß es nicht. Im nachhinein bin ich froh über diesen Verlauf, denn es zeigte sich in Amerika, daß vor allem diejenigen Gastschüler Heimweh bekamen und vereinzelt sogar wieder nach Hause reisten, die auf Drängen ihrer Eltern ins Ausland gegangen waren. Ich kenne dieses Gefühl von den Hausaufgaben: je höher die Eigenmotivation, desto besser das Ergebnis.

Cowboys, Rambos und J.Rs?

Ein Jahr an fremden Tischen, ein Jahr amerikanische High School – ein Jahr zwischen Cowboys, Rambos und J.R.s? In den folgenden Tagen, während ich auf Antwortpost von der Organisation wartete, wurde mir bewußt, wie lückenhaft und klischeegeprägt mein Amerikabild eigentlich war. Mein stereotyper Amerikaner war fett, hatte einen Plastikhut auf dem »*Law and Order*«-Kopf, aß Hamburger und trank Cola. Da hörte es bei der Menschenkenntnis auch schon auf, denn zu den amerikanischen Soldaten in unserer Gegend hatte man höchstens Blickkontakt durch die Windschutzscheibe. Ansonsten fiel mir zwar beim Stichwort US-Außenpolitik durchaus einiges ein: Vietnamkrieg, Grenada, Panama, Golfkrieg usw. Es war mir unbegreiflich, mit welcher Selbstverständlichkeit sich die USA bei jeder Gelegenheit als Weltpolizist aufführten. Aus diesem Grund schüttelten auch viele meiner Mitschüler verständnislos den Kopf, als ich ihnen von meinen

Plänen erzählte: galt ich doch in unserer Schule, was Politik betraf, als den US-Amerikanern nicht sehr zugetan. Doch nun wollte ich versuchen, die Mentalität der US-Bürger aus der amerikanischen Sichtweise kennenzulernen und aus ihrer Geschichte heraus zu begreifen. Ich war mir auch darüber klar, daß nicht ganz Amerika von stockkonservativen Republikanern bewohnt sein konnte. Um mein Bild von den USA und den Amerikanern zu differenzieren, schien mir ein einjähriger Schulaufenthalt sehr geeignet. Meine Eltern waren derselben Auffassung. Während sich allerdings meine Mutter wegen des Vorhabens ihres einzigen Sohnes etwas ängstlich zeigte, schien mein Vater zufrieden. Letztendlich würden vielleicht auch sie indirekt von meiner einjährigen USA-Erfahrung profitieren. Bisher war mir der amerikanische Alltag noch ebenso unbekannt wie Schulsystem, Klima und Bevölkerungsstrukturen. Ich nahm mir vor, einiges über Geschichte und Menschen der Vereinigten Staaten zu lesen, um nicht ganz unvorbereitet in dieses Land zu reisen, falls es wirklich klappen sollte.

Kapitel 2

Fünf Monate bis zum Abflug – Formulare, Warten und ein Vorbereitungsseminar

16 Seiten Bewerbungsformulare

Anfang März schickte mir die Sprachreiseorganisation TAL die Bewerbungsunterlagen zu. Diese bestanden aus 16 DIN A4 Seiten: Fragebögen und Versicherungsunterlagen in Englisch. Der Absender hieß: *United Exchange Agency* (UNEX), das ist die amerikanische Partnerorganisation mehrerer deutscher Sprachreiseunternehmen, darunter TAL. 16 Seiten – das hört sich schlimmer an, als es ist. Hausarzt, Schulleiter und Englischlehrer bzw. eine fließend englisch sprechende Person sollten auf je zwei Seiten Gesundheitszustand, Schulleistungen und englisches Sprachvermögen des Bewerbers kommentieren und mit Kreuzchen und Kreisen ein differenziertes Bild vom Schüler erstellen. Die übrigen 10 Seiten beinhalteten Fragen zur Person, Platz für Gebietswünsche und viele Einverständniserklärungen, alles von Bewerber und Eltern auszufüllen. Die Arbeitsteilung macht es möglich, die Unterlagen bei guter Koordinierung in gut einer Woche zu vervollständigen. Ich brauchte drei.

Mein Entschluß zum US-Aufenthalt stand nun fest. Ich war der Meinung, alle in der Broschüre angeführten Voraussetzungen für eine erfolgreiche Bewerbung zu erfüllen, »daß Du zum Zeitpunkt Deiner Abreise zwischen 14 und 18 Jahren alt bist, ziemlich gute Englischkenntnisse hast und zumindest auch durchschnittliche Schulnoten« (Wortlaut Prospekt). Außerdem hielt ich mich für »kontaktfreudig, anpassungsfähig und an Neuem interessiert«. Sollte es also zu einem Auswahlverfahren kommen, so rechnete ich mir gute Chancen aus. Ich mußte mich zu diesem Zeitpunkt entscheiden, denn wenn die Unterlagen erst einmal ausgefüllt und eingeschickt sind, gibt es kein »Zurück« mehr. Das heißt, es gibt schon ein »Zurück«, aber das ist teuer: »nach Einreichen der kompletten

Bewerbungsunterlagen DM 100; bei Rücktritt nach schriftlicher Bestätigung DM 900; bei Rücktritt nach Bekanntgabe der Familienanschrift DM 2500; bei Rücktritt ab 14 Tagen vor Reiseantritt DM 3500«, lauteten die Bedingungen von TAL.

Schwierigkeiten mit dem amerikanischen Arztformular

Meine Englischlehrerin half mir gerne beim Ausfüllen der Bewerbung und auch der Arzt nahm sich Zeit. Er fühlte sich offensichtlich an sein Medizinstudium erinnert, denn jedesmal, wenn er ankreuzen mußte, ob ich z.B. an »*Goiter*«, »*Enuresis*« oder »*Appendectomy*« leide, spekulierte er zunächst über das lateinische Synonym des Wortgebildes, schlug dann im schlauen Medizinhandbuch nach und freute sich, wenn es ein Treffer war. Bei der Übertragung des Impfpasses enstanden dann doch einige Schwierigkeiten. Wir verwechselten »*Red Measles*« (Masern) mit »*Rubella*« (Röteln). Ein zweiter Punkt war der Tuberkulosetest: Viele deutsche Kinder werden gegen TB geimpft, haben also TB-Partikel im Blut. Die Teilnehmer an High School-Programmen müssen einen TB-Test durchführen lassen. Dieser fiel bei mir auf Grund der Impfung natürlich positiv aus. In dem Fall soll ein Röntgenbefund erstellt werden (eine längere Prozedur beim Gesundheitsamt), obwohl das positive Testergebnis lediglich zeigt, so der Arzt, daß die Impfung erfolgreich war. Es half nichts, auch dieses letzte medizinische Hindernis mußte noch überwunden werden.

Während ich zu Hause den Brief an die noch unbekannten Gasteltern formulierte und den meiner Eltern übersetzte (beide sollten in Englisch auf je eine der 16 Bewerbungsseiten getippt bzw. mit schwarzer Tinte geschrieben werden), leistete meine Englischlehrerin ihren Teil. Sie bemühte sich, meine Englischkenntnisse, Ausdrucksfähigkeit und Wortschatz, in Kategorien wie »*Excellent*«, »*Good*«, »*Fair*« und »*Poor*« einzustufen. Hierzu sollte ich auf Wunsch von UNEX sowohl einen fünf Absätze langen englischen Text oder Artikel vorlesen, als auch 15 Minuten auf Englisch interviewt werden. Meine Lehrerin bewertete mich in Wortschatz und Ausdruck mit »*Good*«. Sie kommentierte als Klassenlehrerin anstelle des Schulleiters auf 10 Zeilen kurz »*on the character, motivation, and study habits of the student*« und kam zu dem Schluß, ich sei den Anforderungen eines High School-Aufenthalts gewachsen.

Ich kann nicht genau abschätzen, inwieweit die Aussagen von Schulleiter und Englischlehrer sowie die Zeugnisse bei der UNEX-Auswahl von Schülern eine Rolle spielen. In den USA lernte ich japanische Gastschüler mit äußerst dürftigen Englischkenntnissen kennen, die auch von UNEX vermittelt worden waren. Die den Unterlagen beizufügenden beglaubigten Zeugnisübertragungen (*transcripts*) seit Klasse 9 und die übrigen Schuldaten sind in erster Linie für den *Guidance Counselor* gedacht, der die »Neuen« einstufen und in der Fächerwahl beraten muß (siehe auch Seite 120ff).

Die von der Schule auszufüllenden Seiten waren bald mit schwarzer Tinte beschrieben und mit Stempel versehen. Und auch ich hatte begonnen, meine Seiten mit Kreisen, Kreuzen und Unterschriften zu vervollständigen. Neben Fragen zur

Person und zum Charakter – ähnlich wie bei einer schriftlichen Partnervermittlung – konnte ich Gebietswünsche äußern, wurde nach Hobbys ebenso gefragt wie nach dem gewünschten Alter und der bevorzugten Anzahl der amerikanischen Gastfamilienmitglieder. Sämtliche Kriterien sollten bei der Auswahl der Gastgeber berücksichtigt werden.

1000 DM für Kalifornien

Auf einer Skala von 1 (*not comfortable*) bis 10 (*very comfortable*) gab ich der »*family with children, under 18 at home*« auf meinem Bogen den höchsten Stellenwert, das »Rentnerehepaar« stufte ich mit 1 ein. Ähnlich verfahren wird bei den Gebietspräferenzen. Kalifornien ist von vornherein ausgeschlossen, wer dorthin möchte, zahlt drauf, und zwar 1000 DM für Kaliforniengarantie und 500 DM für »Kalifornien, wenn möglich«. Er verstehe gar nicht, warum alle Leute nach Kalifornien wollen, sagte der Präsident von UNEX während des Einführungsseminars in New York: Kalifornien bestehe vielleicht zu 5% aus Küstenidylle, die restlichen 95% seien Wüste und Berge.

Ich wählte die Neuengland-Staaten als Erstwunsch. Die Sprache dieser Gegend ist dem britischen Englisch am nächsten und die Leute gelten als progressiv. Im Gegensatz zu den konservativen Südstaaten, die ich trotzdem, mit Blick auf Florida und die Küstengebiete, als Zweitwunsch angab. Meine spätere Gastfamilie lebte denn auch in diesem Gebiet, aber das umfaßte, wie mir erst nach der Zuteilung auffiel, neun Staaten. So war es nicht verwunderlich, daß ich im tiefen Süden, bei den *Red Necks*, den Hinterwäldlern (so nennen viele *Yankees* aus dem Norden ihre Mitbürger im Süden), landete. Ich hatte zwar unter der Rubrik »*Hobbies*« in der Hoffnung auf einen Küstenstaat angegeben, daß ich unbedingt segeln möchte, doch um meinen zukünftigen Heimatort sollte sich ein größerer Fluß schlängeln. Ich bereue rückblickend auch diesen Ausgang nicht.

»*Nonbeliever*« oder »Atheist«?

Ich glaubte, es sei möglich, durch den in der Bewerbung enthaltenen Brief an die noch unbekannten Gasteltern, durch geschickte Beantwortung der Fragen und nicht zuletzt durch die mitzuschickenden Fotos die Auswahl der Familie in Grenzen zu beeinflussen. Diese Annahme bestätigte sich in meinem Fall nur zum Teil: Obwohl (oder vielleicht gerade weil?) ich mich per Kreuzchen als *Nonbeliever* klassifizert und die Frage nach Kirchenaktivitäten aus diesem Grund gar nicht erst beantwortet hatte, entschied sich eine fundamentalistische Baptistenfamilie, die mindestens dreimal pro Woche zur Kirche geht, für die Aufnahme von Max Rauner aus *Germany* – was ich im Nachhinein keineswegs bereue. Neben der Religionspraktik fragt UNEX auch, ob ein »Raucher-*Home*« abgelehnt wird. Alkohol-Trinken außer Haus ist in den USA erst ab 21 gestattet und daher auch von der Organisation verboten.

Bin ich »unabhängig«, »launisch«, »höflich« ?

Nachdem ich mich im Charakterabschnitt als »unabhängig«, »freundlich«, »höflich« und »offen« bezeichnet hatte – wer kreuzt in einem derartigen Fragebogen auch schon die Alternative »unsicher« oder »launisch« an –, waren die Unterlagen komplett. Ich mußte nur noch einige Passagen aus den Regeln und Verboten übersetzen, die meine Erziehungsberechtigten und ich schließlich unterschreiben sollten. Wir verpflichteten uns im Kleingedruckten, daß »*although we may maintain in the future a friendly relationship with the school, local coordinators, and the family, or families with whom he/she may establish contact through UNEX or its employees, we will not make use of this knowledge to send in the future, directly or indirectly, students, relatives or friends, to said school, local coordinators, or families, unless it is through UNEX*«. Außerdem gestattete ich der Organisation per Unterschrift, jegliche Berichte und (Foto-) Materialien von mir für Werbezwecke zu verwenden. Was tut man nicht alles für ein Jahr High School.

Eine weitere DIN A4 Seite beinhaltete Pflichten und Regeln im zukünftigen Zuhause und in der Schule, sowie Informationen über das Programm. UNEX betonte hier noch einmal, daß die Gastfamilien freiwillig Schüler aufnehmen und wie die öffentlichen High Schools kein Geld bekommen. Der Abschluß einer Krankenversicherung ist Pflicht. Manchmal kommen deutsche Versicherungen für anfallende Kosten während eines solchen Auslandaufenthaltes auf, so auch unsere Versicherung. Die Sprachreiseorganisation wollte dazu alle Details wissen, doch als wir im dritten Anruf die Krankenkasse fragen sollten, ob sie auch die Kosten der »*Preparation and Transportation*« des Körpers bzw. von Leichenteilen im Todesfall übernimmt, schlossen wir genervt die UNEX-Versicherung ab. Zusätzliche 25 Dollar im Monat. Das machte bei 10 Monaten und einem Wechselkurs von 1$ = 2 DM: 9300 DM + 500 DM = 9800 DM.

Plus 1000 Dollar Taschengeld

UNEX empfiehlt ein Taschengeld von 100 Dollar pro Monat. Mir kam das reichlich viel vor, denn mit dieser Summe betrugen die Gesamtkosten meines High School-Jahres mittlerweile 11.800 DM. Tatsächlich reichten 100 Dollar pro Monat knapp aus. Das offizielle Programm dauert im übrigen nur 10 Monate, vom 15. August bis zum 15. Juni. UNEX ließ das Datum des Rückfluges offen, ich mußte aber vor dem 14. August die Rückreise antreten. Die Organisationen handhaben das unterschiedlich; bei einigen wird wegen des verbilligten Gruppenpreises ein fester Rückflugtermin gebucht.

Die ausgefüllten Bewerbungsunterlagen schickte ich Mitte März weg – als reguläre Briefsendung. Wenn ich mir heute überlege, wieviel Zeit das Ausfüllen gekostet hat, bekomme ich eine Gänsehaut bei dem Gedanken, der Brief wäre verloren gegangen. Nach einer Woche teilte mir TAL mit, sie hätte mein Schreiben weitergeleitet: »Bei diesem Teil unseres Programms arbeiten wir mit Prof. Ohlig Sprache &

Travel GmbH zusammen.« TAL schaltete sich damit aus und Prof. Ohlig (Kürzel: PrOST) ein. In einem Schreiben an PrOST, von dem ich eine Kopie erhielt, hieß es: »Dem Kunden haben wir mitgeteilt, daß nun Sie für den buchungstechnischen Ablauf Sorge tragen werden.«

Drei Organisationen: TAL, UNEX und jetzt Prof. Ohlig Sprache und Travel – das System wurde immer undurchschaubarer. Die »zuständigen Sachbearbeiter« von PrOST bestätigten mir vier Tage nach Erhalt des TAL-Briefes meine Anmeldung und schickten mir gleichzeitig eine Checkliste. Arzt- und Versicherungsformular bedurften noch einiger Korrekturen. Zusätzlich bekam ich »zur Begrüßung als kleine Aufmerksamkeit ein Armband mit integrierter Uhr und Reißverschlußtasche, das Ihnen bei Sport und Freizeit nützliche Dienste leisten wird« (PrOST-Brief). Ich schenkte es im August meinem kleinen »Gastbruder«. Im selben Brief wurde ein Termin für ein Interview vorgeschlagen: am 16. April zwischen 17 und 18 Uhr sollte ich bei PrOST in Bingen anrufen. Drei Tage nach diesem Brief kam bereits die Information, ich sei in das Programm aufgenommen. Wozu also noch ein Interview? »Wir möchten Sie auf diese Weise besser kennenlernen, Ihre Ideen und Erwartungen zu diesem Programm erfahren und gleichzeitig ein wenig Englisch mit Ihnen sprechen.«

Das Interview: 10 Minuten Englisch am Telefon

Ich rief also an besagtem Termin etwas gespannt und nervös bei PrOST an. Eine freundliche Frauenstimme fragte mich nach meinem Namen und erzählte mir dann auf deutsch, was sie vorhatte: ein kleines Interview auf Englisch, ich solle keine Angst haben. Hatte ich aber. Während ca. acht Minuten beantwortete ich dann langsam und deutlich gestellte Fragen nach meinen Erwartungen, Haushaltspflichten und Gewohnheiten in Deutschland. Verstand ich eine Frage mal nicht, was selten vorkam, so wurde sie noch langsamer wiederholt – die Nervosität schwand. Im Vergleich zu Auswahlverfahren anderer

Organisationen, wo in längeren Diskussionen Sprachvermögen und Redeverhalten analysiert werden, ähnelte mein Interview eher einigen Plauderminütchen. Das störte mich nicht weiter, denn schließlich hatte ich schon 20 Tage vor dem Interview die Aufnahmebestätigung erhalten, zusammen mit der Information, meine Unterlagen seien an die amerikanische Partnerorganisation UNEX weitergeleitet worden.

Inzwischen war auch der erste Teilbetrag fällig: 2399 DM. Inneramerikanische Anschlußflüge von New York zu meinem zukünftigen Heimatort – die nicht im Preis enthalten waren – sollten später bezahlt werden; die Adresse der Gastfamilie käme erst wenige Wochen vor der Abreise, so der Brief vom 24. 3. Meine Eltern und ich wurden außerdem zum Vorbereitungstreffen nach Düsseldorf eingeladen. Am Ende empfahl uns die GmbH noch den Abschluß einer Reiserücktrittskosten-Versicherung für 270 DM. Wir verzichteten darauf.

Mittlerweile hatte sich auch UNEX gemeldet: sie freuten sich über meine Teilnahme, und wenn ich Fragen hätte, sollte ich mich an die deutsche Organisation wenden, hieß es im Formbrief des UNEX-Präsidenten. Meine Bewerbung werde nun an die UNEX-*Coordinators* (Gebietsrepräsentanten) im Lande verschickt, die sich bemühen würden, eine Gastfamilie zu finden. In einer 30seitigen Broschüre waren die wichtigsten Informationen zum Austauschprogramm und zum *American Way of Life* zusammengestellt.

Das Überlebenshandbuch: »Gute Laune und Humor bewahren«

Das deutsche Gegenstück dieses *Participant Handbook* schickte PrOST kurze Zeit später. Ich las es durch, konnte mir aber trotzdem nicht richtig vorstellen, was mich dort drüben erwartete. Am mysteriösesten erschien mir dieser sogenannte »Kulturschock«, der laut Broschüre ein ganz »normaler Prozeß« ist. Ich las: der Kulturschock »ist der Schock, den man erlebt, wenn man seine gewohnte familiäre Umgebung verläßt und sich einer neuen anpassen muß« und als letzter Tip auf der Kulturschockseite: »Bewahren Sie vor allem gute Laune und verlieren Sie nicht den Humor!« Vor Heimweh hatte ich tatsächlich etwas Angst, vor dem Gefühl, in Deutschland etwas zu verpassen (mein »Verpassungskomplex«), doch darauf komme ich lieber später zurück, wenn es so weit ist.

Ich begann, meine Rückkehr zu planen. Mit einem voraussichtlich recht guten Notendurchschnitt würde ich die 10. Klasse verlassen und später auch mein Abitur machen wollen. Ich hielt es nicht für nötig, die 11. Klasse in den USA **und** in Deutschland zu absolvieren.

Ich plane meine Rückkehr: »Antrag auf Anerkennung«

Die Vorstufe dient in Niedersachsen der Vorbereitung auf die Kursstufe (12. und 13.). Nach Aussagen einiger Schüler wird in der 11. »sowieso nur wiederholt«. Die High School ist im Kurssystem aufgebaut, und schließlich lerne ich dort auch etwas, sagte ich mir – wozu also wiederholen. Ich hatte, nebenbei gesagt, hohe Erwartungen an das amerikanische Schulwesen, denn die USA sind ja auf dem Weltmarkt als Industrienation bekannt für ihre hochtechnologischen Produkte und überall hört man *High Tech, Dollars, Know-How* ... Nach diesen Überlegungen setzte ich mich mit dem Lehrer in Verbindung, der in meiner zukünftigen Schule, einer Sekundarstufe II für Schüler aus dem Landkreis Cuxhaven, die entsprechende Jahrgangsstufe betreuen würde. Höchste Zeit also, meinte dieser: in Niedersachsen muß ein entsprechender Antrag rechtzeitig vor der Abreise an die zuständige Bezirksregierung gestellt werden. Der Jahrgangsstufenbetreuer erzählte mir von einem Fall, in dem Eltern den »Antrag auf Anerkennung des Schulbesuchs im Ausland für die gymnasiale Oberstufe« erst nach Rückkehr der Tochter gestellt hatten: zu spät. Ich erfuhr bald, warum: am 13. 5. erreichte uns das Schreiben der Bezirksregierung Lüneburg. Darin machte man mir Auflagen für die Fächerwahl in den USA. Nach meiner Rückkehr aus den USA sollte ich »unter Beifügung der an der ausländischen Schule erworbenen Zeugnisse« die Einhaltung der Auflagen belegen und gleichzeitig einen Antrag auf Anerkennung einreichen.

»Aus den Unterlagen muß hervorgehen,

- daß der Schulbesuch regelmäßig stattgefunden hat,
- daß Ihr(e) Sohn/Tochter durchgehend am Unterricht teilgenommen hat
  1. in Mathematik
  2. in einer Naturwissenschaft
  3. in beiden Pflichtfremdsprachen, die Ihr(e) Sohn/Tochter im Sekundarbereich I betrieben hat. (Statt dessen ist es auch zulässig, die 1. Pflichtfremdsprache fortzusetzen und eine neue Fremdsprache zu beginnen),
  4. in einem Fach, das dem gesellschaftswissenschaftlichen Aufgabenfeld zugeordnet werden kann,
- daß diese Fächer mit einer Note abgeschlossen wurden, die die erfolgreiche Teilnahme erkennen läßt.«

Fünf vorgeschriebene Fächer, das hielt ich für kein Problem, sofern meine zukünftige High School dies organisieren könnte. Ich nahm mir vor, diese Frage während des Vorbereitungstreffens zu stellen, das am 14.06. in einem Düsseldorfer Hotel stattfinden würde. Ich war gespannt auf dieses Meeting, das »sowohl für die Reiseteilnehmer als auch für die Eltern sehr wichtig ist. Wir bitten um Teilnahme aller Schüler und zumindest eines Elternteils oder dessen Vertretung«, schrieb Prof. Ohlig Sprache & Travel im Mai.

Ein Kalifornien-Film als Vorbereitung auf die USA

Das Treffen erfüllte meine Erwartungen nicht. Als meine Eltern und ich – etwas verspätet – den riesigen Saal des Nobelhotels betraten, saßen dort bereits ca. 200 Schüler samt Eltern. Die Aufmerksamkeit war auf eine Leinwand gerichtet, wo sonnengebräunte Mädchen am Strand Erfrischungen tranken, während muskulöse junge Männer auf wendigen Surfbrettern in der tosenden Brandung ihre Kunststückchen präsentierten. Palmen, Sonne, blauer Himmel: das ist Kalifornien, das ist Amerika, das ist Prof. Ohlig Sprache & Travel, das ist 9300 Mark doch wert! Nach 10 Minuten ging das Licht an.

Im weiteren Verlauf der Veranstaltung wiederholte eine Frau drei Stunden ausführlich die Punkte, die auch im *Student Handbook* von PrOST zusammengefaßt waren, später durften Fragen gestellt werden. Anschließend konnte man im Hotel zum Sonderpreis dinieren. Wir gingen in die Altstadt. Vor der abschließenden Runde bekam ich Gelegenheit, einige Schüler näher kennenzulernen, denen ich zum Teil später im Flugzeug wiederbegegnete. Die meisten waren – wie ich – noch nicht im Besitz der Adresse ihrer US-Familie. Anschließend mußten wir zuhören, wie eine Mitarbeiterin der Organisation Briefe und Berichte ehemaliger Gastschüler vorlas. So würden vielleicht auch meine Schriftstücke einmal enden: als Selbsthuldigung. Nach acht Stunden Düsseldorf fuhren wir leicht frustriert nach Hause.

Ich suche finanzielle Unterstützung

Während der Zeit, in der ich auf die Adresse der Gastfamilie wartete, hatte sich an meinem Schulalltag nichts geändert. Mit dem Abschluß der Sekundarstufe I würde unsere Klasse sich auflösen. Manche Schüler wollten die Handelsschule absolvieren, andere eine Lehre beginnen und ich die High School besuchen – wir gewöhnten uns an den Gedanken der bevorstehenden Trennung.

Vor Beginn der Sommerferien suchte ich Möglichkeiten zur finanziellen Unterstützung meines Vorhabens. Meine Eltern konnten den Aufenthalt zwar gerade bezahlen, aber im Grunde hatte ich ein schlechtes Gewissen gegenüber anderen Schülern, die auch gerne für ein Jahr in die USA gegangen wären, aber »wir können uns das nicht leisten«. Auf diese Art hätte es mir ein Alibi verschafft, sagen zu können: »Ich habe mir das Geld für den Aufenthalt selbst verdient.«

Ich fand eine Lösung: zwar nicht beim niedersächsischen Kultusministerium oder beim Pädagogischen Austauschdienst, wo ich nach finanziellen Mitteln zur Unterstützung von Gastaufenthalten anfragte, aber es zeigten sich zwei (miteinander konkurrierende) Lokalzeitungen unserer Gegend an Berichten über meine Erlebnisse in den Vereinigten Staaten interessiert. Ich kannte die zuständigen Redakteure flüchtig und vereinbarte mit jedem einen Gesprächstermin. Die Redakteurin vom Osterholzer Kreisblatt, einer Lokalbeilage des Weserkuriers, schlug mir einen Artikel pro Monat vor, 43 Pfennig pro Zeile, normaler Reportagestil, Fotos erwünscht. Die Nordseezeitung dachte an vier Artikel während des Aufenthaltes, aber auf keinen Fall dieselben Texte wie für das Osterholzer! Ein so großes Interesse hatte ich nicht erwartet.

Ich kann im nachhinein jedem, der Spaß am Schreiben hat, ein solches Experiment nur empfehlen. Die Artikel bringen ein kleines Taschengeld und es ist auch nicht zu schwer, geeignete Themen zu finden. Interessenten sind überall: Die Lehrerzeitschriften, Jugendpressedienste, Lokalzeitungen etc.

Bücher sind ja nun leider schon diverse auf dem Markt (Du liest eins davon), sonst hätte ich das auch noch vorgeschlagen. Meine Motivation, dieses Buch zu schreiben, lag allerdings nicht beim Geld, sondern darin, daß ich vor meiner Abreise wirklich nichts Geeignetes fand, das Informationen über diese Art des USA-Aufenthaltes, den High School-Besuch, vermittelte. Das Handbuch von PrOST mit seinen 12 goldenen Regeln konnte, meine ich, den Ansprüchen nicht genügen:

Regel Nr. 4: »Ziehst Du durch fremde Länder, dann sorge dafür, daß sie von Deiner Schweigsamkeit widerhallen, je stiller Du bist, um so lauter werden die anderen reden« oder handfeste Regel Nr. 5: »Kleide Dich so, daß Dich niemand bemerkt, aber setze Dir keinen Fez auf.« Auf jeden Fall prägte ich mir die Voraussetzungen für den Ausschluß vom Programm ein:

»Ein(e) Teilnehmer(in) kann vom Programm ausgeschlossen werden, wenn

- unsoziales Verhalten gegenüber der Gastfamilie vorliegt,
- er/sie gegen die Schulordnung verstößt,
- er/sie mit dem amerikanischen Gesetz in Konflikt gerät,
- Alkohol- oder Drogenmißbrauch getrieben wird,
- sie – in diesem Fall – schwanger wird.«

Endlich: Meine »Eltern« heißen Dent

Am 3. Juli erhielt ich einen Brief von PrOST: das mußte die Adresse meiner zukünftigen Eltern sein. Mit zittrigen Händen öffnete ich den Umschlag:

»Informationen über Ihre **Gastgeberfamilie**

Name der Gastgeber:	Martha and Kenneth Dent
Adresse:	7338 Coffelt Rd., Hixson, TN 37343
Telefon:	615-843-1589
Beruf des Vaters:	Professor am College, 52 Jahre
Beruf der Mutter:	Lehrerin, 51 Jahre
Kinder:	zwei Jungen: Kenneth, 18 Jahre, und Jonathan, 11 Jahre, leben im Haus, vier erwachsene Kinder außerhalb.
Weitere Informationen:	Hochschule ist in Tyner, Flughafen in Chattanooga«

Ich konnte mit diesen Informationen nicht viel anfangen. Obwohl ich ahnte, daß dies eine wichtige Adresse im Leben des Max Rauner aus *Germany* sein würde, sagten mir diese paar Zeilen nichts. Zuerst suchte ich im Atlas den Ort. Da ich Hixson nicht fand, rief ich bei PrOST an, um mir eine Beschreibung geben zu lassen. Die Organisation schickte zwei Tage später die Kopie einer Landkarte mit Pfeil auf Hixson: ein Vorort der 150.000-Einwohner-Stadt Chattanooga/Tennessee. Tennessee River, Great Smoky Mountains National Park, die Appalachenausläufer und westlich davon Chattanooga an der Grenze zu Georgia. Obwohl die Umgebung einen eher gebirgigen Eindruck machte und auch die Küste einige hundert Kilometer entfernt schien, war ich nicht enttäuscht.

Es freute mich, daß beide Elternteile von Beruf Lehrer sind, hatte ich doch schon einige Erfahrung mit dieser Gattung sammeln können. Ich setzte mich vor den Schreibtisch und begann, den ersten Brief an meine neuen Eltern zu schreiben, erzählte von mir und meinen Erwartungen, von *Germany* und vom Wetter. Ich schrieb noch zwei Postkarten im Laufe des Monats, dann kam eines Abends ein Anruf aus Hixson, Tennessee. So schwer verständlich hatte ich mir den amerikanischen Akzent nun doch nicht vorgestellt. Der Familienvater erzählte mir vom Sezessionskrieg und von seinen vier Töchtern.

Seine Frau, die auf mich am Telefon einen sehr aufgeschlossenen und freundlichen Eindruck machte, sprach vermutlich von der Schule, die ich besuchen würde. Ich muß am Telefon ziemlich gestottert haben, wie meine Gasteltern mir später erzählten. Immerhin machte ich das erste Mal Bekanntschaft mit der Erfahrung, daß es ca. eine Sekunde dauert, bis meine Worte in Tennessee aus dem Ohrhörer schallen, und ebensolange, bis die Sätze meines Gesprächspartners in *West Germany* ankommen, so daß ich häufig zur selben Zeit wie Mr oder Mrs Dent zu sprechen anfing und auch genauso schnell wieder aufhörte. So überraschend der Moment des Anrufs kam, so verwirrt war ich nach dem Auflegen, als ich versuchte, das Gespräch zu rekonstruieren. Zumindest wußte ich jetzt, daß meine Post angekommen war.

Mein Gebietsrepräsentant: »*Call me David*«

Am 12. Juli lag ein Brief aus Albany/Georgia im Briefkasten. Absender war David Uppertodd, mein Gebietsrepräsentant, der sich vorstellen wollte. Er teilte mir mit, daß Martha Dent die *Community*-Koordinatorin für Hixson sei, und, da sie nicht gleichzeitig sowohl meine Gastmutter als auch Koordinatorin sein könne, er mir in Problemfällen und auch sonst behilflich sein würde. Dieser Brief hatte auf mich eine beruhigende Wirkung, zumal mir David das »Du« anbot: »*Call me David.*« Erfreut, bei einer Koordinatorfamilie unterzukommen, dachte ich: die kennen sich mit Problemen aus.

Die Koordinatorenzunft

An dieser Stelle möchte ich einen kleinen Exkurs über Koordinatoren und Zuordnungsverfahren einschieben, da sie von großer Bedeutung für Organisation, Schüler und Eltern sind: UNEX hat ein Büro in Kalifornien. Dorthin schicken die deutschen Sprachreiseorganisationen Kopien der Bewerbungen. Zu meiner Zeit hatte UNEX vier hauptamtliche Groß-Koordinatoren (David ist einer von ihnen), die jeweils 10 bis 20 Staaten verwalten. Sie bekommen je nach Gebietswunsch der Bewerber die Unterlagen eines Schülers zugeschickt, und zwar eine Kopie des Charakter- und Personalbogens (Hobbys, Interessen, persönliche Daten von Schüler und Eltern) samt Fotos, sowie der Familien- und Gebietswunschseite. Die Briefe werden den Koordinatoren nicht alle auf einmal zugestellt, sondern über das ganze Jahr verteilt in Päckchen zu drei bis fünf, je nach Eingang aus Deutschland. Häufig sucht sich der Ober-Koordinator schon mal einen Bewerber für sich aus und verschickt die restlichen Unterlagen an die Regional-Koordinatoren. So eine Funktion hatte meine Gastmutter Martha Dent, die hauptberuflich Grundschullehrerin war. Sie arbeitete in einem Gebiet von 75 km Radius, oft in Konkurrenz zu anderen Austauschorganisationen, machte Werbung in Lokalfernsehen und Presse für die Aufnahme von Gastschülern.

Familien, die sich daraufhin interessiert zeigten, mußten einen vierseitigen Bogen ausfüllen und ihre Umwelt und Familiensituation beschreiben. Wenn meine Gastmutter die Familie für geeignet hielt, gab sie einige Schülerbögen (meinen behielt sie selbst) weiter und so landeten die Schüler bei der Basis. Übrigens waren die Fotos von großer Bedeutung und in Zweifelsfällen oft ausschlaggebend für die Wahl, besonders bei den kleineren Geschwistern. Auch der 11jährige Jonathan soll sich angeblich aufgrund des Fotos sofort für mich entschieden haben. Als *Community*-Koordinatorin stellte Frau Dent sich und die Gastfamilien den Schülern am Flughafen vor. Sie mußte vierteljährlich UNEX über das Wohlergehen von Familie und Gastschüler berichten. Gab es Probleme, so klingelte bei ihr das Telefon, und nicht selten kamen Austauschschüler wegen Familienwechsel auf ein oder zwei Nächte zu uns ins Haus.

Wenn ich hier in der Vergangenheit schreibe, so deshalb, weil sie inzwischen befördert wurde. Martha hatte, wie schon erwähnt, als Neuling in diesem Job bereits 16 Schüler (10-Monats-, 5-Monats- und 3-Monatsprogramme) für das kommende Schuljahr untergebracht. Pro »10-Monatling« bekam sie 400 Dollar, für die Fünfer etwas weniger. 16 Schüler pro Gebiet war die zweithöchste Plazierungsrate dieses Jahres, das imponierte der Organisation. David kam eines Abends nach Chattanooga, um mit Martha Dent ein Gespräch zu führen: UNEX, bestrebt sich zu vergrößern, bot Mrs Dent an, mit ihrem Mann, sowie einem Macintosh Computer (für die Post), sieben Staaten zu koordinieren: Mr Dent offiziell vier und sie drei (für die Abrechnung). Von nun an war die Aufgabe der beiden in erster Linie, *Community Coordinators* zu werben und einzuweisen. Sie mußten ziemlich viel in der Gegend herumreisen, um kleine Seminare zu organisieren und andere Menschen für den Job zu begeistern. Soweit ich mich erinnern kann, bekommt Mrs Dent als »Staatenkoordinatorin« 100 Dollar für jeden 10-Monatsschüler, der von einem ihrer Unterkoordinatoren plaziert wird, der/die dann wiederum 400 Dollar erhält – kompliziert, aber rentabel für die Beteiligten.

Mrs Dent überlegte zur Zeit meiner Abreise, ob sie nicht hauptberuflich in das zeit- und arbeitsintensive Koordinatorengeschäft einsteigen sollte. Wie sich das Gastschülergeschäft für Nigel Johnson, den Präsidenten von UNEX, bezahlt macht, vermag ich nicht zu sagen. In New York erzählte er mir von seinem Segelboot und seiner Villa in Kalifornien.

Mrs Dent: »*We already feel love for him*«

Doch zurück zu den Reisevorbereitungen, ich kannte ja zu der Zeit lediglich Stimme und Beruf meiner zukünftigen Gasteltern. Erst am 6. August, acht Tage vor dem Abflug, erreichte mich dann doch noch ein Brief von Mrs Dent. Sie versicherte meinen Eltern, die den Dents auch schon geschrieben hatten (wie von Koordinator David empfohlen), daß die Familie meine Ankunft mit Spannung erwarte. »*Already we feel love for him though we have only studied his picture, words and heard his voice once.*« Sie habe mit dem Schulleiter meiner zukünftigen High School gesprochen: »*He is kind and helpful.*« Einen Prospekt der Schule legte meine Gastmutter bei – Hixson High School soll zu den besten im Staat und sogar zum *Top Percent of the Nation* gehören. Die ursprünglich vorgesehene High School Tyner war nicht mehr aktuell, weil die Dents einen geplanten Umzug verschoben hatten.

Mein kleinerer Gastbruder, Jonathan, sei impulsiv, spontan und liebe es, andere zu ärgern – im Gegensatz zu dem reservierteren 19jährigen Kenneth II, der ab Sommer die University of Chattanooga besuchen würde. Kenneth I, ihr Mann, lehre als College-Professor einige biblische und bibelverwandte Fächer, wie Griechisch, prophetische Bücher, Missionsgeschichte. Sie selbst sei Grundschullehrerin, schrieb Martha.

Der Familienbogen, den mir die Organisation auch am 6. August zuschickte, lieferte weitere Informationen über

Gastfamilie, Schule und meine zukünftigen Pflichten, ausgefüllt von Familie Dent. Zu den *Duties* sollten z.B. gehören: Staubsaugen, Abwaschen, Rasenmähen, Zimmer aufräumen – kein Problem. Religionszugehörigkeit: *Baptist,* ein wenig Beteiligung an den Kirchenaktivitäten sei erwünscht (wie z.B. *Attending,* d.h. Teilnahme am Gottesdienst). Keines der Familienmitglieder trinke Alkohol oder rauche, folgende Regeln würden für alle Teenager im Haus gelten: »Hausaufgaben vor dem Fernsehen, vernünftige Bettzeit, Absprache mit uns vor dem Ausgehen – Rückkehr vor Mitternacht, kein Alkohol oder wilde Musik. Freunde sind willkommen. Unsere Familie geht gemeinsam zur Kirche.«

»No wild music«

Das alles hörte sich nicht so schlimm an. Hatte ich erst einmal eine gute Vertrauensbasis geschaffen, dann würde sich über längere Ausgehzeiten sicherlich reden lassen. *Dating* (dieses Universalwort kann sowohl bedeuten, eine Liebesbeziehung zu haben, als auch mit einem Mädchen auszugehen) sei erlaubt, »wenn Bekanntschaft gemacht«, schrieben die Dents auf dem Familienbogen. Nur das Wort »*wild music*« bereitete mir noch Kopfzerbrechen; ansonsten machten »Personaldaten« und Fotos einen guten Eindruck auf mich. Ich überhörte die Prophezeihungen eines Bekannten über die Eigenart der Baptisten – ich selbst konnte wenig mit dieser Religion anfangen. Als ich im Lexikon las, dies sei die am weitesten verbreitete Glaubensrichtung im Süden der USA, keine Sekte, war ich zufriedengestellt. Ich hielt die Religionsfrage für relativ belanglos, auch wenn im Handbuch stand, die Amerikaner gingen häufiger zur Kirche als die Deutschen.

Der Familienbogen war die letzte Information über Gastfamilie und Schule vor meiner Abreise. Viele Sachen waren noch unklar, z.B. Details über die Schule und die Vereine in der *Community* (ich beabsichtigte, in einen Schwimmverein einzutreten), aber diese Punkte sollten erst vor Ort mit dem

Community-Koordinator und der Gastfamilie geklärt werden. Noch vier Tage bis zur Abreise. Ich stopfte den Inhalt meines Kleiderschranks in einen Koffer und eine Tasche, nahm auch einige deutsche Bücher mit und vier Englisch-Deutsch *Dictionaries*. Mein Opa schenkte mir noch einen kleinen Fotoapparat: »Für die Zeitungsbilder.« Bezüglich meiner monatlichen 100 Dollar hatte ich mit meinen Eltern vereinbart, in den USA ein Konto einzurichten, auf welches per Dauerauftrag mein Taschengeld überwiesen werden sollte. Für den ersten Monat und die drei Tage Vorbereitungsseminar in New York hatte ich 200 Dollar in der Tasche. Der Wechselkurs lag damals bei $1 = 2,11 DM, die fallende Tendenz war günstig für das bevorstehende Jahr. Wir feierten Abschied.

Abschied: Gemischte Gefühle

Einerseits machte mich der Gedanke traurig, ein Jahr ohne Familie, Freunde und Freundinnen auszukommen, andererseits verspürte ich gespannte Erwartung und Neugier auf meine neue Heimat und natürlich die Tage in New York. So waren es denn auch mehr die scharfen Pepperoni der Pizza, als die Melancholie, welche mir während der Abschiedsfete Tränen in die Augen trieben – schließlich würde ich in ca. 10 Monaten wiederkommen. »Bleib wie du bist«, hatte mir eine Freundin geschrieben. In der Tat machte mir am meisten Angst, daß ich mich auf eine vollkommen neue Lebensart und Mentalität einstellen sollte und mich am Ende stärker mit ihr identifizieren würde, als mir jetzt lieb war. Mir kam ein Beispiel unseres Geschichtslehrers in den Kopf: Ein Mensch, der jeden Tag die Bildzeitung lese, werde, auch wenn er wüßte, daß diese lüge, zunehmend in denselben Schemata und Strukturen argumentieren und denken wie sie. Ich befürchtete, mir gewisse Denkmuster anzueignen, die bei den Leuten, die am 11. August mit mir Pizza aßen, vielleicht auf Unverständnis stoßen würden.

Ein Beispiel: Als Rechtfertigung für seinen Haß auf Homosexuelle argumentierte ein amerikanischer Freund einmal: »Homosexualität verstößt gegen die Bibel.« Vor meiner Abreise hätte ich vielleicht erwidert: »Dann ist die Bibel in diesem Punkt intolerant und falsch«, nach sieben Monaten in den USA versuchte ich, Bibelzitate zu bringen, um zu zeigen, daß es auch andere Auslegungsmöglichkeiten gäbe. Die Bedeutung der Bibel hatte in meinem Denken unbewußt einen anderen Stellenwert erhalten.

Ein befreundeter Gastschüler hatte die USA dermaßen in sein Herz geschlossen, daß er seit seiner Rückkehr ziemlich deprimiert war. Sowohl über dieses als auch über das andere Extrem, das Land voller Ablehnung und Unverständnis wieder zu verlassen, machte ich mir jedoch weiter keine Sorgen. Ich beschloß, Erlebnisse und Erfahrungen erst einmal auf mich zukommen zu lassen. Ich wollte das fremde Land und seine Bewohner und Kulturen zwar kritisch betrachten, aber versuchen, sie von innen heraus zu erfahren, zu reflektieren und letztendlich zu verstehen.

KAPITEL 3

Mum, Dad und sechs neue Geschwister

Ankunft in New York

Dem ersten Amerikaner begegnete ich am Zollschalter des John F. Kennedy-Flughafens. Ich hatte den achtstündigen Flug von Frankfurt nach New York ohne größere Probleme überstanden und reihte mich, auf meine Abfertigung wartend, in die Schlange vor dem Zollpult. Ich versicherte mich nochmals, daß ich alle Waren aus Kuba und Vietnam, deren Einfuhr in die USA strengstens verboten ist, aus meinem Gepäck entfernt oder gut versteckt hatte, und nachdem der Mann mit dem chilenischen Koffer den lächelnd winkenden Zollbeamten passiert hatte, hauchte ich diesem meine erste amerikanische Silbe entgegen: »*Hi.*«

Mit ca. 70 weiteren Prof. Ohlig Sprachreisen-Gastschülern zwischen 15 und 17 Jahren war ich an jenem 14. August um 10.00 Uhr morgens nach einem kurzen Abschied von meinem Vater, der mich zum Flughafen gebracht hatte, in die Delta Airlines-Maschine nach New York gestiegen. Die meisten Jugendlichen würden vom J.F.K.-Flughafen direkt weiter nach San Francisco fliegen, wo das Seminar für die Weststaatenleute stattfinden sollte. Meine zukünftige Heimat, Chattanooga, lag näher am Atlantik als an der Westküste, so daß ich in New York bleiben mußte. Nach dreistündiger Wartezeit auf dem riesigen Airport wurden wir – 32 Teilnehmer eines 5- bzw. 10-monatigen Aufenthaltes in den USA – in einem Schulbus zu unserer Unterkunft gefahren, wo ein dreitägiges Einführungsseminar uns auf den *American Way of Life* vorbereiten sollte.

Um 18.00 Uhr (New York Ortszeit) konnten wir uns in einem komfortablen Studentenwohnheim einquartieren, das sich am Westufer des Hudson River befand (das *Stevens Institute*), und von dem aus man einen herrlichen Blick auf die beeindruckende Manhattan Skyline hatte. Ich war überwältigt von diesem Anblick: bei Sonnenuntergang spiegelten sich die beiden Türme des World Trade Center im leicht gekräuselten Wasser des Hudson, während im Vordergrund ein altes Segelschiff gegen den Wind kreuzte. Von der Feierabendhektik New Yorks war in dem zum Wasser hin abfallenden Park des Instituts nichts zu spüren. Dieser Tag war der längste, den ich je erlebt hatte. Die jetzt untergehende Sonne hatte ca. 18 Stunden lang erst die Häuser Frankfurts, dann die Flügel des Flugzeugs und jetzt die Wolkenkratzer New Yorks beschienen.

Die faszinierende Aussicht auf New York bei Nacht und das kalte Büffet, das Mitglieder von Prof. Ohligs amerikanischer Partnerorganisation (UNEX) vorbereitet hatten, entschädigten uns für die organisatorischen Pannen des Tages und die langen Wartezeiten.

UNEX kümmerte sich um uns wie die Henne um ihre Küken. Nigel Johnson, der Präsident der Organisation, war aus seinem Domizil in Kalifornien angereist, zwei »Ober-Koordinatoren« sonstwoher, um das Einführungsseminar durchzuführen. Einer der beiden letzteren war David, mein Gebietsrepräsentant, der mich an Hand eines Fotos identifizierte. Er erzählte mir einiges von meiner zukünftigen Gastmutter Martha Dent, mit der er Telefongespräche hinsichtlich ihrer Arbeit als *Community*-Koordinatorin geführt hatte. David versicherte mir, daß ich mich gut mit ihr verstehen würde, sie sei sehr nett. Im Laufe des Abends trudelten mehrere Schülergruppen aus verschiedenen Ländern ein: Italiener, Japaner und auch noch Deutsche. Sie kamen von diversen Partnerorganisationen der UNEX. So war z.B. mein Zimmerkollege über die deutsche Organisation »gea« an das High School-Programm gekommen. Ein anderes deutsches Mädchen hatte schon jetzt die Nase voll vom bevorstehenden Jahr. Sie sollte bei einem NASA-Offizier in Florida unterkommen, nahm aber nur auf Wunsch ihrer Eltern am Programm teil. Einige der PrOST-Schüler mit denen ich sprach, hielten sich nicht das erste Mal in den USA auf; einer besaß die US-Staatsbürgerschaft, ein anderer einen amerikanischen Vater. Nach dem, was ich an jenem Abend über das amerikanische Schulsystem hörte, dachte ich über den Versuch nach, die 12. anstelle der 11. Klasse zu absolvieren. Das Kurssystem sei ziemlich offen, so daß ich mit dem Unterrichtsstoff wohl keine größeren Schwierigkeiten haben würde, meinte David. Ich wollte zunächst einmal abwarten, hatte noch einige Bedenken und etwas Angst.

Das Vorbereitungsseminar

Am nächsten Morgen bekamen wir ein hervorragendes amerikanisches Frühstück: Obst, Rührei, Brot, Pfannkuchen mit Sirup. Die Studenten des Stevens-Instituts hatten Semesterferien, und so standen Haus und Mensa zu unserer Verfügung. Inzwischen war die Zahl der Teilnehmer auf ca. 120 gewachsen, die sich gegen 10.00 Uhr im Hörsaal versammelten, um Vorträgen von Nigel Johnson und den beiden Ober-Koordinatoren zu lauschen. Vom Kulturschock über Führerscheine bis hin zum Schwangerwerden und -machen wurden wir über die Vor- und Nachteile, die Verbote und Regeln des Aufenthaltsprogramms und die Folgen eines Verstoßes aufgeklärt. Die Führerscheinregelung, so Präsident Nigel, sei eines der größten Probleme: die Organisation habe schon des öfteren Schwierigkeiten mit Jugendlichen gehabt, die die Autoversicherung ihrer langjährig unfallfreien Gasteltern durch einen mehr oder minder kleinen Zusammenstoß enorm in die Höhe getrieben hätten. Wir dürften aber eine großzügige Regelung genießen: meine Eltern hatten schriftlich den Erwerb des Führerscheins genehmigen müssen. Fahren sollte ich aber das Auto meiner Gasteltern nicht.

Das Englisch (oder vielleicht besser: »Amerikanisch«) der drei Organisatoren war relativ gut zu verstehen, sie sprachen langsam und deutlich und wiederholten Passagen, wenn nötig. David widmete einen längeren Abschnitt seines Vortrages dem Sex in Amerika. Ein deutscher Junge hätte ein amerikanisches Mädchen geschwängert, und den habe er dann gleich nach Hause geschickt. Der Programmabbruch durch UNEX käme allerdings selten vor, beruhigte Nigel: Von rund 500 Schülern seien im letzten Jahr nur drei oder vier nach Hause geschickt worden.

Später verriet mir Ober-Koordinator David, daß er während seiner Ausführungen doch etwas nervös gewesen sei – für die Väter der Organisation, welche sich noch in den Kinderschuhen befand, war dies das erste Seminar mit derart vielen Teilnehmern. Nach dem Mittagessen drängten wir uns in zwei Busse, um uns nach Manhattan befördern zu lassen. Die Wolkenkratzer, die schnurgeraden Avenues, das UN-Gebäude – die Sehenswürdigkeiten, die fast jeder schon aus dem Fernsehen kannte, wirkten unheimlich beeindruckend, wie auch die Fahrkunst der zahlreichen Blechschlittenlenker: vier Stunden am Tag verwandeln sich vierspurige Avenues in ein siebenspuriges Verkehrschaos. Doch »die Höhle des Löwen« machte einen geradezu harmlosen Eindruck: Wo waren die Mörder, die Einbrecher und Zuhälter?

Aus Rauner mach Dent: meine neue Familie

Am nächsten Morgen um 6.00 Uhr begann der Flughafentransfer. Ich wurde mit einigen Schülern im Bus zum Flugplatz Newark gebracht, von wo meine Maschine nach Atlanta starten sollte. Das »dreitägige Einführungsseminar« hatte sich als eine »zweinächtige« Zwischenstation mit drei Stunden Informationen der Art entpuppt, wie ich sie beim Vorbereitungstreffen in Düsseldorf und in den *Handbooks* von PrOST und UNEX schon einmal erfahren hatte. Nichtsdestoweniger war der Aufenthalt ein beeindruckender Beginn des bevorstehenden Jahres gewesen – fast etwas zu beeindruckend, dachte ich im Flugzeug. Ich konnte mich nicht richtig auf die Ankunft in Chattanooga freuen, hatte ich doch die vielen Eindrücke kaum verdaut. Müde durch die Zeitumstellung saß ich mit Doris, einer von Martha Dent in Chattanooga plazierten Bonner Gastschülerin, im Flugzeug nach Atlanta, wo wir um ein Haar den

Anschlußflug nach Chattanooga verpaßten. Ratlos suchten wir unser Gepäck, das ganz automatisch in die nächste Maschine verfrachtet wird. »Die Amis sind echt hilfsbereit. Wildfremde Menschen fragen Dich plötzlich, ob sie Dir helfen können«, notierte ich ins Tagebuch. Noch zwei Stunden.

Wir saßen im Flugzeug neben dem Regisseur des *Little Theatre* Chattanoogas. Eine Universitätsstadt plus Theater – also keine Provinz. Ich versuchte, meine Gedanken über Chattanooga und die Familie zu ordnen, während das Mädchen aus Bonn dauernd auf mich einredete. Das Flugzeug landete. Es war schwül und heiß. Ein kleiner Flughafen, man mußte mit dem Koffer zum Empfangsgebäude laufen. Keine Paßkontrolle, kein Zoll. Noch zwei Minuten.

»Welcome Doris« stand auf dem Schild, das eine Frau vor ihren Bauch hielt. Doris ging auf sie zu, ich erkannte hinter der Familie das Gesicht meines Gastvaters. Er lächelte, gab mir die Hand: *»Hello, Max, I am Mr Dent, this is my wife and Jonathan.«* Der 11jährige Junge grinste mich an. Er war mir sympathisch, wie seine Eltern, wollte mir alles zeigen und viel erzählen. Ich sah Doris, sie lachte.

Mrs Dent, eine 51-jährige Frau mit einem gutmütigen Gesichtsausdruck, stellte die Familie Berry vor: Doris' Gasteltern. Wir sprachen über deren Wohnort und die Schule von Doris. Mrs Dent erzählte von der Idee, mit den Familien der neun Gastschüler, die im Laufe dieses Monats eintreffen sollten, eine kleine Party zu veranstalten. Wir redeten kurz vom Flug und priesen das Wetter, die ersten Hemmschwellen waren schnell abgebaut. Noch ein Foto, dann trennten wir uns von den Berries.

Jonathan war aufgeregt, er trug meine Tasche, Mr Dent den Koffer, und Mrs Dent ging neben mir Richtung Auto. Mit der Verständigung klappte es, solange ich sprach, ganz gut. Den breiten Tonfall konnte ich bei meinem schnellsprechenden Gastbruder manchmal erst nach viermaligem Nachfragen als Englisch identifizieren.

Wir fuhren durch die Stadt zu meiner »Gastoma«, der Mutter von Mrs Dent. Auf dem Weg kamen wir am Arbeitsplatz ihres Ehegatten vorbei: die Temple University. Daneben eine zugehörige riesige Kirche. Ich wurde kurz der Großmutter vorgestellt, einer netten alten Dame um die 70: *»Nice to meet you.«* Sie wohnte in einer dieser schnurgeraden Straßen, die mir an der Stadt sofort auffielen: kaum Kurven, sondern nur Kreuzungen. Bei der Fahrt durch die Wohngebiete schien mir, daß wir auf einem Schachbrett herumfuhren: alle x Meter eine Seitenstraße, Winkel 90 Grad. Geschäfte erblickte ich selten, auch keine Fußgängerzone. Anschließend lenkte Mr Dent den Wagen über einen großen Staudamm, von dem wir einen Blick auf den Tennessee River werfen konnten.

Satellitenantennen anstelle von Gartenzwergen

Während dieser Autofahrt – wir unterhielten uns über mein bevorstehendes Jahr – bekam ich einen weiteren Eindruck von den Vereinigten Staaten. Neu war für mich das Bild der vielen leeren *Highways,* die die einzigen Verbindungen zwischen den Orten zu sein schienen; Radwege existierten kaum, geschweige denn Radfahrer. Auch so viele Reklameschilder, die rechts und links die *Highways* säumen, gibt es bei uns nicht. Man kommt auf einem 25 km langen Straßenabschnitt an 37 McDonalds, Hamburger and Sons, JR's Restaurants und Pizza Huts, an 8 einstöckigen Riesen-Supermärkten, 11 Tankstellen und den dazugehörigen, überdimensionalen Leuchtreklamen vorbei.

Das Leben hat sich hier an die Peripherie verlagert; als Stadtmitte wird in Chattanooga der Bereich mit den höchsten Häusern bezeichnet, wo auch die Verwaltungsgebäude stehen. »Altstädte« wie man sie in Europa kennt, gibt es in den 50–100 Jahre jungen *Cities* nicht. Das Fahrzeug ist für viele Amerikaner unentbehrlich, sie sind ohne den Schlitten wie Fische ohne Wasser. Bei der Post, den Banken und vor einigen

Geschäften erblickte ich *Drive thru*-Schalter und auch alle Schnellimbisse schienen diese Einrichtung zu besitzen: *Fast Food* ohne auszusteigen.

Wir fuhren noch kurz einkaufen, in einem großen Ladenzentrum am Rande der Stadt. Dann begann der ländliche Teil unserer Autofahrt: Diesmal passierten wir etliche Einfamilienhäuser, die zum großen Teil aus Holz gebaut waren, und deren Bewohner sich anstelle von Gartenzwergen Satellitenantennen in die Gärten stellen. Gegen 17.00 Uhr (oder ab jetzt: 5.00 pm) kamen wir »zu Hause« an: ein gelbes Einfamilienhaus an einem kleinen Hang. Die Nachbarhäuser waren ca. je 15 Meter entfernt, anscheinend auch Fertighäuser. Von der Straße aus sah ich zwei große Garagentüren unter einem kleinen Fenster und einen vertrockneten Rasen – in Tennessee hatte es seit langer Zeit nicht mehr geregnet. »Da wohnst du«, sagte Jonathan und zeigte auf das Fenster.

Mrs Dent schloß die hölzerne Haustür auf und wir betraten das verdunkelte Wohnzimmer. Es war angenehm kühl, dank der Klimaanlage hinter dem Haus, wo jetzt der schwarze Mischling zur Begrüßung laut bellte. Jonathan zeigte mir gleich die sechs Zimmer des Mittelklasse-Hauses. Inmitten meines Raumes stand ein großes Bett. Der Platz daneben reichte gerade noch für einen schmalen Schreibtisch samt Stuhl und eine Schubladenkommode.

Während Mr Dent etwas kochte, sollte ich mich schon mal einrichten. Ich setzte mich auf das Bett und guckte zu dem kleinen Fenster hoch. Ein leichter Druck im Magen, ich fühlte mich unbehaglich. Nicht weil mir das Haus nicht gefiel und ich höhere Erwartungen gehabt hätte. Vielmehr war mir bewußt, das nun der Alltag beginnen würde. Ich war müde und erschöpft und auch etwas erschrocken – sollte ich jetzt schon Heimweh bekommen?

Videospiel, Fernseher und Luftgewehr

Zum Glück wurde ich abgelenkt durch Jonathan, der mir sein Videospiel, den Fernseher und sein Luftgewehr vorführte. Militär wird in Amerika groß geschrieben, und zwar nicht nur zu Hause, sondern auch in Schule und Kirche, wie ich bald erfahren sollte. Spielzeugwaffen schienen für jeden 10jährigen fast obligatorisch – zumindest Jonathan investierte mit Freunden viel Zeit in halsbrecherische Kampfflugzeugmanöver auf dem Monitor oder Eimerschießen und Blechdosenballern hinter dem Haus.

Ich setzte mich in die Küche und redete mit meinen Eltern über amerikanische Eßkultur, während die Steaks in der gußeisernen Pfanne bruzzelten. Ein Gastvater, der kochte – das war mir sympathisch. Schließlich beabsichtigte ich, der Familie auch mal deutsche Küche vorzuführen. Meine Vorurteile von der weitgehenden McDonaldisierung des gesamten US-Territoriums bestätigten sich nicht. Mr Dent öffnete den Kühlschrank voller Gemüse, und vor mir auf dem Küchentisch lagen verschiedene Obstsorten. Kling. Der Mikrowellenherd meldete sich. Erste Erfahrung mit diesem Teufelsgerät, das gerade am Reiskochen war. Bloß kein Metall da rein, schärfte Mrs Dent mir ein, die sich inzwischen umgezogen hatte. Mir standen zu diesem Zeitpunkt noch so einige Mikrowellenerfahrungen bevor, bis ich diese unsichtbare Wundertechnik einigermaßen beherrschen sollte: mal würden es explodierende Bohnen sein, mal eine heiße Pizza mit gefrorenem Kern zum Lutschen. Der Reis war fertig. Wenn ich bis zu dieser Zeile »*Mr*« und »*Mrs Dent*« geschrieben habe, so deshalb, weil mir zu jenem Zeitpunkt noch unklar war, wie ich die beiden anreden sollte. Mein Gastvater hatte sich mit »*Mister*« vorgestellt, aber eigentlich sollte ich doch ein Jahr wie ein Sohn behandelt werden – das stand auf jeden Fall in den Prospekten geschrieben. Ich fragte also nach: »*Martha*« oder »*Mrs Dent*« und »*Kenneth*« oder »*Mr Dent*«. »Das kannst du dir aussuchen«, antwortete Martha Dent. Ich entschied mich für die

Vornamen, etwas verwundert über die zögernde Antwort meiner Gastmutter. Jonathan sagte »*Mum*« and »*Dad*«, aber auch häufig »*Yes, Sir*«, wenn sein Vater etwas anordnete. Um 18.00 Uhr kam mein zweiter Gastbruder nach Hause, murmelte ein »*Hello*«, reichte mir die Hand und verzog sich in sein Zimmer, nachdem er in den Kochtopf geguckt hatte. Geht man so mit seinem zukünftigen Bruder um? Zuerst fürchtete ich, er würde meine Anwesenheit als Konkurrenz empfinden. Später merkte ich, daß Kenneth II von Natur aus still und brummelig ist.

»We pray before we eat«

Wir setzten uns an den Eßtisch, Samstag, 16. August, 18.15 Uhr. Ich wartete auf den Höflichkeitswink anzufangen, da sagte Kenneth I mit erklärender Miene nach einer etwas peinlichen Pause: »*We pray before we eat.*« Ich verbiß mir ein Lachen, hatte mir doch ein Freund vor der Abreise fromme Baptisten als Gasteltern prophezeit. Ernst guckte ich auf meinen Teller. Kenneth I betete keine bestimmte Formel. Ich verstand, wie er meine gut überstandene Reise erwähnte und das Essen. Die Augen der vier waren geschlossen, die Hände nicht gefaltet. Kenneth schloß mit »*Hey Man*« – glaubte ich. Wie ich nach einem Monat mehr durch Zufall erfuhr, handelt es sich hierbei um das »*Amen*« mit der typisch amerikanischen »*A*«-Aussprache.

Ich gewöhnte mich schnell an die Minute vor dem Essen; in einer Situation konnte ich mir ein Schmunzeln allerdings nicht verkneifen: als Kenneth sich eines Tages im *Fast Food*-Restaurant bei dem lieben Gott für den Big Mac bedankte, der vor ihm auf dem sterilen McDonalds Tisch in der Styroporpackung triefte.

Am kommenden Tag, einem Sonntag, wollte ich mit zur Kirche gehen. Wir fuhren sowohl morgens als auch am Abend für je drei Stunden zum Gottesdienst nach Chattanooga, doch diese Erfahrungen sind ein eigenes Kapitel (nämlich das 13.).

Mir blieben noch drei Tage vor Schulbeginn, um mich einzuleben. Zunächst wollte ich bei einer Bank in Hixson ein Konto einrichten. Als deutscher Staatsbürger hatte ich keine *Social Security Number*, die *All-Round*-Zahl eines jeden US-Bürgers. Aus diesem Grund mußte Kenneth I das Konto auf seinen Namen eröffnen. Ich zahlte 180 $ ein und bekam als Mitabhebeberechtigter eine Art Scheckbuch mit Ein- und Auszahlscheinen. Die Kontonummer schrieb ich meinen Eltern im nächsten Brief. Über die Dauer einer Geldüberweisung von Deutschland aus in die USA konnten mir die Angestellten keine Auskunft geben. Erfahrungsgemäß brauchte dann jeder Auftrag ca. 20 Tage.

Wieder zu Hause zeigte mir Jonathan die Umgebung: bergige Straßen, Nadelwald ohne Waldwege und Einfamilienhäuser – häufig geräumige Wohnwagen mit Vorbau. »95 Grad haben wir heute«, stöhnte er. 100 minus 32, geteilt durch 9 mal 5: macht 35 Grad Celsius – die Formel hatte ich mir eingeprägt, das Rechnen dauerte noch seine Zeit.

Nur sieben Fernsehkanäle

Der Fernseher lief noch, als wir von dem kurzen Spaziergang zurückkehrten. Allerdings war niemand im Haus, die Tür stand offen. Dieses Vertrauen erstaunte mich, auch die Autotüren wurden selbst in der Stadt nicht abgeschlossen. Was den Fernseher angeht, so wurde mir das Geräusch bald vertraut. Meine Gastfamilie empfing mit ihrer »normalen« Fernsehantenne nur sieben Kanäle. Wie ich später erfuhr, sind Kabel- und Satellitenfernsehen (bei einer Kombination kann man bis zu 200 Programme empfangen) bei streng religiösen Familien nicht die Regel: die Eltern wollen vermeiden, daß die Kinder durch das Gucken der Rockmusikkanäle oder Pornofilme sündig würden. Jonathan hinderte das relativ dürftige Programmangebot nicht daran, den Video- und Luftgewehr-freien Teil seiner Freizeit vor der Glotze zu verbringen.

Bei schönstem Wetter zeigte mir Kenneth I in dieser Zeit die Sehenswürdigkeiten Chattanoogas. Schon jetzt fühlte ich mich wohl in meiner neuen Heimat und war sehr zufrieden mit meiner Gastfamilie. Bestimmt würde ich hier aufregende und interessante 10 Monate verbringen. Erst einmal war ich jedoch gespannt und auch ein wenig ängstlich hinsichtlich des ersten Schultages.

Mir war vollkommen unklar, wie mein Stundenplan aussehen würde. Kenneth I wollte am 18. August mit mir zur Schule fahren und mich dort vorstellen. Ich sollte zwei Tage vor Schulbeginn meine Kurse wählen und den Schulleiter kennenlernen. 1200 Schüler – sicher würde ich dort Freunde finden, doch wie verhalten sich die amerikanischen Jugendlichen gegenüber einem Deutschen? In England hatte ich in der Schule meines Brieffreundes keine guten Erfahrungen gemacht: Schüler hatten mich als Nazi beschimpft und angespuckt.

Außerdem würde ich bestimmt die Lehrer und Mitschüler schwer verstehen, nach meinen bisherigen Erfahrungen mit dem speziellen Tennessee-*Slang* ...?

Sollte ich angesichts der Sprachprobleme nicht doch die 11. Klasse besuchen? Ich hoffte, das Problem würde sich von selbst lösen, weil ich ja erst den Abschluß der 10. Klasse hatte. Am Morgen fuhr ich mit Kenneth I in seinem roten Ford zur vier Kilometer entfernten Schule.

KAPITEL 4

104 Unterrichtsfächer *at Hixson High School*

Nur sechs Fächer auf dem Stundenplan

Ich hatte das Schreiben der Bezirksregierung Lüneburg bei mir, als mein Gastvater und ich am 18. August um 7.30 Uhr das Schulgebäude betraten. Fünf Fächer waren von der Schulbehörde vorgeschrieben, wenn das Schuljahr in Deutschland anerkannt werden sollte. Ich hatte mich für die Fächer Mathe, Physik, Französisch, Englisch und Geschichte entschieden. Außerdem wollte ich mit Latein anfangen, um in Deutschland das kleine Latinum zu bekommen (nach der 13. Klasse). Das waren also sechs Fächer.

Vom amerikanischen Kurssystem hatte ich schon gehört. Laut Sprachreisenbroschüre gab es an den High Schools ein umfangreiches Angebot an Wahlfächern. In New York hatten die Koordinatoren uns erzählt, Englisch sei an den Schulen Pflichtfach. Ich rechnete damit, insgesamt ungefähr 10 Fächer belegen zu können – so viele zählte auch mein deutscher Stundenplan der 10. Klasse. Meine Gasteltern hatten mir nach Deutschland bereits ein Faltblatt der Schule geschickt. Es waren unterschiedlichste Gewinne und Preise (*Awards*) der Schule, der Lehrer und der Schulabgänger aufgelistet. Außerdem sollte es an der Schule ein großes Sportangebot geben. Ich wollte, wenn möglich, Schwimmen belegen und andernfalls in die Basketball AG eintreten. Basketball hatten wir in meiner deutschen Schule oft im Sportunterricht gespielt. Von meinen Gasteltern erfuhr ich, daß Hixson High eine *Senior High School* ist: eine Schule nur mit den Jahrgangsstufen 10 bis 12.

Von außen machte Hixson High School keinen besonderen Eindruck auf mich. Vor der Schule befand sich ein großer Parkplatz, wo Kenneth seinen Wagen abstellte, daneben unübersehbar ein Sportplatz. *Wildcats - Hixson High* stand in großen Buchstaben auf der Stirnseite einer Steintribüne. An den Enden des Feldes konnte ich die zwei charakteristischen Stangen der Football-Tore erkennen. Am Weg vom Parkplatz zur Schule lagen rechts zwei Tennisplätze und ein Käfig, der wahrscheinlich für die Baseballer gedacht war. Zusätzlich diente eine große Grünfläche mit zwei »normalen« Toren dem Fußball. Hinter diesen Sportanlagen war die Schule: zwei große kreisförmige Gebäude mit einem kuppelförmigen Dach. Wir betraten die 20 Meter breite Verbindungshalle, die gleichzeitig als Eßbereich genutzt wurde. Vereinzelt saßen Schüler um die Tische herum. Zwei Tage vor Schulbeginn, ich sollte heute nur meine Fächer wählen.

Fächerwahl im *Guidance Office*

Eine von drei Sekretärinnen führte Kenneth und mich durch den großen Aufenthaltsraum zum *Guidance Office,* wo mehr Betrieb herrschte. An vier Tischen füllten einige Schüler irgendwelche Zettel aus. Eine Schülerin tippte hinter dem langen Tresen auf einer Schreibmaschine. Kaum jemand blickte auf. Ein freundlicher Mann um die 50 kam auf uns zu und fragte nach unserem Anliegen.

Kenneth erläuterte: ich sei ein Gastschüler aus Deutschland, für 10 Monate in den USA usw. Der Mann, Mr Griswould, holte aus einer Schublade meine Unterlagen: den Personalbogen und die Zeugnisse, die ich in Deutschland dem Bewerbungsschreiben an PrOST beigefügt hatte. Mr Griswould wies uns an einen Tisch und gab mir einen gelben Bogen mit der Liste aller Fächer. Die sollte ich mir schon mal angucken und überlegen, was für mich in Frage käme. Während er sich anderen Schülern zuwandte, studierte ich das Blatt. Unten rechts befanden sich sechs freie Zeilen mit den Überschriften: »Kurs Nr.« und »Fach«. Die Kursauflistung begann mit den Sprachen: Latein I, Latein II und III. Neben je drei Spanisch- und Französischkursen wurde auch zweimal Deutsch angeboten.

12 verschiedene Mathekurse

Es folgten die Mathekurse. Sage und schreibe 12 Abstufungen von Mathematik waren hier aufgelistet, differenziert nach Level und Thematik. Gleich unter Deutsch II fing es an mit *Maths Applications (formerly Pre-Algebra)* (27) und ging über *Algebra I (Std.)* (29) und *Trigonometry/Adv. Algebra Combination* (35) bis hin zu *Calculus (Adv. placement)*. Die Zahlen in Klammern, das waren die Kursnummern. Auch die Bedeutung von *Std.* und *Adv.* war mir klar: *Standard* und *Advanced* (= fortgeschritten). Doch in Bezug auf die Themen mußte ich passen. Kenneth unterhielt sich mit einer Mutter – ich guckte erstmal weiter. Aufgezählt waren weiterhin Psychologie, Soziologie, Weltgeschichte, US-Geschichte, Bibelgeschichte, *Piano Instructions, Drama, Jazz Band, Orchestra* ...

Ich zählte später einmal das Angebot: 104 Fächer für die 12. Jahrgangsstufe, rund 80 für die 11.-Klässler. Momentan beschäftigte mich die rechte Spalte, mit der ich nicht viel anfangen konnte. Hier standen Begriffe wie *Vocational Center (2-hour shop), Building Trades II* und *ROTC II*. Auf einem angehefteten Zettel wurden die Pflichtauflagen angeführt, und zwar von den Jahren 9-12. Ein Buch mit sieben Siegeln – ich wartete auf Mr Griswould.

Kenneth, der inzwischen seine Konversation beendet hatte, erklärte mir die Funktion des *Guidance Counselor*. Es handelt sich um einen Angestellten, der ausschließlich für die Kurswahlen und Belegungsverpflichtungen der Schüler zu-ständig ist. Auch die Frauen, die ich ursprünglich für Sekretärinnen gehalten hatte, fungierten als solche »Beratungslehrerinnen« oder »Schullaufbahnberaterinnen«. Es geht darum, die Schüler bei ihrer Kurswahl zu beraten und den Stundenplan soweit möglich nach ihren Wünschen zusammenzustellen. Mr Griswould erklärte, daß er bei jedem Schüler prüfen müsse, ob er die Auflagen für das amerikanische Diplom bzw. die Versetzung erfülle. Neben mir saß ein Junge aus unserer Wohngegend. Er war vor kurzem mit seinen Eltern hergezogen und mußte

HIXSON HIGH SCHOOL
COURSE OFFERINGS
11th GRADE

Prior School________ Home Address________
Date Enrolled________ Male - Female (Circle One) Zip______ Phone______
NAME________
(LAST) (FIRST) (MIDDLE)

REQUIRED COURSES:
ENGLISH 11 (Proficiency Test Review) - (4), (Standard) - (5), (Accelerated) - (6)
ROTC I (66) ROTC II (67) or Physical Education (Boys) - (64), (Girls) - (61) (All Year)
Junior Cluster (Economics/American Government) (47)

ELECTIVE COURSES:
Latin I (11)
Latin II (12)
Latin III & IV (III - 13), (IV - 14)
Spanish I (15)
Spanish II (16)
Spanish III & IV (III - 17), (IV - 18)
French I (19)
French II (20)
French III & IV (III - 21), (IV - 22)
German I (23)
German II (24)
Math Applications (formerly Pre-Algebra)(28)
Proficiency Math (27)
Algebra I (Std.) (29)
Geometry (Std.) (30)
Geometry (Acc.) (31)
Algebra II (Std.) (32)
Algebra II (Acc.) (33)
Trigonometry Only (1st Sem.)(2nd Sem.)(34)
Trigonometry/Adv.Algebra Combination (35)
Analy.Geometry/Calculus Combination (36)
Physics (46)
Health (41)
Biology I (42)
Chemistry I (44)
Economics (48), Am. Gov't. (49)
Psych./Socy.or Socy./Psych.Combination(52)
Psychology (1st Sem.)(2nd Sem.) (50)
Sociology (1st Sem.)(2nd Sem.) (51)
Bible History (1st Sem.)(2nd Sem.)(53)
Bible History (All Year) (54)
World History (55)
World Geography (56)
Band Auxiliary (1st Sem.) (70)
Varsity Band (71)
Jazz Band (72)
Music Theory (73)
Orchestra (74)
Drama (75)
Varsity Chorus (76)
Piano Instruction (77)
Show Singers (Teacher Approval) (78)
Art I (79)
Art II (80)
Art III & IV (III - 81), (IV - 82)
Typing I (83)
*Typing II (84)
General Business (88)
*Wordprocessing (All Year - 1 Unit)(85)

Accounting (87)
*Vocational Office Ed. (1-hour) (90)
Consumer Homemaking (Home Ec. I) (94)
Adult Living (Ind.Living)(1st Sem.)(2nd Sem.)(95)
Child Development (1st Sem.)(2nd Sem.) (96)
Nutrition/Foods (1st Sem.)(2nd Sem.) (97)
Drafting I (Mechanical Drawing) (99)
Drafting II (Mechanical Drawing) (100)
Drafting III (Architectural Drawing) (101)
Communications (Print./Photog.) (102)
Auto Mechanics I (1-hour class) (104)
Auto Mechanics II (3-hour P.M. Shop) (105)
Small Engines (1-hour Class/"hands on") (103)
Building Trades I (2-hour A.M. Shop) (106)
Building Trades II (3-hour P.M. Shop) (107)
Marketing I (1-hour class) (108)
Vocational Center (2-hour Shop) (114)
Vocational Center (3-hour Shop) (115)
Special Education English 11 (119)
Special Ed.Consumer Math(formerly App.Math)(123)
Special Ed.Math Applic.(formerly Pre-Algebra)(124
Special Education Economics (125)
Special Education Biology I (122)
ROTC I (66), ROTC II (67)
Girls Physical Education (1st Sem.)(2nd Sem.)(60)
Girls Physical Education (All Year) (61)
Girls Volleyball/Basketball (Coach Approval) (62)
Boys Physical Education (1st Sem.)(2nd Sem.) (63)
Boys Physical Education (All Year) (64)
Study Hall (1st Sem.)(2nd Sem.) (128)
Study Hall (All Year) (129)

LIST BELOW SUBJECTS CHOSEN FOR BOTH SEMESTERS. LIST SEMESTER SUBJECTS ON THE SAME LINE. LIST THE COURSE NUMBER FOR FIRST SEMESTER. SELECT AT LEAST FIVE (5) SUBJECTS. TOTAL SIX PERIODS.

COURSE NO.	SUBJECTS (Choice Level)
1.	ENGLISH 11 -
2.	
3.	
4.	
5.	
6.	

*Prerequisite Typing I

NO STUDENT WILL BE ALLOWED TO CARRY MORE THAN ONE STUDY HALL

Kursangebot der 11. Jahrgangsstufe

nun auch die Kurswahl nachholen – die meisten Schüler hatten ihren Stundenplan bereits erhalten. Am offiziellen *Registration Day,* erzählte man mir später, würden die Schüler sich auch die Lehrer angucken und sich vorstellen. Bei der Fächerwahl könne man so die Lehrerzuordnung beeinflussen.

Mr Griswould kam wieder auf uns zu. Kenneth und ich hatten in der Zwischenzeit den Bogen mit Adresse, Name und *Prior School* (bisher besuchte Schule) ausgefüllt. Der *Guidance Counselor* setzte sich und fragte nach den Kursen, die ich wählen wolle. Zuerst war da Latein I, er schrieb es auf einen Zettel. Außerdem Französisch. Level zwei oder drei? In Deutschland hatte ich seit der siebten Klasse Franz gehabt, also vier Jahre. Er schrieb: *French IV*. Dann noch Physik und Geschichte. Die Auswahl war leicht, in diesem Jahr wurde nur ein Physikkurs angeboten und in Geschichte entschied ich mich für *World History*. Latein II war ziemlich sicher, ich hatte zu Hause ein Jahr Latein als AG belegt. Blieben Englisch, wo ich den Standardkurs vorzog, und das Matheproblem.

Trigonometrie stand schon in Deutschland auf dem Lehrplan, Geometrie und Algebra auch, nur konnte ich da keine klaren Trennungsstriche ziehen. An unserem Gymnasium waren mal drei Monate binomische Formeln, dann Sinus und Cosinus und schließlich Logarithmen angesagt. Mr Griswould überlegte. Ich entschied mich für den Kurs, der auf der Matherangliste in vorletzter Position stand: *Analytic Geometry/ Calculus Combination*.

Der *Guidance Counselor* wollte mit der Mathelehrerin sprechen, eventuell sollte ich einen Test machen.

11. oder 12.?

Anschließend stellte er die Frage, die ich schon für erledigt gehalten hatte. Die Entscheidung, die mir seit meiner Ankunft in den USA immer wieder durch den Kopf gegangen war, sollte nun fallen. Mr Griswould fragte wie selbstverständlich, guckte über den Rand seiner Brille hinweg: ob ich die 12. oder 11. Klasse besuchen wolle. Ich zögerte. Ohne Zweifel könnte ich am Ende der 12. Klasse vielleicht das amerikanische »Abitur« machen, doch war der Unterrichtsstoff nicht doch zu schwer für mich? Ich wollte eigentlich auch nicht mit lauter Schülern zusammen sein, die zwei Jahre älter waren als ich. »Wie alt bist du denn?« fragte der *Guidance Counselor* nach einer Pause. »16.« Er überlegte. »12. Klasse«, sagte ich schnell. 16 sei zwar noch etwas jung, aber er wolle den Schulleiter fragen. Gut. Insgeheim hoffte ich, dieser werde vielleicht ablehnen, denn etwas unheimlich war mir schon bei dem Gedanken, einfach eine Klasse zu überspringen. Für den Schulbesuch in Deutschland wäre das nicht von Bedeutung. Meine Kurswünsche heftete Mr Griswould an die übrigen Unterlagen. Bis zum ersten Schultag am Mittwoch sollte mein Stundenplan fertig sein.

Ein Stundenplan aus sechs Fächern? Ich war verwundert. Er klärte mich auf: Diese sechs Kurse würde ich täglich in derselben Reihenfolge absolvieren. Eine Unterrichtsstunde (*Class*) habe die Länge von 60 Minuten, Schulbeginn um 7.30 am, Schulschluß um 2.15 pm. Zwischen den Stunden jeweils fünf Minuten Pause, gegen 12.00 Uhr ein 30minütiger *Lunch Break*. Sechs Zeitstunden – zu Hause angekommen rechnete ich mit dem Taschenrechner die Gesamtschulzeit aus: US-Schüler gehen an 180 Tagen im Jahr zur Schule, das sind insgesamt 180 mal 6 Stunden gleich 1080 Stunden. In Deutschland beläuft sich die Zeit auf der Schulbank an 210 Schultagen auf 210 mal 6 mal 3/4 Stunde gleich 945 Stunden. Die Schulzeit würde also doch ganz schön lang werden. Trotzdem freute ich mich nach zwei Monaten Ferien auf die Penne, um so mehr, als ich viele neue Eindrücke und Erfahrungen sammeln würde.

Kenneth und ich mußten noch zum Gesundheitsamt fahren, um dort die ärztliche Erlaubnis für den Schulbesuch einzuholen. Wir nahmen meinen Impfpaß und den Doktorbogen der Bewerbung mit. In der Behörde traf ich einen Austauschschüler aus Deutschland, Ingo, der ebenfalls durch UNEX vermittelt worden war. Er würde die Nachbarschule in Red Bank besuchen. Mein Impfregister war einwandfrei, Ingo mußte eine Mumps-Nachimpfung über sich ergehen lassen. Den grünen Schein des Gesundheitsamtes nahm ich am Mittwoch mit zur Schule.

Mein erster Schultag

Ich hatte mein gutes Paar Schuhe angezogen, graue Baumwollhosen anstatt der blauen Jeans und sogar ein kariertes Hemd. Meine Gasteltern, die beide im 10 Meilen entfernten Chattanooga arbeiteten, setzten mich vor der Schule um 7.20 Uhr ab. Ich ging in die Cafeteria und sah mich genauer um. Hier herrschte reges Treiben. An den Tischen saßen Grüppchen und unterhielten sich, während andere sich zwischen den Stühlen hindurchzwängten, um alte Freunde zu begrüßen: die Schüler hatten zweieinhalb Monate Ferien hinter sich. Die 10.-Klässler waren neu auf der Schule, einige guckten wie ich etwas hilflos in der Gegend herum. Die meisten trugen Jeans und T-Shirts – ich war erleichtert: keine Schuluniform!

Den Weg zum *Guidance Office* kannte ich mittlerweile. Es war restlos überfüllt. Einige wählten zum Teil ihre Kurse schon wieder um, andere holten ihren Stundenplan ab. Die Hektik gab sich mit dem ersten Klingelzeichen um 7.25 Uhr, als die Schüler größtenteils in Richtung der Klassenräume verschwanden. Nach 20 einsamen Minuten kam Mr Griswould auf mich zu, und wir setzten uns an einen Tisch.

Er hatte seine Notizen verloren, und ich sollte nochmal meine Kurse aufschreiben. Das kam mir gelegen, denn am Vortag hatte Martha mir geraten, US-Geschichte statt Weltgeschichte zu belegen. Das Argument, so könne ich viel mehr von der amerikanischen Kultur und Mentalität lernen, als wenn ich irgendwelche Daten aus der *World History* pauken müsse, leuchtete mir ein. Zudem war für 12.-Klässler neben dem Englischkurs auch ein Jahr *US History* vorgeschrieben. Ich wählte *Standard*.

Der *Guidance Counselor* holte den Plan mit der Lehrerverteilung und stellte nun in 10 Minuten meinen Stundenplan zusammen. Mit dem Schulleiter hatte er wegen der 12. Klasse nicht gesprochen, aber ich solle es ausprobieren und gegebenenfalls wieder wechseln. Ich guckte auf das kleine Blatt:

#	Subject	Room	Teacher
1	Analytical Geometry/Calculus	222	Hurley
2	English	205	Hale
3	American History	213	Hodges
4	Latin II	114	Dulgram
5	Physics	116	Mc Wintock
6	French VI	113	Krimin
Homeroom		109	McAffee

Die zweite Stunde hatte bereits begonnen: Englisch. Ich suchte den Raum, die Tür war offen, wie bei jedem Klassenraum. Etwa 30 Schüler saßen in Reihen hintereinander auf Stühlen mit angebauter Tischplatte, 62 Augen guckten in meine Richtung. Ich ging auf die Lehrerin zu und stellte mich vor. Sie war freundlich und gab mir ein dickes Lesebuch leihweise für das kommende Semester. Die Klasse war mucksmäuschenstill. Ich glaube, ich wurde rot. Ich setzte mich auf einen freien Platz.

Home of the Wildcats/Hixson High School/Chattanooga Tennessee stand über dem Kopf einer grimmig guckenden Wildkatze auf dem gelben Ringheft, das mir die Lehrerin, Mrs Hale, in die Hand gedrückt hatte. Während der Stunde redete sie vom bevorstehenden Schuljahr, ihren Plänen und vom Unterrichtsstoff. Ich verstand wenig, fragte deshalb meinen Tischnachbarn und überwand auf diese Art meine anfängliche Scheu. Klingelzeichen, Pause.

Jede Pause Klassenraumwechsel

Bis ich den nächsten Klassenraum gefunden hatte, mußte ich dreimal fragen. Jeder Lehrer schien an der Hixson High einen eigenen zu haben – auf den Gängen drängten sich in der Pause Klassenraum wechselnde Schüler wie Ameisen. Ich zwängte mich durch eine Flügeltür, erreichte schließlich mein Ziel, Nr. 213, und suchte mir einen Sitzplatz. Eine ältere Lehrerin verteilte nach dem Klingeln die kiloschweren Geschichtsbücher zusammen mit einem uns betreffenden Fragebogen. Es ging um unsere Hobbys und Berufswünsche. Wie der Lateinlehrer in der nächsten Stunde, vergab sie außerdem Handzettel mit Benimmregeln. Nicht dazwischenrufen, nicht schlafen, dafür zuhören und mitarbeiten. Wir sollten das unterschreiben – alle taten es, ich auch.

Der Lateinlehrer teilt uns mit, er wolle zunächst in einem Fünf-Wochen-Schnelldurchgang die Lektionen 1–9 wiederholen und dann mit dem Stoff aus Latein II anfangen. Nach 20 Minuten wurde die Stunde unterbrochen: *Lunchtime*, erklärte mir eine Schülerin. Es gab vier verschiedene, sich überschneidende Mittagszeiten, je nach Gebäudetrakt. Wir aßen von 11.40 Uhr bis 12.10 Uhr, die erste *Lunchtime* begann um 10.40 Uhr. Nach einem viertel Schuljahr wurde gewechselt. Ich stellte mich in eine der vier Cafeteria-Schlangen: die Salatreihe. Am ersten Tag zahlte ich 1 Dollar 5 Cents. Nach einer Woche verstand ich, den zuschlagbedürftigen *Cottage Cheese* (Hüttenkäse) so geschickt unter den Salatblättern und Gurkenscheiben zu verstecken, daß ich nur noch täglich 80 Cents für Salat, Apfel und Milch ausgab. Hinter den Nachbartheken gab es je nach Wochentag Lasagne, Hamburger, Spaghetti oder Frikassee mit Beilagen – auch nicht übel. Doch da ich jeden Abend gegen 19 Uhr mit den Dents die Hauptmahlzeit einnahm, zog ich den Salat vor. Mr Fulgham, der Lehrer, der eben noch von Cäsars Triumphzug erzählt hatte, drängelte sich vor (das ist den Lehrern gestattet) und setzte sich mit seinem Tablett an einen Schülertisch.

Um 12.15 Uhr begann Physik. Mit 11 Schülern war dieser Kurs der kleinste, den ich belegte. Die Lehrerin verteilte Bonbons und stieg dann auch schon voll in den Unterricht ein. Wir lernten die verschiedenen Maßsysteme kennen und sollten als Hausarbeit die Umrechnung von Zentimeter in Dezi- und Millimeter üben. Die letzte Stunde verging ebensoschnell wie die anderen. Die Franz-Lehrerin machte große Augen, als ich ihr erzählte, ich hätte schon vier Jahre Französisch gelernt. Später wurde mir klar, warum: vier Jahre heißt für einen amerikanischen Schüler eine Stunde an jedem Schultag, für mich bedeutete das nur drei Stunden Französich in der Woche. Es klingelte, 2.15 pm, Schulschluß.

Erst am Morgen des ersten Schultages hatten die Dents bemerkt, daß sie gar nicht im Schulbezirk Hixson wohnten. Aus diesem Grund fuhr keiner der gelben Schulbusse in unsere Richtung. Mit einem japanischen Austauschschüler sollte ich deshalb täglich gegen 16.30 Uhr privat von der Schule abgeholt werden. Die Idee, die vier Kilometer zur Schule mit dem Fahrrad zu fahren, stellte sich als undurchführbar heraus: weder die Straßenverhältnisse noch die Mentalität der Autofahrer noch meine Gastmutter ließen das zu. Nach ein paar Tagen fand ich heraus, wie ich die knapp zweistündige Wartezeit sinnvoll ausfüllen konnte: am Schulflügel im kleinen Theatersaal durfte ich Klavier üben und erhielt später auch noch wöchentlich Klavierunterricht bei dem schwarzen Musiklehrer von Hixson High. In Anschluß daran erledigte ich Hausaufgaben oder nahm an Clubaktivitäten teil. Nach einer Woche war der Tagesablauf zur Routine geworden. Ich wußte, wo die Klassenräume lagen und hatte mich auf den Schulbetrieb eingestellt.

Einer von 10 Gastschülern

Die Schüler waren außergewöhnlich freundlich und akzeptierten mich schnell. Man gewöhnte sich an die Gäste aus dem Ausland. 10 an der Zahl besuchten die Hixson High: je einer aus Chile, Equador, Brasilien, Holland, Dänemark, Japan (außer mir der einzige UNEX-Student) und drei aus Frankreich. In New York hatte man uns eingeschärft, in den Schulen keine Gastschülercliquen zu bilden, das erschwere den Kontakt zu den Amerikanern. Ich vermied also zuviel Berührung mit den fremden Schülern. Die »Südamerikaner« saßen oft zusammen. Sie hatten zwar auch amerikanische Freunde, doch machte sich eine stärkere Distanz bemerkbar als bei den Gastschülern aus anderen Regionen.

Des öfteren wurden wir gebeten, über unsere Länder zu berichten. So sollten z.B. einige Gastschüler in dem *Life Skill*-Kurs (das könnte man übersetzen mit »Lebensfertigkeit« oder einfach mit »Wie benehme ich mich richtig«) über das *Dating* (»Liebesbeziehungen«) in unseren Heimatländern erzählen. Die 10.- bis 12.-Klässler hörten interessiert zu. Besonders die japanischen Sitten versetzten sie in Erstaunen. Westdeutsche Gepflogenheiten versuchte ich, so gut es ging, zu verallgemeinern. Ich merkte nach Vorträgen in einigen Kursen schnell, daß ich Unterschiede zwar ansprechen konnte, es aber sinnvoller war, diese nicht zu bewerten, oder gar zu Lasten amerikanischer Verhältnisse zu kritisieren. Im kleinen Kreis ist es interessant zu diskutieren, aber vor der Klasse findet die Kommunikation einseitig statt, so daß Schüler sich oder ihre Nation schnell beleidigt glauben und abschalten.

Kleine Pannen passierten mir häufiger und ich machte bald die Erfahrung, daß einem Ausländer weitaus mehr Beachtung geschenkt wird als dem amerikanischen Mitschüler. Zum Beispiel fragte mich im Englischkurs ein Footballspieler, mehr um mich zu necken: »*Do you masturbate?*«, woraufhin ich mit ernster Miene scherzte: »*Of course, at least twice a day.*« Ich bedachte nicht, daß wir uns im Zentrum des streng religiösen *Bible Belt* befinden, einer für zahlreiche Evolutions-

und Schulgebetsprozesse sowie die unzähligen Glaubensrichtungen bekannten Region der USA. Zwei Tage später, ich hatte die Sache längst vergessen, erkundigte sich ein Freund nach dem Wahrheitsgehalt meiner Aussage. Die Geschichte von dem onanierenden Deutschen machte die Runde. Als ich begriff, welches Ausmaß das Unheil meiner Äußerung annehmen würde, dementierte ich wo und wann es nur ging. Schlimmeres konnte verhindert werden. Trotzdem gab es skeptische Schüler, die mich für den Rest des Schuljahres mieden. Exakt die gleiche Geschichte passierte übrigens Ingo an der Nachbarschule in Red Bank.

Eine zweite Panne ist eher auf linguistische Probleme als auf gesellschaftliche Moralvorstellungen und Humordifferenzen zurückzuführen. Es geschah gleich am zweiten Schultag, wir hatten Mathe. Ich schrieb meine Kalkulationen wie alle anderen mit Bleistift in mein gelbes Hixson Heft. Nach mehrmaligem Verschreiben wurde es mir zu bunt, ich suchte ein Radiergummi. »*Who has got a rubber for me?*« fragte ich mit meinem Boris-Becker-Akzent unschuldig in die geschäftige Stille hinein. Siebenundzwanzig Augenpaare blickten auf und starrten mich halb entgeistert, halb belustigt an. Mein Nachbar biß sich in den Arm, um nicht laut loslachen zu müssen. Ich glaubte das tiefe Einatmen unserer Lehrerin zu hören. »*You want what?*« fragte mein Vordermann nach einer peinlichen Pause. »*A rubber*«, wiederholte ich leise, aber eindringlich und machte die typische Handbewegung, in der Gewißheit, mich genau an eine meiner ersten Englischvokabeln zu erinnern. »*Oh, an eraser*«, die Miene der Lehrerin hellte sich auf, und ich denke, sie verzieh mir. Vor ihren Ohren hatte ich mich nach einem Kondom erkundigt, denn *rubber* bedeutet umgangssprachlich genau das. Ich bekam ein Radiergummi und die Angelegenheit war geregelt. Auch diese Story machte die Runde, wenn sie auch eher Sympathien hervorrief. Austauschschüler in einer High School sein, heißt, sich ständig vor unbedachten Äußerungen hüten müssen.

Schüler tragen Uniform – *Airforce* als Wahlfach

Ich hatte mich kaum von dem Sprachmißverständnis der ersten Stunde erholt, als ich im Gedränge der Fünf-Minuten-Pause eine sonderbare Tracht erblickte: mir lief ein Mensch in Uniform über den Weg. Rote Haare, dick, ungefähr so alt wie ich. Ich stockte, ging weiter. Im Eßbereich sah ich einige Schwarze in identischen Kostümen: blaue Hose, blaues Hemd mit Krawatte und eine Jacke mit Abzeichen auf der Brust. »Das sind die *ROTC*-Leute«, erklärte mein Hintermann John. Ich erinnerte mich an den Wahlbogen: *ROTC I, II* und *III,* die paramilitärischen »Luftwaffenkurse«. »Die dürfen jeden Donnerstag in ihren Uniformen rumlaufen.« Er mochte sie auch nicht besonders, aber »man gewöhnt sich dran«. Im *Guidance Office* begegneten mir in der Mittagspause dann die beiden Schuloffiziere, auch in Uniform. »Der mit den Segelohren leitet das *Drill Team«,* sagte Mr Griswould, als sie weg waren.

ROTC ist in der 11. Klasse Pflichtkurs. Alternativ kann Sport belegt werden. Der Militärkurs hat den Vorteil, daß sich die Chance erhöht, später ein (Teil-) Stipendium im College zu bekommen. Ein Nachteil für manche: die Haare dürfen nicht über die Ohren reichen. Nach Schulschluß sah ich vor der Schule einige Schüler mit Holzgewehren wirbeln – das *Drill Team.* Ich war denn auch nicht mehr verwundert, als ich im *Guidance Office* die Militärbroschüren entdeckte. Nach acht Monaten hatte ich mich soweit eingewöhnt, daß mich das Gerücht, die *ROTC*-Schüler sollten donnerstags zu ihren Uniformen nun auch noch Revolver – wenn auch ungeladen – mit herumtragen dürfen, nicht mehr sonderlich überraschte. In Sachen Patriotismus würde ich noch viel lernen müssen.

KAPITEL 5

Schulsport, Show und Enthusiasmus

Cheerleader beim Football

Eine Woche und drei Tage Schule: es war Freitag, der 29. August. Die letzte Nacht hatte ich auf Englisch geträumt: Ich raste mit dem Fahrrad den Berg runter auf eine Ampel zu. Kurz bevor ich sie erreichte schrie jemand lauthals »*RED!*«. Dann bin ich aufgewacht. Ich kam etwas zu spät zur Schule, Kenneth hatte getrödelt. Die *ROTC*-Leute waren heute wieder normal gekleidet, doch gleich in der ersten Pause entdeckte ich im Menschengedränge zwei neue Besonderheiten: zum einen liefen vereinzelt Mädchen mit gelben Miniröcken und passendem Oberteil umher. Es waren weniger die nackten Beine, die mich erstaunten – den Minirock verbietenden *Dress Code* kannte ich zu der Zeit noch nicht – als vielmehr das einheitliche Kostüm, wobei am unteren Saum des Rocks ebenso wie auf den Socken drei schwarze Tatzen abgedruckt waren. Zum anderen hatten sich viele Jungen über ihr T-Shirt (T-Shirt oder Hemd waren als Bekleidung die Regel, denn für Pullover war es trotz Klimaanlage viel zu warm) ein schwarzes Sportler-Shirt mit einer Nummer auf dem Rücken angezogen. In Englisch saßen zwei der Schwarzhemden neben mir und drei Paar nackte Beine sah ich zwei Reihen weiter. Ich fragte nach dem Zweck der Verkleidung. Die schwarzen *Wildcats* waren Footballer, die gelben hatten etwas mit irgendeiner *Pep Rally* zu tun.

Dann unterbrach uns die Englischlehrerin, sie wollte die *Announcements* verlesen. Die stehen auf einem weißen Handzettel, der zu Beginn der zweiten Stunde, bei mir Englisch, jeden Tag von einem Mädchen in allen Klassenräumen verteilt wurde. Mrs Hale las ihn immer im Laufe des Unterrichts vor. Ich verstand auch an jenem Freitag nicht sehr viel, da ich mich ja erst seit zwei Wochen in den USA aufhielt. Die *Announcements,* die »Neuigkeiten«, überflog ich später noch einmal. Es gab vier Punkte: *General News, Club News, Faculty News und Athletic News.* Unter der letzten Sparte fand ich dann auch das, was ich suchte: »*Football Game tonight, 8.00PM, at Rhea County High School. Please show your support.*«

Cheerleader üben für den großen Auftritt

Pep Rally: Generalprobe fürs *Football Match*

Während der Französischstunde klärte sich dann, warum einige Mädchen die gelben Kostüme trugen, und warum wir in Physik 10 Minuten zu früh entlassen worden waren. Ich hatte natürlich schon in der Pause einige Freunde gefragt, hörte aber immer nur »*Pep Rally, Pep Rally, Pep Rally*« und verstand nur Bahnhof. Um 1.50 pm war es soweit; es klingelte vorzeitig. Die Menge strömte in die runde Aula. Schon von weitem hörte ich die Marschmusik. Hinten links saßen die vierzig Mitglieder der *Marching Band* mit ihren Trompeten, Posaunen, Saxophonen, Trommeln. *Marching Band* konnte man ebenfalls als reguläres Unterrichtsfach wählen. Ich setzte mich zu einem Freund auf die Tribüne. Gegenüber und links und rechts befanden sich drei weitere Tribünenteile.

Die vielen Bänke waren schnell besetzt, die Allzweckhalle proppenvoll. Die Band schmetterte. An den Wänden hingen große Plakate, mit Farbe bemalte Tapeten: »*GO HIXSON GO*« oder »*WILDCATS GO*«. In zwei Eingängen standen die Lehrer, einige saßen zwischen uns. Zwei Bänke weiter rechts ein markanter Block: die rund 40 Footballer mit ihren schwarzen Hemden.

Sie sprangen auch gleich als erste auf, als nun eine Melodie erklang, die ich zwar schon mal gehört, aber nie bewußt wahrgenommen hatte. Es handelte sich um die Nationalhymne. Im ersten Moment war ich unsicher, wie ich mich verhalten sollte. Ich konnte aber gar nicht anders als mit der Masse aufstehen, tat dies aus Höflichkeit auch in Zukunft, nahm allerdings die Hand nicht zum Herzen. Inzwischen hatte ich den Schulleiter erblickt. Er stand gegenüber, neben dem linken Tribünenteil, rechte Hand aufs Herz, Augen geschlossen. Der gute Mann trug einen gelb-schwarzen Pullover: die Farben der High School: »*WILDCATS!!!*« Viele sangen den Text zur Melodie. Zur Nationalhymne marschierten jetzt zwei Reihen Mädchen durch die beiden Haupteingänge und stellten sich längs der Tribünenseiten auf. Sie hatten gelbschwarze Uniformen an: schwarze knielange Hose und Hemd sowie gelbe Schärpe und Kragen, weiße Stiefel. Auf den Schultern ruhten weiße Plastikgewehre, einige hatten Säbel um die Hüften geschnallt. Ein Mädchen trug die Flagge der Vereinigten Staaten, das Sternenbanner.

Gelb-schwarze Mädchen wirbeln Gewehre

Der letzte Akkord war gespielt, die Zuschauer saßen, die 25 Mädchen präsentierten die Gewehre. Zum folgenden Marsch wurden diese synchron herumgewirbelt, in die Luft geworfen, wieder aufgefangen. Alles sah aus, wie wochenlang geprobt. In der Tat hatten die Band und das sogenannte *Auxiliary Corps* unter der Leitung von *Band*-Direktor Mr Hale das Programm in den Sommerferien einstudiert, mit viel Geduld, Nerven und Schweiß, wie mir ein Mitglied versicherte. Die Instrumente verstummten, die Mädchen setzten sich. Der Schülersprecher hielt eine kurze Rede, in der er dazu aufrief, *School Spirit* zu zeigen und zum Footballspiel am Abend zu kommen. Die Band begann wieder mit flotter Musik. Jetzt turnten von links 12 gelb-schwarze Mädchen in Miniröcken in die Halle. Die Schüler schrien begeistert, während die sogenannten *Cheerleader* ihr Programm vorführten (*Cheerleader* = Stimmungsmacher). Ich begriff, die *Pep Rally* war die Generalprobe für das Footballspiel am Abend.

Nach zackigen Armbewegungen, Luftsprüngen und Rufen wie »*GO, WILDCATS, GO*« und »*W-I-L-D-C-A-T-S,*« endete das Spektakel schließlich mit dem gegenseitigen Hochschaukeln der beiden Tribünenseiten. Die Tribüne, auf der ich saß, rief »*WILDCATS GO*«, die *Cheerleader* liefen 15 Meter zur anderen Seite und gaben das Handzeichen für ein noch lauteres »*WILDCATS GO*«.

Ich glaube, ich saß bzw. stand während der ganzen Show vollkommen sprachlos auf der Tribüne, als mit dem Klingelzeichen um 2.15 pm jeder wie selbstverständlich aufstand und durch die Seitengänge die Halle verließ und auf Bus oder Auto zusteuerte.

Pep Rallies fanden von nun an jeden Freitag statt. Sie variierten aber von Woche zu Woche. Manchmal wirbelte das *Auxiliary Corps* Fahnen anstelle von Gewehren durch die Luft, mal blieben sie ganz weg. So auch am 3. Oktober, als eingangs, während der Nationalhymne, vier *ROTC*-Schüler in Uniform Richtung Hallenmitte marschierten, wo ein großes, gelb-schwarzes »H« auf den Boden gemalt war. Die beiden Jungen des sogenannten *Color Guard Team* hielten zwei der weißen Plastikgewehre. Sie stellten sich in zackigen Schritten rechts und links neben den beiden uniformierten Mädchen auf, die die große amerikanische Flagge und die Tennessees im Gürtelhalfter stecken hatten. Die Band hörte auf zu spielen.

Schulmilitärs in Paradeuniform

Die vier 11.-Klässler standen nun mitten auf dem H und rührten sich nicht. Alle vier trugen silberne Helme auf dem Kopf, die ihnen eigentlich viel zu groß waren, denn sie hingen weit über die Augen, so daß nur noch Mund und Nase zu sehen waren. Es sah ulkig aus, und ich mußte mir ein Lachen über dieses Schauspiel verkneifen, obwohl mir eine Gänsehaut über den Rücken lief. Stille.

Einer der vier Militaristen brüllte einen Befehl, woraufhin alle auf dem Absatz drehten. In diesem Moment kam der Schulleiter, der bis dahin mit stolzer, todernster Miene den Bewegungen der *ROTC*-Leute gefolgt war, mit langen Schritten auf mich zu. Ich stand zwischen den Zuschauern auf der Tribüne. Die Formation marschierte ab, das Publikum regte sich. Viele verfolgten den Gang des Direktors, der nun unten vor den treppenartigen Zuschauerbänken stand, mit dem Finger auf mich zeigte und wütend und lautstark schimpfte. Ich bekam einen großen Schreck, bis ich bemerkte, daß die Moralpredigt zwei Schülern galt, die unmittelbar hinter mir standen.

Mit den Schulmilitärs ist nicht zu spaßen

Nach dieser Unterbrechung sprangen die *Cheerleader* herein – heute in karierten Anzügen – und das Programm wurde fortgesetzt. Von meinem Freund erfuhr ich, daß die zwei Jugendlichen sich über die Flaggenpräsentation lustig gemacht und angeblich auch etwas in Richtung *Color Guards* geworfen hatten. Einige Tage später stand in der Schülerzeitung ein Artikel des obersten *ROTC*-Schülers. Hierzu sollte ich vielleicht sagen, daß es auch im Schulmilitär die übliche Hierarchie gibt. Der Rang ist an den bereits erwähnten Abzeichen auf der Uniformjacke abzulesen. Die ranghöchsten drei Schüler heißen *Squadron Commanders,* zwei von ihnen waren in meinem Physikkurs. Einer der beiden: John Magoll, ein eingefleischter Patriot mit guten Chancen auf ein Stipendium in einer Militärakademie, u.a. wegen seines Oberlippenbartes und des Seitenscheitels mit dem Spitznamen »Hitler« versehen. Da ich das Militärgehabe an unserer Schule für ziemlich geschmacklos hielt, stritten wir uns in den Physikstunden oft genug über Pazifismus und Militarismus, über Vietnam und Nicaragua. Einige Monate amerikanische Geschichte halfen mir dann, die Ursachen für den bedingungslosen Patriotismus zu verstehen, die Diskussionen waren damit aber nicht zu Ende.

John schrieb anläßlich des Vorfalles in der Aula einen Artikel in unserer Schülerzeitung »Zahn und Klaue« (*Tooth-N-Claw*), dessen Wortlaut ich hier gekürzt und übersetzt wiedergeben möchte: »... wir sollten dankbar sein, für dieses großartige Land, mit dem Gott uns gesegnet hat. Wenn die Nationalhymne gespielt wird, sollten wir still stehen mit der Hand auf unserem Herzen und das Gesicht der Flagge zugewandt. WIR SOLLTEN NICHT SCHREIEN, LACHEN, ODER DINGE IN RICHTUNG FLAGGE ODER COLOR GUARD WERFEN. Diejenigen, die sich derart respektlos verhalten, dürfen nichts außer Scham fühlen. Sie haben kein Recht, die Freiheiten zu genießen, die uns in den Vereinigten Staaten gewährt sind. Bitte behaltet diese Dinge im Kopf, wenn das nächste Mal die Farben präsentiert werden.« Unterzeichnet mit *C/Captain John Fagoll - Squadron Commander - Tn-81 AFJROTC Squadron.*

Ich sprach mit John und anderen Schülern über diesen Artikel. Die verstanden meine Kritik nicht, unsere Argumentationsbasis war zu verschieden. Für mich als Deutschen hatte das Wort Patriotismus einen negativen Beigeschmack, in Hixson wurde *The Most Patriotic Student* am Ende des Schuljahres mit einer Urkunde ausgezeichnet. Ich würde noch viel lernen ... Doch nach diesem Exkurs über die *ROTC*-Mentalität und den selbstverständlichen Patriotismus oder Nationalismus zurück zum Football.

Symbolische Exekution des Footballgegners

Am 26. September wollte ich mit Freunden zum Heimspiel der *WILDCATS* gegen unsere Nachbarschule Red Bank gehen. Das Spiel wurde mit Spannung erwartet. Schon im Vorfeld war die Rivalität offensichtlich. Seit sieben Jahren hatte Red Bank das alljährliche Ranglistenspiel gegen Hixson gewonnen, die Revanchisten unter uns bereiteten sich intensiv auf die Begegnung vor. T-Shirts wurden bedruckt: *»I HATE RED BANK«*, und sogar der Schulleiter trug an jenem Freitag einen Pullover, auf dem unsere Wildkatze mit einem Hammer dem Red Bank-Löwen auf den Kopf haut: *»Beat Red Bank«* stand darüber. Es war Mitte der Footballsaison und noch blieb offen, wer am Ende Bezirkschampion werden sollte und eine Runde weiter kommen würde. Hixsons Chancen standen gut: wir hatten keines von bisher vier Spielen verloren.

Red Bank ist eine *County School,* während Hixson noch zu den Stadtschulen gehörte, das verhärtete die Fronten.

Kurz vor dem Spiel spitzte sich der Konkurrenzkampf spürbar zu: Schüler aus Red Bank hatten über Nacht unsere Schule mit Klopapier »eingewickelt« (*rolled*). Das konnten wir Hixsoneraner nicht auf uns sitzen lassen. Der Schulleiter ahnte Schlimmes: in einem seiner wöchentlichen Announcements durch die Lautsprecheranlage warnte er uns fünf Minuten vor einem Racheakt. Er habe mit dem Schulleiter von Red Bank gesprochen und sie wären sich einig, daß solche Taten scharf zu verurteilen seien. Es half nichts. Am Mittwoch Morgen machte es die Runde: Fans hatten »*HIXSON NO. 1*« in großen Lettern auf das Spielfeld vor der Red Bank-Schule »eingebrannt«: Gras verträgt kein Autobenzin.

»Das ist alles schon traditionelle Rivalität«, bezeichnete das ein Mitschüler treffend. Die Lehrer riefen im Unterricht dazu auf, das Heimspiel zu besuchen. Ich besorgte mir die 2,50 Dollar teure Eintrittskarte vom *Bookstore*, dem kleinen, von Schülern verwalteten Schreibwarenladen in der Cafeteria. Die Polizei überwache beide Football-Felder, erfuhr ich. Mitschüler sprachen von bevorstehenden Prügeleien; fast sämtliche Footballer hatten sich beide Seiten des Kopfes kahlgeschoren, auf manchen Skalps waren – durchaus originell – Tatzen oder ein »*WILDCAT*« zu erkennen.

Am Freitag knisterte es. Schon die *Pep Rally* war ungewöhnlich aggressiv: »*LIONS WILL FALL TONITE*« stand auf den Tapeten geschrieben. Die Stimmung war auf dem Höhepunkt angelangt, als drei Schüler in blau-weißen Red Bank-Hemden und mit schwarzen Kapuzen auf dem Kopf sich in der Mitte der Turnhalle aufstellten. In den Mützen befanden sich zwei kleine Sehschlitze. Aus dem schwarzen Block lösten sich nun fünf Footballer mit den bekannten Plastikgewehren in der Hand und vollstreckten mit angelegten Waffen das symbolische Todesurteil an den Red Bank-Repräsentanten, die erst auf die Knie, dann der Länge nach auf den Boden sanken. Mir lief es kalt den Rücken runter. Ein Trommeln untermalte die Szene. Nach Vollendung der Exekution brach die Menge in Jubel aus, und die *Pep Rally* endete mit nochmaligen Luftsprüngen der *Cheerleader*. Ich fuhr mit gemischten Gefühlen nach Hause – wie sollte es erst beim Spiel zugehen?

Das Football Team von Hixson High

Football Nebensache

Um 8.00 pm saß ich auf der Tribüne, natürlich auf der Hixsonseite, der Steintribüne. Gegenüber breiteten die *Red Necks,* wie der Name gerne umgeformt wurde, ihre blauen Spruchbänder aus. Wir hatten unser Auto auf dem überfüllten Parkplatz der Schule abgestellt, wo die *ROTC*-Leute in Uniform als Ordner fungierten. Am Eingang des Spielfeldes, wo ein Polizeiauto postiert war, konnte man einen 20seitigen Prospekt kaufen, der anläßlich jedes Spiels gedruckt wurde: Die Namen der Spieler, Foto der *Cheerleader* und eine Menge Werbung. »*Hixson versus Red Bank*« stand auf der Titelseite.

Der Schulleiter gesellte sich in seinem Hixson-Pullover mit Ehefrau zu den Lehrern vier Bänke hinter uns. Beide Tribünen quollen über, an jenem Abend waren angeblich 7000 Zuschauer anwesend. Auf der Red Bank-Seite sah ich eine Ecke, wo Instrumente blitzten. Die Leute gegenüber trugen blauweiß. Unsere Band war noch nicht da, die 10 reservierten Bankreihen noch nicht besetzt, die Mannschaften befanden sich in den Kabinen.

Die *Cheerleader* beider Seiten wärmten sich auf, als plötzlich die Hixson Schüler neben mir aufsprangen und hinter den jetzt rufenden Mädchen aufs Spielfeld rannten. Ich begriff nichts, lief aber mit. In einer Minute hatten die *Cheerleader* auf dem Rasen mit uns Jugendlichen einen weiten Gang gebildet und hielten an das eine Ende des drei Meter breiten Menschentunnels eine Papierleinwand mit der üblichen Aufschrift: »*WILDCATS GO*«. »Durch diese hohle Gasse muß er kommen«, dachte ich. In der Tat: die Tür der Mannschaftskabine öffnete sich, und ich sah wie der erste Hixson-Spieler seinen Kopf rausstreckte. Unter unserem Gebrüll liefen die breitschultrigen Footballer dann in ihren wuchtigen Ausrüstungen und gelben Helmen durch die Gasse und die Papierleinwand auf die *Cheerleader* zu. Was bei Red Bank passierte, konnte ich nicht erkennen. Nachdem wir wieder auf der Tribüne saßen, beobachtete ich, wie beide Teams sich in ihren Hälften aufwärmten. Jetzt entdeckte ich auch die drei Fernsehkameras am Kopfende der Zuschauerbänke, von wo die große digitale Anzeigentafel gesteuert wurde. Eine kleine Gruppe Journalisten hatte dort einen überdachten Stand. Das Wetter zeigte sich warm und unbewölkt.

Inzwischen war die *Marching Band* angetreten. 40 blasende und trommelnde Musiker marschierten vom Mannschaftshaus zu ihren Plätzen, spielten noch einige Töne und setzten sich dann. Eine Stimme sagte die Nationalhymne an, *»please stand«*. Einige *ROTC*-Schüler stolzierten mit der Flagge auf dem Spielfeld herum, verschwanden wieder. Die Footballer standen am Rand, als eine Schülerstimme über den Lautsprecher erklang: »Scott, unser Schulsprecher«, sagte mein Nachbar. Wir blieben aufrecht, denn es folgte das Gebet per Mikro. Wie harmonisch sich beide Seiten gegenüberstanden, die Köpfe gesenkt, die Häupter entblößt – hier sollte eine Minute später ein kämpferisches Footballspiel stattfinden?

Anpfiff nach dem *»Amen«*

»Amen«, endete der Schülersprecher. Das Aufsagen des Gebetes vor den Spielen war eines der wenigen Privilegien der Schülervertretung unserer High School. Das anschließende Footballspiel hatte wenig Höhepunkte. Ich ließ mir die Regeln erklären, hielt es auf Dauer für langweilig und außerdem für Nebensache. Während des Spiels setzte in kritischen Momenten die Band der bedrohten oder auch angreifenden Mannschaft ein, und die *Cheerleader* versuchten, mit Sprüngen, Rufen und Synchronbewegungen zur Musik, die ohnehin schon nicht stimmungsmüden Zuschauer zu noch mehr Anfeuerungsrufen zu bewegen. Pause, *Popcorn*, Cola, Würstchen. Die *Marching Band* bot auf dem Spielfeld ein eindrucksvolles Programm, zusammen mit Fahnen- und Gewehrkünstlerinnen. Sogar die Red Bank-Seite klatschte Beifall.

Drittes Viertel, viertes Viertel. Ich glaube, Hixson gewann 7:0, Schlägereien fanden jedenfalls nicht statt. Allerdings hatte ich doch etwas Angst, als auf dem Weg zum Parkplatz der gelbe Schulbus mit den durchgeschwitzten Red Bank-Spielern langsam an mir vorbeifuhr und einer der gegnerischen Footballer mich längere Zeit durch das offene Fenster mit starrem Blick fixierte.

Am nächsten Morgen zeigte mir Kenneth I den Artikel in der Lokalzeitung *Chattanooga News Free Press*. Erst als ich an diesem Tag auch im Lokalfernsehen auf drei Kanälen Ausschnitte aus verschiedenen High School-Footballspielen vom Freitagabend sah, wurde mir bewußt, wieviel Aufmerksamkeit die Öffentlichkeit dem High School-Sport schenkte. High School-Football genießt während der Saison im Herbst regelmäßig Wochenend-Sendezeit.

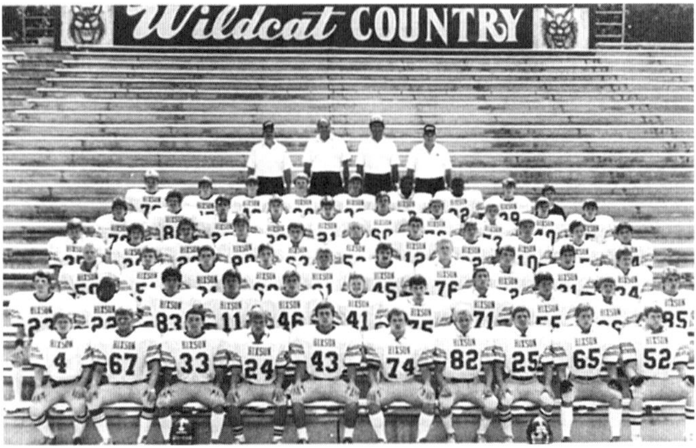

Gruppenbild aller Football-Wildcats

Sportvereine existierten in Chattanooga kaum, und wenn, dann hatten sie fast ausschließlich Freizeitcharakter. Fürs Schwimmen gibt es allerdings einige private Clubs, weil hier die Möglichkeiten der Schulen begrenzt sind. Entsprechend hoch sind dann die Mitgliedsbeiträge: Ich zahlte während meiner viermonatigen Mitgliedschaft einen Beitrag von monatlich 35 Dollar. Das Trainingsangebot war dementsprechend gut: sechsmal die Woche je 90 Minuten.

Auch die High Schools bieten in vielen Sportarten ein ähnlich intensives Training. Die Footballer trainierten während der Sommerferien bis zu zweimal am Tag (in schwüler-Sommerhitze). Während der Saison bis Ende Oktober war es nicht anders, und die schulischen Leistungen kamen in vielen Fällen zu kurz – ein Grund für das Stereotyp des »dummen Footballers«. Trotzdem sind Hixson Highs 65 *Buddies* nicht unpopulär, im Gegenteil, ein Platz im Team ist äußerst begehrt. Die Freundin eines Starspielers hat zahlreiche Nebenbuhlerinnen. Ähnlich umschwärmt werden die *Cheerleader* von vielen Jungen.

Häufig versuchen Schüler, die akademisch weniger leisten, ihre Chancen auf einen Collegebesuch oder gar ein Stipendium über den Weg des harten Leistungssports zu verbessern. Vor allem die Schwarzen sind aus diesem Grund in den Sportmannschaften meist überrepräsentiert: Weil die physisch wie psychisch aufreibende Sportlerkarriere immer noch aussichtsreicher ist als ein Aufstieg in der mit Vorurteilen belasteten Gesellschaft.

Konkurrenzkampf um die Aufstellung: Die *Trials*

Schon in den High Schools finden harte Konkurrenzkämpfe um die Plätze in bestimmten Teams statt. Um die Auswahl möglichst objektiv zu gestalten, werden einige Wochen vor Trainingsbeginn die sogenannten *Try Outs* oder auch *Trials* abgehalten. Bewerber für die Baseballmannschaft müssen dann z.B. den Ball über eine bestimmte Weite werfen, um vom Trainer aufgenommen zu werden.

Je größer die Zahl der Konkurrenten, umso härter die Bedingungen. Meine Vorstellung von der gemütlichen Basketball AG zerschlug sich im Wind. Ich hatte bei einer 1200-Schüler-Schule nicht die geringste Chance auch nur auf die Ersatzbank. Zudem erfuhr ich zu spät von der Bedeutung der *Trials*. Der Schwimmtrainer des Vereins indessen mußte mich akzeptieren: schließlich zahlte ich.

Aber ich war zu langsam für meine Altersgruppe. Ich arbeitete mich (als guter deutscher Schwimmer) in vier Monaten gerade bis zur Bahn der 10-12jährigen hoch.

Als ich nach den ersten anderthalb Stunden Schwimmtraining seit fünf Monaten nicht mehr in der Lage war, meine Unterhose mit eigenen Trizepsmuskeln hochzuziehen, beschloß ich, den Gewichtheberaum der Schule unter die Lupe zu nehmen. Der Hantelspezialist, nebenbei Englisch- und Geschichtslehrer, stellte ein Programm für meine Schwimmuskeln auf. Ich stemmte, zog und hob ein- bis zweimal die Woche 20 bis 60 Kilogramm – genug, um fit zu bleiben. Schon bald merkte ich, daß die Spiegel im Raum das wichtigste waren. Hier schwoll meine Hühnerbrust bei jedem Hantelhub, näherte sich jedoch in Umfang und Größe nie den stählernen Oberkörpern meiner amerikanischen Kollegen. Nach vier Wochen gab ich das *Weight Lifting* auf. Der Trizeps funktionierte auch ohnedem nach dem Schwimmen wieder einwandfrei.

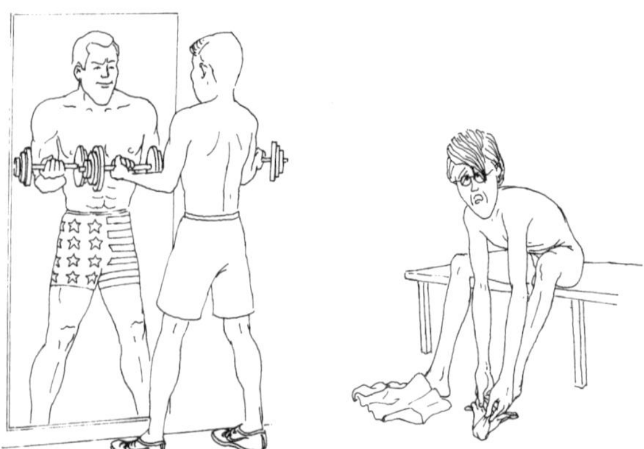

Homecoming: eine Königin lädt man nicht zum Schulball ein

Drei Wochen vor dem Ende der Footballsaison fand ***das*** Ereignis im Sportleben einer High School statt: *Homecoming*. Anlaß dieses Spektakels war das erste Heimspiel der *Wildcats* nach einer längeren Auswärtsperiode. Ich war Mitglied mehrerer Clubs, und diese sollten für die *Homecoming Parade* je einen Wagen schmücken. Ein Truck für unseren *International Club* war bald gefunden. Ähnlich wie bei europäischen Erntedankfesten wurden die Wagen präpariert, mit Kreppapier, Ballons und Schildern – eben Footballdankfest. Der Schulleiter entließ uns um 10 Uhr aus der Schule, und wir fuhren nach einer Stunde Präparierzeit mit zahlreichen bunt geschmückten Trucks zur 1 Meile entfernten *Mall,* einem riesigen Einkaufszentrum. Dort organisierte mein Lateinlehrer die Aufstellung der Autos. Im Schrittempo ging es anschließend Richtung Schule, die *Marching Band* vorweg. Wir warfen Süßigkeiten auf Passanten.

Am Abend sollte in der Halbzeit die *Homecoming Queen* gekrönt werden und nach dem Footballspiel der *Homecoming Dance* stattfinden. Im Vorfeld dieses Tages hatten wir schon Kandidatinnen für die *Homecoming Queen* vorgeschlagen. In die engere Auswahl kamen 10 Mädchen, über die in einem Extrawahlgang abgestimmt werden sollte. Die Schülerin mit den meisten Stimmen würde in der Halbzeit als *Homecoming Queen* ernannt werden.

Eine Woche vor dem *Homecoming*-Tag war mir unbewußt ein kleines Mißgeschick passiert. Mitschüler wollten wissen, mit wem ich zum Tanz gehen würde. Ich merkte, daß es an mir war, eine junge Dame zu fragen, denn umgekehrt geschah dies nie. Ich guckte mich also gleich am Montag in meinem Mathekurs um und erkundigte mich bei dem Mädchen, das hinter mir saß – sie war mir natürlich nicht unsympathisch –, ob sie Lust hätte, mit mir an besagtem Abend zu diesem Tanz zu gehen. Sie lächelte mich nur an, was sie eigentlich immer tat und sagte nichts. Vielleicht hielt sie meine Frage für einen schlechten Scherz, auch meine Tischnachbarin, die meine Worte gehört hatte, guckte etwas ungläubig. Später erfuhr ich, was ich angerichtet hatte: ich hatte Kristi Graham zum Tanz eingeladen – Kristi, die »oberste« Cheerleaderin, den Schwarm aller Footballer der Schule, lächelnde Schönheitsfee und aussichtsreiche Kandidatin für den Titel der *Homecoming Queen*.

Die Einladung zum *Homecoming Dance* schien einer Liebeserklärung gleichzukommen. Am nächsten Tag fragte mich ein Footballer: »*You asked Kristi Graham to go to the Homecoming Dance?*«, wobei er die Betonung auf das »*you*« legte. Ich war mir keiner Schuld bewußt, und sagte »*Yes*«, woraufhin er in Gelächter ausbrach. Das war ihm in seiner Schullaufbahn noch nicht vorgekommen: ein kleiner *German foreign student* lädt ausgerechnet das Mädchen zum *Dance* ein, das man zur *Homecoming Queen* krönen würde. Ich verstand nicht, was daran so komisch war, zumal ich dann mit einem Mädchen zum Ball ging, das mindestens ebenso hübsch und nett war und auch nicht dauernd so eingefroren lächelte.

Inzwischen hatte die Basketballsaison begonnen, der Sport verlagerte sich in die Halle. Es folgte die Zeit der Ringer, die den Aufstieg zur Tennesseemeisterschaft schafften. Auch zu diesen Turnieren kamen bisweilen 800 Zuschauer. Sowohl Lehrer als auch Schüler zeigten *School Spirit*. Baseball-, Softball- und Leichtathletikwettkämpfe (*Track*) fanden im Frühjahr statt, genossen aber nicht annähernd soviel Beachtung wie Football oder Basketball. Trotzdem zollte man den Sportlern in der Schule weiterhin Anerkennung und Unterstützung. Das ist verständlich, denn das Ansehen einer High School steht und fällt mit den Sporterfolgen der Schulmannschaften. Jetzt war mir klar, warum auf dem Informationsblatt der Schule in erster Linie Erfolge und *Awards* der Trainer und der Schulteams aufgelistet waren. Hixson genoß einen hervorragenden Ruf, das hob mein Geschichtslehrer immer wieder hervor – er war der Footballtrainer.

Die vielen Sportereignisse führen zu einer starken Identifikation der Schüler mit »ihrer« Schule. *School Spirit* und Schulpatriotismus sind kennzeichnend für amerikanische High Schools. Die Schüler haben dadurch eine vollkommen andere Einstellung zum »Schulzwang«, als viele europäische Altersgenossen. Nicht zuletzt die zahlreichen Clubs und »exkurrikularen« Aktivitäten beweisen das. Je mehr ich mich an den Sportfanatismus gewöhnte, umso besser begriff ich, warum den akademischen Mankos nicht so viel Beachtung geschenkt wird. In dieser Hinsicht hatte ich während des High School-Aufenthaltes einige interessante Erlebnisse, ich lernte z.B., wie man Französisch auf Englisch unterrichtet.

Auch der stellvertretende Schulleiter ist stolz auf die erfolgreichen Sportler »seiner« High School

KAPITEL6

Punktabzug fürs Fluchen und andere methodische Besonderheiten

Die Schüler lernen je nach Wissensstand

Eine meiner Hauptbefürchtungen vor dem Sprung in die 12. Klasse der High School war das *Curriculum*: ich hatte Angst vor den zu anspruchsvollen Lehrplänen der Schulen, insbesondere der letzten Jahrgangsstufe, die ich mit der deutschen Abiturvorbereitung gleichsetzte. Doch schon nach den ersten paar Tagen in meiner neuen Schule Hixson High war ich einigermaßen beruhigt. In meinen Kursen saßen oft nicht nur 12.-Klässler, sondern auch 11.- oder gar 10.-Klässler. Der Mathekurs war dagegen schon relativ fortgeschritten, so daß dieses Level von den wenigsten Schülern in 10 oder 11 Jahren erreicht wurde; in US-Geschichte und Physik lernte ich jedoch zwischen vielen der Jünglinge – zu denen ich mit meinen 16 Jahren im Grunde auch noch zählte – die in der Schulterminologie *Sophomores* (10.-Klässler) (mit der Aussprache dieses Begriffes habe ich bis heute Schwierigkeiten) oder *Juniors* (11.-Klässler) genannt werden. Unsere Spezies der 12.-Klässler wird mit der Bezeichnung *Seniors* bedacht.

In der 12. auf Seite 1 des Physikbuches

Der Grund für das niedrige Durchschnittsalter in Physik und Geschichte lag auf der Hand: wir lernten in den ersten Physikstunden die Maßsysteme verschiedener Länder kennen. Nebenbei gesagt, die amerikanischen Schüler taten mir leid: 12 *inch* = 1 *foot*, 3 *feet* = 1 *yard*, 1760 *yards* = 1 Meile, und nun mußten die Armen auch noch die Umrechnung ins Meter-Kilogramm-Sekunden-System pauken. Der Physikunterricht begann also auf der Seite 1 des Lehrbuches, mit Kraftbegriff und Newton. Sollte ich ein Jahr lang nichts weiter tun, als Stoff aus den deutschen Klassen 7–10 zu wiederholen? In Nachbarschulen existierten fortgeschrittene Physikkurse, dafür reichte in Hixson die Zahl der interessierten Schüler nicht aus. So konnten Jugendliche aller Jahrgangsstufen den Kurs belegen, da er keine Vorkenntnisse voraussetzte. Die 10.-Klässlerin in unserem Kurs, das einzige Mädchen, würde andererseits während ihrer nächsten beiden Jahre keine Fortschritte machen können, wenn es bei diesem Standard bliebe.

Ähnlich verhielt es sich mit Geschichte, was mir indessen sehr zugute kam. Wir begannen mit 1492: Kolumbus entdeckt Amerika. Die Geschichtslehrerin galt als eine eingefleischte Patriotin, sie nutzte jede Gelegenheit, um uns einzureden, Komgress und Präsident gäben noch nicht genug Geld für die Rüstung aus. Dabei sprach sie immer wieder von »*Our great nation*«, diskutiert wurde nicht. Aus diesem Grund wechselte ich nach zwei Wochen in den *Advanced Placement*-Kurs. Das Kürzel *adv.pl.* wird auf dem Zeugnis vermerkt, und durch einen 50 Dollar teuren *Advanced Placement Test* am Ende des Schuljahres kann ein *College Credit* erworben werden, d.h. im College entfiele ein Jahr des entsprechenden Pflichtkurses. Meine Hoffnung, im fortgeschrittenen Kurs schneller voranzukommen, wurde bitter enttäuscht. Der Geschichtslehrer gehörte zu den drei Footballtrainern von Hixson High School. Er gab als Hausarbeit über eine Woche immer das Lesen eines Kapitels des dicken Geschichtswälzers auf und ließ uns dann die Fakten im Unterricht wiederholen. Ich frage mich heute, wie wir 180 Stunden in diesem Unterrichtsstil ausfüllen konnten. Da wäre mir sogar die wetternde Mrs Hodges mit ihren patriotischen Reden lieber gewesen.

Wir hatten zwar das Thema »Indianer« schnell auf zwei Seiten abgehandelt, waren am Ende des Schuljahres jedoch erst beim zweiten Weltkrieg angekommen – der Standardkurs auch. Das letzte Kapitel streifte Hitler; die Berliner Mauer hatte das Pech, für den Geschichtsunterricht zu spät gebaut worden zu sein. Das Geschichtsbuch war dennoch interessant, es hieß »*Rise of the Nation*«. Ein Umstand fiel mir zunächst im Unterricht, dann auch bei vielen anderen Gelegenheiten auf: Amerikaner sprechen von Aktionen und Taten der USA in der ersten Person Plural: »*We supported Britain*«, »*We invaded Cuba*«. Ein deutscher Jugendlicher benutzt dagegen nach meiner Erfahrung im Geschichtsunterricht in der Regel den Term »die Deutschen«, oder »Deutschland«. Die Bereitschaft zur Identifikation mit dem eigenen Land und seiner Geschichte zeigt sich auch an derartigen Feinheiten. Mehr aus Spaß fing ich nach einiger Zeit an, mein »*the US*« durch ein »*we*« zu ersetzen – niemand merkte es.

Fast jeder Dritte verläßt die Schule ohne Abschluß

In einer Nachbarschule, die ich an einem Tag besuchte, wurde im Unterricht viel diskutiert, und ich merkte bald, wie sehr die Motivation der Schüler vom Lehrer abhängt. Allerdings spielt dabei auch das Bewertungssystem eine Rolle: Zensuren für mündliche Leistungen werden nicht erteilt. In Englisch, dem einzigen ausschließlich von *Seniors* besuchten Kurs, saßen neben mir ein Junge und ein Mädchen, die grundsätzlich zu wenig Schlaf bekamen. Sie benutzten das Englischbuch als Unterlage, um gemütlich einzunicken. Unsere Lehrerin störte das wenig, sie hielt unbeirrt ihre Monologe.

Als mein Tischnachbar erst immer seltener und dann gar nicht mehr zur Schule kam, beunruhigte das niemanden. Etwas irritiert fragte ich Mrs Hale und bekam die gelassene Antwort, dies sei »etwas ganz normales«: ein *Dropout*. Später erfuhr ich, was es damit auf sich hatte: Schüler, die vor Abschluß der 12. Klasse, d.h. ohne jegliche Qualifikation, die High School verlassen – in den USA sind das rund 30%(!). Die überwiegend von Schwarzen bewohnte Hauptstadt Washington DC hat sogar eine *Dropout*-Rate von 45%. In Hixson machte sich dieses Problem nur am Rande bemerkbar: Hixson High ist eine gutsituierte weiße Mittelstandsschule, das *Curriculum* gilt im Vergleich zu anderen, insbesondere »schwarzen« Schulen als anspruchsvoll, die *Dropout*-Rate ist niedrig.

Französischunterricht auf Englisch

Auf dem Englisch-Lehrplan stand klassische amerikanische Literatur, wir lasen Hawthorne bis Fitzgerald. Außerdem besaß jeder ein kleines Vokabelheft mit 12 Lektionen. Ein viertel Schuljahr lernten wir jeweils 20 der amerikanischen Fremdwörter pro Woche (ich erinnere mich an Begriffe wie *»charlatan«, »bastion«, »antonym«)* und füllten dann Arbeitsblätter mit Synonymen, Lückensätzen etc. aus. Meinen Englischkenntnissen half dieser Unterricht sehr, doch wenn ich mir vorstelle, in der 13. Klasse unserer deutschen Schule ein viertel Jahr lang Fach- und Fremdwörter zu pauken ...!

In den Vokabeltests schnitt ich oft besser ab, als die amerikanischen Kollegen, weil ich regelmäßig mein kleines Englisch-Deutsch-Englisch Wörterbuch benutzen durfte. Auch in Französisch war ich den Schülern, was die mündlichen Fähigkeiten anbelangt, weit voraus. Selbst unserer Lehrerin bereitete es oft Schwierigkeiten, einen zusammenhängenden französischen Satz zu lesen (sie zehrte von einem zweiwöchigen Frankreichurlaub). Allerdings kam sie auch selten in diese Verlegenheit, denn Französisch unterrichtete sie lieber auf Englisch. Das ist gar nicht so schwer, wie es sich anhört: wir lasen französische Autoren eben in englischer Übersetzung oder Bücher über französische Persönlichkeiten: *Les Miserables* von Victor Hugo, einen Roman über Marie Antoinette. Ein Stück von Ionesco existierte im Schulbücherschrank dann doch auf Französisch. Mrs Krimin verteilte die Hefte, doch zu früh gefreut. Es folgten zahlreiche Stunden, in denen sie vor der Klasse die Dialoge übersetzt aus dem Buch vortrug.

Die Evolution ist in Bio tabu

Die Rahmenrichtlinien lassen dem Lehrer, was die Didaktik betrifft, relativ viel Spielraum. Beim Unterrichtsstoff sind die Auflagen strikter und die Auswahl begrenzt. Die *Guidelines* (Richtlinien) werden vom Ministerium in Nashville (Hauptstadt von Tennessee) festgelegt und von der Schulbehörde in Chattanooga meistens noch weiter eingeschränkt. Die Schüler haben weder Mitbestimmungsrecht, noch Einfluß auf die Auswahl der Unterrichtsthemen. Anders hingegen die Kirche, schließlich liegt Chattanooga mittendrin im »Bibel Gürtel«, der sich beginnend im Osten Tennessees quer durchs Land zieht. Eine unserer Biolehrerinnen erzählte mir, daß sie wohl mit einem Gerichtsverfahren rechnen müßte, würde sie den 15-18jährigen »einreden« wollen, der Mensch stamme vom Affen ab – was sie selbst glaubte, sagte sie nicht.

Vor kurzem erst hatten Fundamentalisten in Tennessee einen entscheidenden Prozeß gewonnen: Schulbücher waren u.a. wegen Auszügen aus Anne Franks Tagebüchern angeprangert worden, in denen diese sich für Toleranz gegenüber anderen Religionen ausspricht. Um die von Hixsons Biolehrerin gemiedene Evolutionslehre ging es auch im jüngsten Streitfall. Ein Gericht mußte entscheiden, ob, wenn schon Darwin, dann ebenso die »Kreationslehre« (*Creationism*), nach der Leben und Erde 4004 v. Chr. im Oktober entstanden sind, im Unterricht als gleichwertige These behandelt werden sollte. Auch meine Schulnoten unterlagen gelegentlich einem kleinen *Bible Belt*-Einfluß, doch dazu später.

Zunächst machte ich Bekanntschaft mit den Bewertungsmethoden der High School-Lehrer: in jedem Fach schrieben wir fast jede Woche einen Test. Zu diesem Zweck bekamen wir in Englisch, Physik und Geschichte die sogenannten *Scantrons*. Das sind Computerkarten mit 100 Reihen zu je 5 Kästchen. Dazu wird ein Blatt mit einer Anzahl von Aufgaben verteilt. Zu jeder Frage werden zwei bis fünf mögliche Alternativen angeboten, die Trefferchance lag also ungünstigstenfalls bei 20%. Die Antwort mußte nun auf dem *Scantron* unter Spalte 1, 2, 3, 4 oder 5 und der entsprechenden Reihe durch das Ausmalen eines Kästchens mit Bleistift markiert werden. Wohlgemerkt: mit Bleistift, sonst flippte der Computer aus. In Geschichte bekamen wir in den Tests häufiger *true or false*-Fragen, die mochte ich am liebsten: die Chancen stehen 1:1. Der Lehrer brauchte den Lösungscode des *Scantron* nur noch in die Maschine einzugeben, die ausgefüllten Antwortkarten in einen Schlitz zu schieben und am anderen Ende kam der Streifen dann mit der aufgedruckten Prozentzahl richtiger Antworten und der Markierung falsch ausgefüllter Kästchen wieder heraus. So verglich ich nach Rückgabe der Tests, den Computer verwünschend, Fragebogen und Antwortkarte: die Prozentzahl war »objektiv«, ohne Zweifel.

Was zählt, sind »Lückentests«

Soweit ich mich erinnern kann, mußte ich während eines Examens oder Tests nie mehr als eine Seite Geschriebenes abliefern, das meistens auch nur zur Auf- oder Abwertung im Zweifelsfalle benutzt wurde. Andere Lehrer verzichteten auf den *Scantron,* doch nur aus technischen Gründen: sie hatten bereits Vordrucke von Fragebögen mit Lücken für die Antwortbuchstaben – wozu dann noch die Computerbögen kaufen, Kopien sind billiger. Die Tests bildeten eine Komponente der Zensur. Außerdem wurde am Ende jedes Semesters ein Examen über den Stoff des Halbjahres geschrieben. Das unterschied sich nicht von den Tests, dauerte allerdings zwei Stunden und fiel bei einigen Lehrern mehr, bei anderen weniger bis gar nicht ins Gewicht. In Englisch und Physik beeinflußten zusätzlich bestimmte Hausarbeiten die Endnote. Erwartet wird hierbei von den Schülern das selbständige Nachforschen und sinnvolle Auswerten von Informationen. Unsere Physiklehrerin gab mit Vorliebe die von anderen Lehrern verschmähten *Extra Credits,* das sind Extrapunkte für bestimmte Leistungen, z.B. Referate, Lösen von Zusatzaufgaben usw. Sie können die Zensur nur positiv beeinflussen.

Schlecht bekommt der Zeugnisnote häufiges Zuspätkommen oder unentschuldigtes Fehlen. Betritt ein Schüler mit Verspätung den Klassenraum, so erhält er einen *Tardy*-Strich dann, wenn er keinen *Pass*-Zettel bei sich hat. Der Pass ist eine kleine Notiz mit Datum, Uhrzeit und Zielgebiet, von einem Lehrer oder Mitglied des Schulpersonals zu unterschreiben. Da steht zum Beispiel: *»Please pass Max to Mrs Hale, room 205. 2/10/87, 10.05«,* Unterschrift. Dieses Stück Papier autorisiert einen Schüler, sich frei im Schulgebäude zu bewegen und zu besagter Uhrzeit zu spät in die nächste Klasse zu kommen. Wird man in der Schule während der Unterrichtszeit von den an einigen Ecken lauernden »Kontrollschülern« angetroffen, können diese das im Sekretariat melden. *Students,* die eine Freistunde haben, müssen die 60 Minuten in *Study Hall,* d.h. in Bücherei oder Turnhalle, unter Aufsicht verbringen, ➪ Seite 225.

Guidance Counselor Mr Griswould stellte mir in Notfällen häufiger mal einen Pass aus, so daß ich nie in die Lage eines *Reports* kam. Soweit ich weiß, wurde diese Kontrollpolitik in Hixson allerdings sehr locker gehandhabt.

Das Zuspätkommen am Morgen geschah häufiger. Nach dem dritten *Tardy* – »Auto kaputt« ist keine Entschuldigung – warnte mich die Lehrerin. Jeder weitere *Tardy* werde mit einem Punkt Abzug von der Endzensur bestraft. Am Ende des Vierteljahres *(Quarter)* gab sie mir 90% bzw. 90 Punkte, ein B; insgesamt 5 *Tardies,* macht 2 (5 minus 3) Punkte weniger: 88%, immer noch B. Ich war froh, daß ab Januar neu gezählt werden mußte.

Punktabzug fürs Fluchen

Eine weitere Punktabzugmethode führte ich in Hixson High ein: Im Physikunterricht stritten John Magoll, der *ROTC Squadron Commander,* und ich lautstark über die McCarthy-Ära. Die Lehrerin übertrug Punkte in ihr Notenheft, die anderen 10 Schüler unterhielten sich leise, schliefen oder diskutierten mit. John war der Ansicht, McCarthy, der verbissene Kommunistenjäger, sei ein Held. Ich erläuterte meine Auffassung und schloß mit der Bemerkung: »*McCarthy was a fag.*« Die Frau am Pult schrie gedämpft auf und starrte mich mit weit aufgerissenen Augen und zusammengekniffenem Mund an. Alle Gespräche verstummten, Paul und Scott kicherten. Mrs Mc Wintock reagierte schnell: »*Max, that's ten points off your grade*«, verkündete sie mit versteinerter Miene.

Mrs Mc Wintock ist strenge Baptistin, wovon sie auch nie einen Hehl machte. Erläuterungen zu bestimmten physikalischen Naturgesetzen schloß sie gelegentlich mit der Bemerkung: »Und danken wir Gott, unserem Herrn, daß er dies alles geschaffen hat.« Gerüchten zufolge brachte es einen kleinen Punktebonus, im Chor ihrer Kirche zu singen. Und nun das: ein Schimpfwort in ihrer Anwesenheit – das war ihr im Unterricht noch nicht vorgekommen. Ich versuchte mich zu entschuldigen, ich sei schließlich Ausländer und die Bedeutung von *fag* ..., oh ... ich meine, von diesem Wort, sei mir unbekannt ... – nichts zu machen, sie blieb hart. Ich hatte diese Vokabel in der Tat als mäßiges Schimpfwort aufgeschnappt, ohne mir über die deutsche Bedeutung (Schwuler) im klaren gewesen zu sein. Der Schulleiter, auch ein Baptist, empfand den *Curse* nicht als Fluch, der 10 Punkte wert sei. Seine Kirche ist weniger fundamentalistisch.

10 Punkte Abzug von einer Testzensur – das konnte ich noch verkraften, doch wir *Physics Students* hatten schon ein hartes Leben.Im Alltag durchaus übliche Ausrufe wie »*Jesus*« oder »*Oh God*« wurden auf der Schimpfwortskala mit fünf

Punkten belegt: »Ihr dürft den Namen des Herrn nur dann benutzen, wenn ihr betet.« Bei manchen Vokabeln, wie z.B. *Hell* konnten wir Mrs Mc Wintock von 10 auf 5 Strafpunkte herunterfeilschen, bei *Shit* beharrte sie eisern auf 15 – dieser *Curse* fiel auch nur einmal, er gehört zu den schlimmsten. Um einmal diese Art Notengebung zu veranschaulichen, ist im folgenden ein Beispiel (Semesternote Physik) konstruiert:

Art der Abfrage	**Höchst-punktzahl**	**erreichte Punkte**
Test 1	100	92
Test 2	100	78
Test 3	80	66
Test 4	50	48
Test 5	100	84
Exam 1	200	178
Versuchsprotokoll	100	90
Eigenexperiment	200	170
Extracredit		
Referat 1	20	
Referat 2	15	
Mündl. Abfrage	8	
Flüche		
»Fag«		–10
»Oh God«		–5
Gesamt	**930**	**834**
Zwischennote:	834/930 x 100% =	89,7%
5 Tardies (1. Quarter)		- 2
3 Tardies (2. Quarter)		–
Endnote		**87,7%**

A=100–95, B=94–85, C=84–75, D=74–70, F=69–0

Unser Kandidat bekommt ein B. Das tadellose Funktionieren des Bewertungssystems setzt eine regelmäßige Anwesenheit voraus. Als ich nach einer Grippe wieder zur Schule kam, mußte ich sämtliche Tests nachschreiben, damit diese mir bei der Gesamtabrechnung nicht fehlten. Alle sechs Wochen wurde der aktuelle Punktestand in einen *Progress Report*, einen sechszeiligen Zettel, eingetragen, damit wir unsere Leistungen abschätzen konnten.

Mir fiel das Begreifen des Stoffes in der Regel nicht allzu schwer, ich bekam gute Zensuren. Im Grunde machte der Unterricht in den meisten Fächern auch Spaß, obwohl fast nie so etwas wie ein Unterrichtsgespräch zustande kam. Die Schüler schien das nicht zu stören, manche betrachteten den Unterricht als Unterbrechung von Nebenjob und Sportaktivitäten. Viele meiner Mitschüler hatten eine Anstellung in einem Supermarkt oder *Fast Food*-Restaurant. Im *Red Food Store* zum Beispiel hinter den 10 Kassen, in rotem Einheitsdress und mit Fliege. Sie tippten nicht etwa die Beträge ein, sondern waren allein dafür zuständig, die eingekauften Waren der Kunden am Ende des Rollbandes in Plastik- oder Papptüten zu packen und zum Auto zu bringen. Dort gab es dann meistens noch ein kleines Trinkgeld. Die *tips* überträfen häufig den Mindestlohn von 3,25 Dollar pro Stunde um das doppelte, erzählte mir ein Mitschüler.

Da viele bis Mitternacht arbeiteten, waren sie am nächsten Morgen dementsprechend müde. Es lohnte dann auch gar nicht, die Schulsachen mit nach Hause zu nehmen. Dieser Typ Schüler ließ die schweren Bücher und ein paar Hefte grundsätzlich im Schließfach und holte sich vor jeder Stunde die benötigten Materialien. Nun war es nicht so, daß wir keine Hausaufgaben kannten – im Gegenteil, fast täglich gaben die Lehrer etwas auf, zu erledigen bis zum folgenden Tag. So existierte die andere Spezies Schüler, die Bücher und Hefte am Ende jeden Schultages stapelweise mit nach Hause schleppte. Ich war die einzige Person an der Schule, die von einer Schulmappe Gebrauch machte. Zu Beginn des Schuljahres fragten mich Schüler, was denn in diesem geheimnisvollen Ding drin sei. Ich zeigte den Inhalt – »genial«.

Gifted Students lernen selbständig

Einer privilegierten Gruppe von Schülern stand ein gemeinschaftlicher Arbeitsraum zur Verfügung, wo sie ihre Schulutensilien unterbringen konnte. Ein Personalcomputer gehörte ebenso zum Inventar wie eine Orgel. Es handelte sich um den Raum der *Gifted Students,* begabter (förderungswürdiger) Schüler. In Hixson durften sich 75 von 1200 mit dieser Bezeichnung schmücken. Um als *Gifted Student* eingestuft zu werden, müssen bestimmte Kriterien hinsichtlich Noten und Unterrichtsverhalten erfüllt sein. Nach einem Gespräch der Betreuer mit Schüler, Schulleiter und Eltern kann man in das Programm aufgenommen werden. Immer, wenn ich den *Gifted Room* betrat, waren Schüler grüppchenweise mit bestimmten Dingen beschäftigt. Zwei saßen am Computer, andere spielten ein Planspiel, und einige machten einfach Hausaufgaben, weil sie gerade keine Lust auf Unterricht hatten. Die Schüler lernten im *Gifted Program* relativ autonom und selbständig; im Vordergrund stehen von der Lehrerin angeregte, fächerübergreifende Projekte. Ich erinnere mich an ein überregionales Börsenspiel, Theaterfahrten und andere Aktivitäten.

Gifted Unterricht heißt nicht 60 Minuten am Tag, sondern ein *Gifted Student* hat ein bestimmtes Kontingent an Stunden pro Woche. Mein Tischnachbar im Geschichtskurs ließ z.B. ca. zweimal die Woche nach Absprache mit dem Lehrer Geschichte ausfallen, um in den *Gifted Room* zu gehen. Versäumte Tests mußte er nachschreiben. Dem Lehrer war das ziemlich egal, er gehörte zu denen, die ihre Stunden absaßen, weil sie nach dem vierjährigen Collegebesuch keinen besseren Job gefunden hatten. Andererseits existierten an meiner High School auch viele Idealisten, die es als Lebensaufgabe betrachteten, die junge Generation zu mündigen Bürgern zu erziehen, oder auch zu Patrioten, wie zum Beispiel unsere Geschichtslehrerin.

Lehrer jobben nebenbei

Eines hatten fast alle meine Lehrer gemeinsam: sie beklagten sich über die geringe Bezahlung. Mein Lateinlehrer verdiente 20.000 Dollar brutto im Jahr: etwas mehr als halb so viel wie ein langjähriger Lastwagenfahrer. Mit ca. 35.000 Dollar jährlich lag meine hervorragende Mathelehrerin weit über dem US-Durchschnitt.

Angefangen hatte auch sie, wie alle Lehrer in Tennessee mit damals 18.000 Dollar. Die High School-Pädagogen zählen zu den am schlechtesten bezahlten Collegeabsolventen, stellte die Fernsehgesellschaft ABC in einer Sendung fest; »Lehrerschwemme« ist hier nicht zuletzt deshalb ein Fremdwort. Ich kannte einen schwarzen Grundschullehrer, der neben seinem Job in der Schule von 6 pm bis Mitternacht in einem Supermarkt arbeitete.

Unser schwarzer stellvertretender Schulleiter erklärte mir, warum er im Sommer vor meiner Ankunft seinen Posten erhalten hatte: in *Chattanooga City Schools* unterrichteten zu jener Zeit insgesamt 40% schwarze und 60% weiße Lehrer. Die Bevölkerungsstruktur hatte sich seit Abschaffung der Rassentrennung nicht grundlegend verändert. Es gab »schwarze« und »weiße« Stadtbezirke und Schulen. Speziell »schwarze« High Schools in den ärmeren Bezirken klagten über hohe *Dropout-*, Schwangerschafts- und Kriminalitätsraten. Zwar hatte jeder schwarze Jugendliche das Recht, auf Antrag einen Schultransfer von seinem Wohnort zu einer beliebigen Schule Chattanoogas zu erhalten, doch die wenigsten nahmen diese Regelung in Anspruch. Wer verläßt schon gerne die gewohnte Umgebung, um auf einer fremden Schule von Weißen als »Schmarotzer« beschimpft zu werden. Die hier praktizierte Form des *Busing* half nicht, das Niveau »schwarzer« Schulen dem »weißer« High Schools anzunähern. Daraufhin entschied der *School Board*, die oberste Schulbehörde Chattanoogas, die Lehrerverteilung so zu organisieren, daß in jeder Schule das Verhältnis schwarz zu weiß bei 40:60 liegt. Im Zuge dieser

Maßnahme versetzte man zahlreiche schwarze Pädagogen an die Hixson High School, um das Übergewicht weißer Lehrer auszugleichen. Viele Schüler, Lehrer und Eltern aus Hixson standen dieser Entscheidung zurückhaltend bis ablehnend gegenüber. Deswegen sei das Niveau der Schule gesunken, meinten sie.

Die schwarzen Schüler unserer Schule (2%) blieben meistens unter sich. Man sah sie in den Pausen und während des Mittagessens zusammenstehen. Der stellvertretende schwarze Schulleiter wurde während seiner Amtszeit nie als *»Nigger«* beschimpft, der Hausmeister hörte das Wort fast täglich.

KAPITEL 7

Der Schulleiter schickt Partyspione: Kautabak im Waschbecken und Marihuana in der Handtasche

Drogen in der heilen Welt der Hixson High

Es erstaunte mich immer wieder, wie schnell mein Lateinlehrer lückenlos von Cäsar zum Thema Drogen überwechseln konnte. Kaum hatte der große Römer den Schweizern ordentlich Dampf gemacht, ich eine Minute weggehört, da philosophierte Mr Dulgram, ein gemäßigter Antimilitarist und alter Vietnamveteran, der immer grausige Geschichten parat hatte, über die verkorkste Mentalität von Drogen konsumierenden Jugendlichen. Mein Geschichtslehrer schaffte den Gedankensprung zum Drogenkomplex anfangs über die Sklaven und die Tabakfelder, später – wir behandelten den Sezessionskrieg – erzählte er von Schlachten in Ost-Tennessee und wies im nächsten Moment darauf hin, daß über den alten Schlachtfeldern heutzutage von Flugzeugen aus gefährlichstes Rauschgift abgeworfen werde, das auf geheimnisvollen Pfaden bis an die Hixson High School gelange. Als die Sklavenhaltung verboten und der Sezessionskrieg beendet war, dauerte es nicht lange, bis für den Rest des Schuljahres Mittelamerika als gedankliches Sprungbrett für Anti-Rauschgift-Predigten herhalten mußte. Nicht nur die Lehrer wetterten gegen das Teufelszeug, auch Politiker und Geistliche. Schülerabstinenzlerclubs wurden gegründet, entschlossene Elternvereinigungen warnten in den Werbepausen von Western und Krimis vor den Drogen.

Zu Beginn meines Amerikaaufenthaltes hielt ich die Aufregung der vielen Anti-Rauschgiftclubs und -organisationen für reichlich übertrieben. Als mich aber an Chattanoogas Bushaltestellen wiederholt Dealer in das Reich ihrer Drogenmixturen einführen wollten und ich sah, daß die Waschbecken mit den Kautabakresten ebenso zum Schulalltag gehörten wie die kursierenden Metalldöschen, merkte ich, daß es sich bei den *Just say NO*-Kampagnen nicht bloß um pure Panikmache handelte.

Der erste Joint

Die erste Bekanntschaft mit dem Joint machte ich in einem Auto. Zwei Freunde hatten mich abends abgeholt. Wir wollten Billard spielen fahren. Ich stellte die beiden noch kurz meiner Gastmutter Martha vor, die Wert darauf legte, meine Begleitung kennenzulernen. Wir sprachen im wahrsten Sinne des Wortes von Gott und der Welt – im *Bible Belt* knüpft man Kontakte oft mit einem Gespräch über die Kirche. Auf diese Art können Menschen eingeordnet werden, denn nicht nur die verschiedenen Glaubensrichtungen, sondern auch die einzelnen Gotteshäuser haben unterschiedlichen Charakter. So auch an diesem Abend, es ging um eine *Methodist Church*, glaube ich. Keine Einwände, ich hatte Ausgang bis 12 Uhr. Wir holten noch einen Freund ab und fuhren dann auf den Parkplatz vor einem Supermarkt. Ich wußte nicht, was wir hier wollten, wartete. Boyd holte ein kleines Messingröhrchen hervor. Wir kannten uns ziemlich gut und so hatte er wohl keine Bedenken, daß ich irgendwo petzen würde. Der sogenannte *Bong* wurde gefüllt mit dem *Grass* und angesteckt.

Kenny, der Fahrer, sog zuerst am Röhrchen. Er lief weder blau an, noch verdrehte er die Augen. Mein Nachbar war an der Reihe, Boyd rauchte nicht, bot mir den *Bong* an. Hätte ich gewußt, daß ich einmal darüber schreiben würde, hätte ich vielleicht einen Zug genommen, um hier erhaben davon abraten zu können, doch damals war die Angst größer als die Neugierde. Die Warnungen der Lehrer hatten ihre Wirkung nicht verfehlt. Kenny inhalierte noch einmal. »*In*« ist Marihuana, auch als *Shit, Pot, Grass* und *Weed* geläufig und längst eine weitverbreitete »Volksdroge«, die überall zu haben ist – an unserer Schule für damals 35-40 Dollar pro »*Quarterbag*«

(7 Gramm), das reicht für gut 15 Joints. Im vorangegangenen Jahr hatte es einen Preisanstieg um fast 40% gegeben. Das läge einerseits an der größeren Nachfrage, andererseits an den von der Bundesregierung in Washington verschärften Drogengesetzen, vermutete ein »Spezialist« aus der 10. Klasse. Wenn man das *Pot* von dubiosen Händlern aus der Stadtmitte bezieht, dann ist es selten hundertprozentig: »Du mußt höllisch aufpassen, die mixen das mit allem was sie finden können – wenn's sein muß auch mit Hundescheiße«, warnte mich eine 17jährige Mitschülerin.

Der hauptamtliche Sozialarbeiter unserer Schule, Russell Fint, war wohl der mit der Drogenszene (wenn man überhaupt noch von einer »Szene« sprechen konnte) vertrauteste Erwachsene an der Hixson High School. Er schätzte die Zahl der Hixson-Schüler, die Marihuana mindestens einmal geraucht haben, auf 40%, das waren rund 500 Schüler. Der US-Durchschnitt für Oberschüler lag nach einer Studie der Universität Michigan bei 55%. Harte Drogen wurden von relativ wenigen der meist aus mittelständischen Familien kommenden *Hixson High Students* genommen. Ein Mädchen aus deren Clique kannte 13 mehr oder weniger stark Abhängige. Das entsprach in etwa der Schätzung des Sozialarbeiters, wobei er *Crack*, die neue Designerdroge, an unserer Schule für äußerst selten hielt – vielleicht einer oder zwei der 1200 Schüler hätten Erfahrung. Zum Kokain werde da schon eher gegriffen, allerdings bei weitem nicht von so vielen Schülern wie im Bundesdurchschnitt. Da hatten laut *National Institute on Drug Abuse* 16% der 12.-Klässler *Coke* schon mal probiert.

Betrinken auf amerikanisch: der Biertrichter

Während meines High School-Jahres waren Kokain und Marihuana nicht die einzigen Problemdrogen an Chattanoogas Schulen. Unser baptistischer Schulleiter fühlte sich vor allem dem Anti-Alkoholismus verpflichtet. Es ging das Gerücht um, er entsende »Schülerspione« zu Partys und informiere dann die

Eltern der biertrinkenden, »*wild*« Jugendlichen. »Das ist nicht wahr«, stritt er während einer Schülerratssitzung einmal ab, doch es komme natürlich in Einzelfällen vor, daß er bei einer Familie anrufe, »falls man irgendwo was mitbekommt«. Als Alkoholproblem gilt in Tennessee schon eine Menge, die man in Deutschland belächeln würde. Und das gesetzliche Mindestalter für jeglichen Alkoholkonsum liegt bei 21 Jahren. Das hält Jugendliche auf Partys jedoch nicht davon ab, sich zu betrinken, im Gegenteil: da wird oft noch nachgeholfen.

Die schnellste Methode lernte ich auf der Party eines Austauschschülers und seines 16jährigen Gastbruders kennen. Wir feierten mit ungefähr 30 Leuten im Keller. Einige brachten Kartons mit Bierdosen an, die sie beim Spirituosenhändler mit einem gefälschten Führerschein (Geburtsdatum) erworben hatten. Die potentesten Angeber – ich kannte sie aus dem Fitnessraum – entblößten ihre Oberkörper. Ein Schlauch wurde an einem Trichter befestigt und beide Enden in die Höhe gehalten – die Konstruktion trägt den Namen *Beer Bong* – so daß sich in der Krümmung das nun eingefüllte Bier sammelte. Jetzt hielt man das eine Ende des Schlauches an den Mund, während das Trichterstück angehoben wurde, und ein Bierschwall sich unter Gegröle der umherstehenden Partygäste in die Kehle des amerikanischen »Störtebeckers« ergoß. Je schneller, desto besser, je mehr, umso bewundernswerter.

Nun darf man sich nach meinen Erzählungen die Situation nicht so vorstellen, daß jede 10.- bis 12.-Klässlerin eine amerikanische Christiane F. und jeder zweite Teenager ein potentieller *Junkie* ist. Die Anzahl von Schülern, die regelmäßig Drogen konsumieren, dürfte an Schulen, die von Organisationen ausgewählt werden, eher gering sein. Ich kannte wenige Drogenkonsumenten gut, manche flüchtig.

Die Fähigkeit vieler *Drug Abusers,* trotz ihres Lasters fleißig zur Kirche zu gehen und, umgekehrt, trotz der gläubigen Einstellung das »Teufelsprodukt« Hasch zu rauchen, ohne vor Sündhaftigkeit im Boden zu versinken, bestaunte ich oft. Unser Sozialarbeiter meinte dazu: »Die amerikanische Jugend würde ich im großen und ganzen als intelligent und vielseitig bezeichnen, was leider in den Drogenreportagen immer wieder vernachlässigt wird.

« Marihuana ist sicherlich keine »Außenseiterdroge« der von manchen Eltern gerne als »Problemkinder« abgestempelten Jugendlichen. »Intelligente« Schüler mit guten Noten, »vielseitige« Schülerinnen aus wohlhabenden Familien – Teenager aus »normalen« Verhältnissen (was auch immer das heißt) rauchen das *Grass* ebenso wie Kinder aus den schwarzen Slums in Chattanooga, wenn auch mit anderen Motiven. Zeitvertreib aus Langeweile? »Geiles Feeling?« oder »Mal was anderes als Fernsehen?«

Trotz (oder gerade wegen?) der rigiden Vorschriften und Tabus, die viele Kirchen und Eltern den Teens auferlegen, schien ja weder das Bier, noch der Joint oder vorehelicher Sex verpönt zu sein. Das Reizwort »Rebellion« nannte eine baptistische Mitschülerin (und regelmäßige Kirchgängerin) als Grund für ihren Drogenkonsum. Unter anderem durch diese Einstellung wurde große Aufregung in der ohnehin ratlosen Erwachsenenwelt ausgelöst; so entstanden z.B. die »Eltern-Musik-Kontrollkommission« und ähnliche Organisationen: aus Angst, der eigene Nachwuchs könne die moralischen Fundamente des *Bible Belt*-Wertesystems ins Wanken bringen.

Schülerabstinenzlerclubs

Für einen Teil der Jugendlichen bedurfte es keiner Befürchtungen. Die *Students Staying Straight* sind ein Teil des seinerzeit in Chattanooga gegründeten »*Project 714*« (lies: *seven fourteen*). 200 Schüler hatten sich in einem Vertrag (*Contract*) dazu verpflichtet, jeglichem Alkoholkonsum und Drogenmißbrauch zu entsagen. In diesem Spektrum wurden von einigen auch die *Party Spies* vermutet. Die *Triple-S*-Schüler organisierten Teepartys, eine »Verpflichtungswoche« (*Commitment Week*) und luden Redner in die Schule ein.

An einen Gastredner kann ich mich gut erinnern, einen schwarzen Prediger. Er erzählte, wie er von seinen Irrwegen durch Freunde bekehrt worden sei. Mit einer einstündigen Moralpredigt über die sexuelle Versuchung und Promiskuität, über Enthaltsamkeit, Satan und Sünde setzte der Mann seinen Vortrag fort. Der Schulleiter dankte ihm und die Veranstaltung war zu Ende.

Nicht, daß ich nicht schon radikalere Redner in den Kirchen gehört hätte. Doch es verblüffte mich in höchstem Maße, mit welch ernster Miene der Mensch seine weltfremd und naiv anmutenden Theorien verteidigte. Zu Beginn dachte ich tatsächlich, hier stünde ein Komiker vor uns, der Rolle und Argumente der Kirche in Bezug auf Moralvorstellungen dermaßen überzog (im Kern aber traf), daß ich mich als Gläubiger durch diesen Zynismus zutiefst verletzt gefühlt hätte. Doch warum saßen die Schüler so gelangweilt auf den Bänken – niemand lachte? Ich fragte mich im nachhinein, ob er tatsächlich die geringste Hoffnung hatte, auch nur 1% seiner Zuhörer mit seinen Aufrufen zu erreichen.

Aber diese Reden waren ja auch nur ein Teil des *Project 714*. Einen weiteren, gewichtigeren Part übernahm die hauptamtliche Angestellte des durch diskrete Spenden von Einzelpersonen und (Kirchen-) Organisationen finanzierten Projektes. Sie leitete an der Hixson High School einmal wöchentlich

Therapiestunden mit (ehemaligen) Rauschgiftabhängigen, die entweder in das Programm eingewiesen worden waren oder freiwillig kamen. »Das Drogenproblem«, gibt sie zu, »bekomme ich so nicht in den Griff.« Teilnehmerzahl zu meiner Zeit: 15 Schüler. »Dank der Kampagnen gegen das Rauschgift (»*Just say NO*«) sind viele Eltern mobilisiert worden«, freute sich die *Project 714*-Leiterin, als ich mit ihr sprach, »Geld kam allerdings nicht.«

Daß auch der liebe Gott seine Hand im Spiel gehabt hatte, hätte ich mir denken können: *Project 714* hat seinen Namen aus der Bibel, 2. Chronik, Kapitel 7, Vers 14, dem Lieblingsvers des Gründers: »Siehe, wenn ... ich eine Pest unter mein Volk kommen (lasse) und mein Volk sich demütigt, ... daß sie beten und mein Angesicht suchen und sich von ihren bösen Wegen bekehren werden: so will ich vom Himmel hören und ihre Sünde vergeben und ihr Land heilen.«

Kapitel 8

Zucker für die Footballspieler

Lebhaftes Treiben nach Schulschluß

Die Schule ist mit dem Klingelzeichen um 2.15 pm längst nicht zu Ende. Jetzt fängt das Schulleben erst richtig an. Mir wurde das rege Treiben bewußt, als ich anfing, jeden Tag nach Schulschluß im kleinen Theatersaal Klavier zu üben. Nach der sechsten Stunde packte ich dann meine Schulsachen in das Schließfach, während viele Schüler in der Pausenhalle standen, weil sie entweder noch gar keine Lust hatten, nach Hause zu fahren oder auf den Beginn eines *Meeting* oder *Training* warteten. Letzteres fand im Anschluß an die Unterrichtszeit je nach Saison in den verschiedensten Sportarten statt. Im Frühjahr starteten die Läufer zum Jogging, im Herbst rannten sich die Footballspieler auf dem Rasen vor der Schule Köpfe und Schultern ein, und hinter dem Gebäude probte die *Marching Band* mit den Flaggen- und Gewehrwerfern neue Figuren unter der heißen Nachmittagssonne. Die *Club News* auf den *Announcements,* die uns täglich in der zweiten Stunde vorgelesen wurden, waren zu Beginn des Schuljahres noch relativ spärlich gewesen.

Dem ersten Club begegnete ich an einem Mittwoch: *Pep Club*-Treffen im *Little Theatre,* wo ich Klavier spielte. Ich hörte auf, als die ersten Mädchen um 2.30 pm den Raum betraten. Nach weiteren fünf Minuten waren rund 60 Mädchen versammelt. Auf der Bühne standen eine Lehrerin und zwei Schülerinnen, *President* und *Vice President,* wie ich später erfuhr. Ich verstand damals noch nicht viel von dem, was die beiden erzählten. Es ging um Football und Stolz. Am nächsten Tag sah ich, was es damit auf sich hatte. Während meine Hände Mozart übten, hörten meine Ohren permanent irgendwelche Türen klappen. Als ich nach einiger Zeit aus dem Saal kam, hockten Mädchen vor zahlreichen Schließfächern.

Der *Pep Club* schmückt Schließfächer

Am Abend des nächsten Tages sollte das erste Footballspiel dieser Saison stattfinden – man dekoriere schon mal die Schließfächer der Spieler, erklärte mir eine »Schmückerin«. In der Tat: sie hatte eine Menge Bonbons an die Innen- und Außenseite der Tür geklebt. Außerdem stand auf den Schulbüchern des Footballspielers – der Nr. 32, wie ich einem Pappschild entnehmen konnte – ein kleiner Korb mit Süßigkeiten. Ich schnorrte einen Erdnußbutterkeks. Finanziert hatten diese Schleckereien die beiden Mädchen selbst. An den Innenwänden des Schrankes klebten Pappschilder mit *»GO MIKE«* oder *»BEAT' EM«*. Ich ging zum nächsten *Locker* (Schließfach). Auch hier das gleiche Bild – ich bekam einen Lakritz.

Vom Footballtrainer hatten die Mädchen des sogenannten *Pep Club,* die Zahlenkombinationen der Schlösser bekommen. Während der Saison schmückten sie die Schließfächer vor jeder Begegnung. Ich profitierte doppelt davon: einerseits am Nachmittag, als ich von dieser oder jener ein kleines Stück aus dem Sortiment erhielt, andererseits am darauffolgenden Tag, wenn die Athleten mit ihren Gaben nur so um sich warfen – Footballer müßte man sein. An jenem Donnerstag sah ich auch vier Mädchen auf dem Boden knien, die mit leuchtenden Farben große Buchstaben auf Tapetenrollen malten. Dies sei eine weitere Aufgabe des *Pep Club,* erläuterte die Präsidentin, eine 11.-Klässlerin: das Fertigstellen der Plakate und Transparente für die *Pep Rallys* und die Footballspiele am kommenden Tag. Da saßen doch sage und schreibe über 60 Mädchen vor Schließfächern oder bemalten Tapetenrollen, damit die ganzen Kerle morgen gut gelaunt Bestleistungen erbringen konnten, und die Fans über Plakate und Spruchbänder verfügten.

»Häufig schmückt die Freundin des jeweiligen Spielers sein Fach«, meinte die Präsidentin des Clubs, als ich sie nach den finanziellen Opfern fragte. Die Farbe für die Spruchbänder bekomme man von der Schule. Was mich faszinierte, war die

Ausdauer und Hingabe, mit der so ein lebloses Fach dekoriert werden konnte. Und zwar ohne irgendeine Gegenleistung außer vielleicht einem dankbaren Blick des Beglückten. Doch anscheinend ging es hier um mehr als die Aufmunterung einiger Jungs. Die Motivation erfuhr ich aus einem Artikel der Schülerzeitung. Zitat von Erika: »Als ein Mitglied des *Pep Club* lernte ich eine neue Bedeutung des Terms *Wildcat Pride* (Wildkatzenstolz) kennen. Dieser »Stolz«, den ich empfand, war um so intensiver, je mehr ich merkte, daß der Club wirklich half, den *Spirit* der Schüler, Athleten und Lehrer auch dann aufrecht zu erhalten, wenn die Moral mal nicht so stimmte. Das war das beste Gefühl, das ich je hatte.« Erst am Ende des Schuljahres konnte ich diese aufopfernde Haltung verstehen. Aber schon in der zweiten Schulwoche wurde auch ich in den Taumel einer regelrechten Clubgründungseuphorie mit hineingerissen. Wir gründeten einen *Latin Club, French Club, International Club, Spanish Club, Art Club ...*

Clubgründungseuphorie

Doch der Reihe nach: Meistens begann es mit der Anregung eines Lehrers, es sei an der Zeit, den XY-Club zu gründen. Während der Gründungsversammlung wurden dann Kandidaten als *Officers* vorgeschlagen, das sind Präsident, Vizepräsident, Schriftführer und Schatzmeister. Unser Latein Club hatte anfangs nur vier Mitglieder, und deshalb fiel die Aufteilung der Ämter nicht schwer – geheime Wahl gab es nur der Form halber. Mindestens ein Lehrer muß als Sponsor fungieren. Der einzige Verein ohne Sponsor war die »Vereinigung wassertrinkender Hixson High-Schüler«. Seine Existenz war auf die Eigeninitiative einiger Schüler zurückzuführen, sein halboffizieller Status: geduldet, aber nicht gefördert. Nach der zweiten Party, die mit dem Besuch der Polizei und Beschlagnahme des Alkohols endete, wurde *S.O.W.F.U.H.* (*Society of Water Fountain Users at Hixson High*) schließlich vom Schulleiter verboten; Lebensdauer: vier Monate.

Ein institutionalisierter Club, der dagegen höchstes Ansehen genoß, war und ist noch der elitäre *Beta Club*. Es handelt sich um die zumindest nach Notenmaßstäben dreißig besten 12.-Klässler der Schule. Das *Grade Point Average* (Notendurchschnitt) errechnet sich aus den Zensuren der Klassen 9-12. Ein A ist 4 Punkte wert, ein B 3,5 usw., siehe Seite 227. Während der Abschlußzeremonien haben die Mitglieder des *Beta Club* die besondere Ehre, eine gold glänzende, geflochtene Kordel um den Hals tragen zu dürfen.

Der Schlauste, Paul Jullienne, durfte (bzw. mußte) mit dem Präsidenten zu Mittag essen, als der mal nach Chattanooga kam. Ansonsten genoß dieser hochgewachsene Junge neben einem guten Ruf und mehreren Stipendien auch eine halbe Seite des Jahrbuchs als *Valedictorian* (bester Schüler) gleich über den Fotos der beiden Zweitschlausten, seinem Bruder Marc und dem Mädchen Susan, die sich die untere Seite als sogenannte *Co-Salutorians* teilen.

Auch der *Beta Club* wählte aus seiner Mitte Personen für die vier Ämter. Allerdings glänzte der Eliteverein weniger durch Aktivitäten als durch seine bloße Existenz und die hübschen Portraits im *Yearbook*.

Der *International Club*

Wenden wir uns wieder den niederen Clubs zu. Hier wurden während der ersten *Meetings* Pläne für das bevorstehende Schuljahr geschmiedet. Zunächst stand da die *Homecoming Parade* bevor, ein Truck mußte besorgt und geschmückt werden. Im *French Club* planten wir den Besuch französischer Restaurants und Filme, vom *German Club* wurde ich zu einem deutschen Frühstück eingeladen. Eine Lehrerin, die eine Gastschülerin aus Frankreich beherbergte, schlug vor, einen *International Club* zu gründen, schließlich werde Hixson High von 12 Schülern aus fremden Ländern besucht; aus Chile, Holland, Brasilien, Dänemark, Japan, Deutschland und Frankreich.

Auf dem New Yorker Einführungsvortrag hatte man uns gut genug eingebläut, es schade sowohl der Organisation als auch uns, wenn wir in den High Schools feste Gastschüler-Cliquen bilden würden. Deshalb stand ich der Gründung eines *International Club* zunächst skeptisch gegenüber. Doch die Lehrerin versicherte, wenn man amerikanische Schüler aufnehmen werde, würde uns die Integration erleichtert. Das Problem löste sich ganz von selbst. Ich wurde zwar als Präsident gewählt, und wir organisierten einen Truck für die *Homecoming Parade* sowie eine kleine Party, aber damit war die Sache erledigt, die Luft raus. Andere Clubs waren aktiver, zumindest was die Regelmäßigkeit ihrer Treffen anbelangt. Der *Bibleclub Students for Christ* traf sich jeden Mittwoch vor der Schule, um Andachten, Frühstücke etc. abzuhalten. Eine ähnliche Organisation steckte hinter der 35 Mitglieder zählenden *Fellowship of Christian Athletes,* ein Zusammenschluß verschiedener Sportler auf christlicher Grundlage.

Zwar auch auf moralischer Basis, doch mehr in gesellschaftlicher Richtung arbeiteten acht Mädchen der Schule als *Future Homemakers of America (FHA)*. Das Ziel der »zukünftigen Heimgestalter« besteht darin, »Jugendlichen, männlich und weiblich, zu helfen, ihren Platz in der Gesellschaft einzunehmen, indem ihnen Werte in den Bereichen Selbstbestimmung, Familienleben, *Community*-Kontakte und Berufsvorbereitung vermittelt werden«, heißt es im Jahrbuch. Die *FHA* führten im Laufe des Jahres diverse *Community Projects* durch: Aktivitäten, die der Gemeinde dienen sollen. Tatsächlich hatten sich mehrere der Clubs zur Unterstützung der Kommune und hilfsbedürftiger Menschen verpflichtet. Da war z.B. der *Key Club,* der in fast jeder High School zu finden ist. Es handelt sich um einen Verein, der Wohltätigkeitsveranstaltungen organisiert. In Hixson halfen die ausschließlich männlichen Mitglieder des *Key Club* z.B. dem *Hixson Kiwanis Club* bei Projekten wie dem alljährlichen Schinken- und Hähnchen-Dinner für Obdachlose und Arme. Zur Finanzierung derartiger Wohltaten fand in jenem Jahr ein Basketballspiel statt.

APRIL
Traci Bearden

MAY
Lana Lasley

JUNE
Stephanie Jones

JULY
Michelle Land

AUGUST
Erica Willocks

SEPTEMBER
Carole Snider

OCTOBER
Kelly Higgins

NOVEMBER
Angie Pritchett

DECEMBER
Betsy Padgett

KEY CLUB CALENDAR GIRLS

Außerdem veröffentlichten die Jungen einen Kalender mit 12 Fotos der (ihrer Ansicht nach) hübschesten High School-Mädchen, den *Calendar Girls* – eines unter jedem Monat. Das *Sweetheart,* dem die Ehre des Titelblattes zuteil wurde, war Kristi Graham, die ewig lächelnde *Homecoming Queen.*

Neben der bereits erwähnten *Triple-S (Students Staying Straight)*-Gruppe, die außer den Anti-Drogen-Aktivitäten auch ein Volleyballspiel für eine krebskranke Lehrerin arrangierte, existierte der *Tri-Hi-Y Club,* Sponsor: Mathelehrerin Mrs Hurley. Wiederum ausschließlich Mädchen mit einigen ausgewählten, männlichen Buddies. Die hundert Schülerinnen von *Tri-Hi-Y* kümmerten sich um jeweils eine kleine »Schwester« aus der 10. Jahrgangsstufe, der sie halfen, sich in der Schule zurechtzufinden.

Schulsammlungen für Bedürftige

Im November hingen plötzlich zahlreiche Truthahnsilhouetten aus Papier an den Türen der Klassenräume. Die Lehrer erläuterten uns diese neue Aktion von *Tri-Hi-Y*. Jeder Pädagoge hatte einen Haufen Papiertruthahnfedern im Pult. Für 25 Cents pro Stück konnten wir diese erwerben und an den Papiertruthahn kleben. Viele schrieben ihre Namen auf die Federn. Mit dem Erlös wollte *Tri-Hi-Y* Essen für bedürftige Familien kaufen. Der Kurs mit den höchsten Pro-Kopf-Einnahmen würde eine *Pizza Party* spendiert bekommen.

Ich glaube, der Sportkurs machte den 2. Platz; der Lehrer hatte die Schüler rund um die Halle laufen lassen, und jeden, der eine Truthahnfeder erwarb, von einer Runde befreit. Man kann sich vorstellen, daß an einer 1200-Schüler-Schule ein paar tausend Dollar zusammenkamen. Eine ähnliche Sammlung wurde um Weihnachten veranstaltet. Diesmal hingen grüne Pappweihnachtsbäume an den Klassenraumtüren und wurden mit quadratischen 25-Cents-Zetteln beklebt. Ich habe vergessen, wem der Erlös zugute kam, doch bei so vielen Sammlungen ist das nicht verwunderlich. Es geht auch gar nicht darum, zu wissen, wofür die Spenden einmal verwendet werden oder gar zu überlegen, wie die unterstützten Personen – z.B. Arbeitslose, *Needy* (Bedürftige) oder *Homeless* (Obdachlose) – in diese Lage hineingeraten sind. Vielmehr kann ein Kurs mit seiner Spendenfreudigkeit andere übertreffen und eventuell die *Pizza Party* gewinnen. Es entspricht einer typisch amerikanischen Philosophie, Armut mit Privatsammlungen beheben zu wollen. Die staatliche Sozialhilfe *(Welfare)* ist nicht ausreichend und wird überdies von vielen – heute mehr denn je – als »sozialistisch« abgetan.

Ziemlich individuell ging es dagegen bei einer anderen Sammlung zu: im Chattanooga-Stadion würde ein Baseballspiel stattfinden, dessen Erlös zugunsten der Krebshilfe verwendet werden sollte. Alle Schulen erhielten zahlreiche Eintrittskarten. In den Klassen bekam die Schülerbasis dann 10 Karten pro Kopf, die wir in unserer *Community* verkaufen sollten: ein Dollar pro Ticket. Meine Gastmutter kaufte gleich alle 10. Würde die Schule am Ende Billets für 10.000 Dollar verkauft haben, so sollte sie einen großen Preis bekommen. Der Schulleiter gab alle paar Tage per Lautsprecher durch, wie weit es noch bis zu diesem Ziel sei: das spornte an. Jeder versuchte, seine Scheine an den Mann/die Frau zu bringen und möglichst noch eine kleine Spende mit an Land zu ziehen.

Endlich kam der »Tag der Wahrheit« in Anwesenheit eines Vertreters der »Amerikanischen Krebs-Gesellschaft«. Wir hatten hierzu wieder Vollversammlung in der Turnhalle. Der Schulleiter bedankte sich über Mikro für das Engagement und überreichte vor jubelnden Schülern und knipsenden Fotografen den 9000 Dollar Scheck – 10.000 knapp verfehlt.

Mister Business in Hixson High

Doch kaum war das Baseballspiel für die Krebskranken vorüber, kam der neue Hit: *Magazine Sale*. Wir versammelten uns in der Aula, wo der Initiator des Ganzen, nennen wir ihn *Mr Business*, das »Spiel« erklärte. Jeder Schüler bekam einen Briefumschlag. Darin befand sich ein Heftchen mit Abbildungen zahlreicher Gebrauchsartikel und Magazine. Wir sollten nun bei allen in Betracht kommenden Bekannten anfragen, ob eine Verlängerung oder – noch besser – ein Neuabonnement einer bestimmten Zeitung oder Zeitschrift gewünscht sei. Natürlich lief das nicht ohne Prämien. Wer ein Abonnement vermitteln würde, sollte eine Packung Süßigkeiten, für zwei Abonnements eine Sonnenbrille und in jedem Fall einen *Beamer,* eine winzige Stabtaschenlampe, bekommen – alles abzuholen beim stellvertretenden Schulleiter. In einer Woche wollte *Mr Business* wiederkommen und durch die Kurse gehen. Wer dann einen *Beamer* in der Hand hätte, sollte fünf Dollar bekommen. Außerdem, das war Gewinnchance Nummer zwei, würde der Lehrer auf einen Namen in seinem Notenheft tippen. Dieser Schüler sollte, falls er den Mann anbeamen könne, sogar 20 Dollar erhalten.

Trotz der vielen Konjunktive: ein Raunen ging durch die versammelte Schülerschaft. Der Schulleiter erhöhte das Angebot noch: für jeden Schüler waren pro Jahr 12 Dollar *Class Fees* fällig, Geld für Ausbesserungsarbeien an Stühlen, Mobiliar etc. Mit jedem verkauften Zeitschriftenabonnement werde er die *Class Fee* des jeweiligen Schülers um vier Dollar senken, so Mr Mc Cullough. Es klingelte. Gleich in der nächsten Stunde versuchte ich, meine Lehrerin für ein Abonnement zu werben. Leider war ich nicht der erste, sie hatte schon bei einem anderen Schüler unterschrieben. Genauso die übrigen Lehrer.

Schüler als Hausierer

Ich kam nach Hause und wurde zum Vertreter. Zunächst versuchte ich, meiner Gastfamilie Abonnements aufzuschwatzen. Schließlich gab ich auf. Doch als in der nächsten Woche *Mr Business* in unseren Geschichtskurs kam, fünf Schüler ihn anbeamten und je fünf Dollar erhielten, platzte ich vor Neid. Nach einem verzweifelten letzten Anlauf unter Einsatz sämtlicher Überredungskünste konnte ich noch zwei Abonnements und eine Platte mit Kirchenmusik auf dem Bestellzettel eintragen. Mein *Guidance Counselor* hatte sein *TIME* Abonnement verlängert, meine Deutschlehrerin *Newsweek* bestellt, und das dritte Produkt bekam die Physiklehrerin. Ich war stolz. Es gab zwar Schüler, die bis zu 10 Produkte auf ihren Listen hatten, aber mir war es in einem beispiellosen Kreuzzug gelungen, drei Lehrern unserer Schule noch etwas anzudrehen. Nun konnte ich Amy mit ihren lächerlichen vier verkauften Cassetten meine Brust entgegenschwellen: ich beamte zurück. Meine *Class Fees* entfielen. Die Schule bekam eine Prämie, die Pressefotos erschienen farbig. Über den ganzen Trubel mit Preisen, Beamern und Dollars vergaß ich den Zweck der *Magazine Sales*. Höchstwahrscheinlich erhöhten sie die Umsätze der Firma des Initiators.

Aktionen der beschriebenen Art liefen nicht isoliert ab: ganz Chattanooga »nahm teil«. Für die Schule war die Welt in Ordnung, die Presse kam auf ihre Kosten, und man konnte sich mit einem guten Ruf eher leisten, Bewerber aus anderen Stadtbezirken abzulehnen. Wir von der Hixson High marschierten erhobenen Hauptes durch die Straßen – die Schüler der übrigen Schulen ebenfalls, denn *Mr Business* hatte auch sie besucht. Für Unternehmen aller Art, vom Talar- über den Süßigkeiten- bis zum Schuhhersteller, sind die High Schools profitable Kooperationspartner. Hier in der Schule wurden wir praktisch auf den Ernst des amerikanischen Lebens vorbereitet: hast du was, bist du was; je mehr Geld, desto hübscher die Freundin, doch hierzu später.

Hixson High wird »adoptiert«

Unternehmen hängen von Schulen ab und umgekehrt. Als eine Art Zweckheirat gibt es die sogenannte Adoption. Der »Adoptivvater« unserer Schule hieß *Red Food Store,* eine Supermarktkette bei der viele der Schüler nachmittags arbeiteten: für 3,65 Dollar die Stunde. Ich kenne die Regeln einer Adoption nicht im Detail. Doch die »kleinen Aufmerksamkeiten«, mit der Schule und *Red Food* sich gegenseitig bedachten, können einem nicht entgehen: im Laufe des Jahres fanden in der Bücherei z.B. viele Banketts statt. Ich war zum Empfang des Schülerrates und der neuen, wie auch zur Auszeichnung der 120 besten Schüler eingeladen. Dabei gab es immer ein kaltes Büffet und mindestens zwei Journalisten. Der Schulleiter hob zum Abschluß jeder Rede das kostenlose kalte Büffet des Vertragspartners, des *Red Food Store,* hervor. Das war schon so selbstverständlich, daß es auch in den Zeitungsartikeln nur noch in Nebensätzen erwähnt wurde, doch bei mir hinterließ *Red Food* mit den vielen Käsesorten und den guten Weintrauben positive Assoziationen, so daß ich die Ladenkette fast automatisch anderen vorzog.

Red Food hatte das Krebsbaseballspiel organisiert, *Red Food* stand auf den Eintrittskarten, *Red Food* druckte T-Shirts – ich wußte, wo ich als zukünftiger Vater und Hausmann einmal meine Apfelsinen kaufen würde!

Übrigens schrieb die *Chattanooga News Free Press* oft über Schulveranstaltungen dieser oder jener Art. Nicht, daß sich die Reporter darum rissen, doch wenn wir dort anriefen, kam auch jemand. Der Fotograf war die wichtigste Person, die Zeitung druckte farbig. Ein kleiner Club mit vier weiblichen Mitgliedern kümmerte sich um das *Scrapbook* der Schule: eine Sammlung aller Zeitungsausschnitte, welche im Laufe des Jahres erschienen. Dieser Pressespiegel wurde von den Schülerinnen in ihrer Freizeit erstellt.

18 Schüler halfen in ihrer täglichen Freistunde im *Guidance Office* beim Verwalten der Schülerdaten. Die Freiwilligen saßen vor der Schreibmaschine, sortierten Briefe, ordneten Akten etc. Im Sekretariat arbeiteten im Wechsel 15 Jugendliche. Hier galt es, Besucher zu empfangen, Anrufe zu beantworten und durchzustellen, sowie den Schulleiter bei seinen Ansagen zu unterstützen. Sogar nachmittags saß immer eine Schülerin bis vier Uhr am Telefon. Die vier Sekretärinnen wurden dadurch enorm entlastet. Sechs Schülerinnen verwalteten unter Anleitung einer Lehrerin den *Bookstore* der Schule. Hier konnten wir Literatur für den Englischunterricht bestellen, Bleistifte, Radiergummis und Hustenbonbons kaufen.

Das *Yearbook*: Superlative, Schnappschüsse und Portraits

Fotos der Mitglieder aller Clubs wie auch dieser Freiwilligen werden am Ende jeden Jahres im bereits erwähnten Jahrbuch, dem *Yearbook*, festgehalten. Während des Schuljahres liefen in unserer Schule permanent eine Schülerin und ein Schüler mit einem Fotoapparat durch die Gegend. Bei Footballspielen, bei den *Pep Rallys* und den vielen Bällen des Jahres waren meistens beide zugegen. Sie gehörten zur 15köpfigen Truppe des *Yearbook Staff*. Ein Kurs wie jeder andere, eine Stunde/Tag. Ziel war das Erstellen des *Yearbook* für das Schuljahr.

In dem rund 200seitigen Fotoband meines Schuljahres gibt es zahlreiche Sektionen. Zunächst wird die *Homecoming Parade* auf zwei Seiten dokumentiert, sowie die Wahl der *Homecoming Queen*. Zur Auflockerung des ledereingebundenen Wälzers dienen Schnappschußbilder. Zwischen den Seiten, auf denen auch die zahlreichen Sportteams vorgestellt werden, sind Portraitfotos aneinandergereiht: zuerst das Lehrerkollegium (Schulleiter und beide Stellvertreter bekommen zwei Extraseiten), dann 346 *Seniors* (mit einem Großportrait des Mädchens, das im Oktober bei einem Autounfall ums Leben kam). Es folgen die Abschnitte der *Juniors* und *Sophomores*. Vor den 20 Seiten mit kommerziellen Kleinanzeigen befindet sich die Sektion *Clubs and Organisations*. Hierzu war an einem »Clubfoto-Tag« *eigens* ein Fotograf in die Schule gekommen und hatte alle Clubs und Mitglieder abgelichtet. Einige verstanden es, vor dem Fototermin in möglichst viele Vereinigungen einzutreten, um am Ende des Schuljahres auf zahlreichen Gruppenfotos präsent zu sein – man vermarktet sich, bitte lächeln.

Bitte lächeln für das Jahrbuch

Ich hatte diese Clubtaktik zu spät bemerkt, war nicht mal Mitglied eines dieser Pseudo-Clubs, die sich ohnehin nur für das *Yearbook Photo* gründeten. Doch ich würde mein Gesicht auch anders in dieses verflixte Buch bekommen. Dies gelang dank guter Beziehungen zu einer Mitschülerin aus dem *Yearbook Staff,* die mir versprach, ein Foto von mir auf einer ihrer Schnappschußseiten zu plazieren. Eine Genugtuung, da kann ich mich heute also betrachten, zwischen den *Buddies* der Schule, auf Seite 211: ich grinse.

Beim Anblick der Portraits bin ich immer wieder erstaunt, wie schön das *Smiling* der Leute ist, die ein Schuljahr lang neben vor und hinter mir saßen. In der Schule sah ich es selten so rein und unschuldig, so synthetisch und *clean,* fast austauschbar. Nur bisweilen sieht man eine Zahnspange – oder lag es am Fotografen?

Nach einiger Zeit hatte ich gelernt, mich zu präsentieren. Denn ich wurde oft herumgereicht, besonders in der Kirche. Außerdem berichtete die Lokalzeitung und einmal auch das Fernsehen über die Schüler aus den fremden Ländern. Dann die vielen Fotografen in der Schule, bei den Bällen, während der Spiele; bald lohnte es sich gar nicht mehr, dieses Lächeln abzulegen.

Doch ich möchte nicht behaupten, daß alle Schüler ein eingefrorenes Lächeln besaßen. Das war nur der Eindruck, den ich beim ersten Anblick des *Yearbook* gewonnen hätte, würde ich die Menschen auf diesen Fotos nicht in natura gekannt haben. Ich kann nur empfehlen, sich ein *Yearbook* der Schule nicht vor dem ersten Schultag anzugucken, denn sonst ist man in der Schule vielleicht doch etwas enttäuscht von den vielen eigentlich ganz normalen Gesichtern.

Als die 30 Dollar teuren *Yearbooks* im Januar des Vorjahres eingeliefert wurden, standen die Schüler Schlange. Auch 10.- und 11.-Klässler hatten den Wälzer als Andenken bestellt. In der Mittagspause zählten die Schüler dann, wie oft sie abgelichtet waren. Ich brachte es auf sechsmal, das entspricht gutem Durchschnitt: Pflichtportrait, Franz-, Latein-, *International Club,* Schnappschußseite und Schülerrat. In letzteren war ich – um das Thema *Yearbook* abzuschließen – drei Wochen nach Schulbeginn gewählt worden. Die Diskussiönchen in Physik waren über das gegenseitige Abtasten der Meinungen noch nicht hinausgekommen, meine Einstellung zu Gott und Kirche hatte ich im Anfangsstadium – so gut es ging – für mich behalten, und so war ich prompt als *Representative* der *First Period Class* im *Student Council* gelandet.

Die Schülervertretung: auch eher ein Club

Auch die Schülervertretung besaß einen Sponsor: den schwarzen stellvertretenden Schulleiter, den beliebten Mr Walker. Die konstituierende Sitzung fand unter seiner Leitung während der Schulzeit statt. Eine unbürokratische Lautsprecherdurchsage genügte, und wir waren in der zweiten Stunde für das *Meeting* beurlaubt. Ich gehörte diesem Gremium als eines von 88 Mitgliedern und deren Stellvertreter an. Das Team auf der Bühne (Präsident, Vizepräsident, Sekretär und Schatzmeister) war bereits im vergangenen Jahr von allen Schülern gewählt worden. Scott, mein Tischnachbar in Englisch, war der Schülersprecher, oder besser: der Präsident des Schülerrates. Parallel existierte an unserer Schule ein Amt, das von jeder Jahrgangsstufe getrennt gewählt wurde, der *Class President.* Dieser hatte mit der Schülervertretung nichts zu tun. Er mußte hin und wieder eine Rede halten und kümmerte sich darüberhinaus um einige organisatorische Angelegenheiten.

Die sehr intensive Vorbereitung für die Wahlen zum *Senior Class President* überraschte mich: ein/e Schüler/in mußte eine bestimmte Anzahl von Unterschriften sammeln, um kandidieren zu können. Bereits zwei Wochen vor der *Senior*-Vollversammlung erblickte ich dann riesige Spruchbänder in Aula und Cafeteria: *Eric Fairchild for President*. Ein Mädchen verschenkte im Unterricht sogar Bleistifte mit dem Aufdruck *Gina for President*. Alle vier Kandidaten hatten im Theatersaal eine Rede gehalten, und dann wurde geheim abgestimmt – Präsidentschaftswahlen und -wahlkampf im Kleinformat. Ich fühlte mich wie ein Parteitagsdelegierter.

Initiationsriten

Eric hatte seine Ansprache folgendermaßen beendet: »Ich weiß, die Rede war nicht gut, aber hier habt ihr ein paar Bonbons.« Das hatte ihm wohl die nötige Mehrheit der Stimmen gebracht, er gewann die Wahlen. Bald kamen mir diese ganzen Plebiszite, Gründungsversammlungen und Ämter vor, wie traditionelle Initiationsriten, Aufnahmerituale von Urvölkern. Manche Titel, *Presidents* und *Organisations* waren regelrechte Fassade, potemkinsche Dörfer für den Außenstehenden. Doch die Rituale hatten einen Sinn, so luftleer waren sie nicht: in den Vereinigungen bereiteten wir Jugendlichen uns auf den *American Way of Life* vor. Wir übten die Demokratie, wir genossen die Freiheit unter der Aufsicht unserer gutherzigen Sponsoren. Für einige wurde der *American Dream* zur »Wirklichkeit«: einmal im Leben Präsident sein, einmal von ganz unten nach ganz oben kommen, mit geheimer Wahl, mit Fotograf und vielen Anhängern, auf großen Plakaten – wenngleich nur alte Tapeten – der eigene Name.

Entscheidung, Herausforderung, Bestimmung, Absprung und Erfolg: das würden die Sprossen unserer Lebensleiter sein, das waren die fünf Punkte, die uns während der *Graduation* (Abschluß)-Zeremonie noch einmal von den fünf auserwählten Schülern in ihren Reden vorgehalten wurden. Wir waren bereit für den Sprung ins Leben, hatten die Generalprobe in High School, Clubs und Vereinigungen gut überstanden.

Diese Bedeutung der Clubs begriff ich erst später. Wenn der Schülerrat tagte, und wir unsere *Meetings* abhielten, wurde zwar über dieses und jenes geredet und dann eine Menge Pläne geschmiedet, doch meistens begnügte man sich mit Konzepten, die im Sande verliefen. In der nächsten Sitzung kein Wort mehr über Vergangenes, die Zukunft erwartete uns, neue Pläne, neue Ideen, wieder nur Luft. Umso überschwenglicher fielen die bilanzierenden Lobpreisungen eigener Leistungen am Ende des Schuljahres in allen Clubs aus. Bald merkte ich, daß Schülerzeitung und Schülerrat, ganz zu schweigen von den erwähnten *Class Presidents,* eigentlich nichts anderes waren als ebenfalls Clubs. Unser Jahr sei sehr arbeitsintensiv und erfolgreich gewesen, hieß es im abschließenden Jahresbericht der *Student Council Officers.*

Aufgabe des Schülerrates war es, den *School Spirit* der Schüler zu stärken und *Wildcat Pride* zu vermitteln. Während meines Schuljahres sponsorte die Schülervertretung zwei Bälle und die *Homecoming Parade.* Außerdem organisierten wir eine Eiswette: wie schnell schmilzt der Eisblock vor der Schule, ein Tip ein Dollar. Die 250 Dollar dieser Wette kamen der Bücherei zugute. Die einzige Aktivität, die ich als Interessenvertretung bezeichnen würde, war ein Treffen mit den Angestellten in der Cafeteria, um die Umstellung von Metall- auf Plastikgabeln zu diskutieren. Vereinzelt wurden zu den Schülerratssitzungen, die etwa einmal im Monat stattfanden, Gäste eingeladen, die über *Leadership* und vorbildhaftes Handeln referierten. Wir besuchten sogar ein Seminar dieser Art. Nur an eine interessante inhaltliche Diskussion im Schülerrat kann ich mich erinnern, die jedoch ohne Ergebnis endete.

Ein *Dress Code* gegen kurze Hosen

Es ging um Hosen: an der Hixson High School gibt es einen sogenannten *Dress Code,* eine Regel, die vorschreibt, wie man sich zu kleiden hat. Sonnenbrillen und Hüte sind ebenso untersagt wie Shorts und Muskelshirts. Richtig gelesen: kurze

Hosen dürfen nicht getragen werden; man bedenke, wir befinden uns im heißen Süden, wo das Thermometer im Sommer auf bis zu 40°Celsius ansteigt. Diese Regelung wird jedoch von Schule zu Schule unterschiedlich gehandhabt. An den meisten kirchlichen Schulen dürfen Mädchen nur Röcke – Gott bewahre, keine Miniröcke – tragen. An einer Nachbarschule die ich einen Tag besuchte, waren Shorts gestattet, allerdings mußten sie mindestens 14 *Inch* lang sein: bis zum Knie.

Nackte Beine würden die Konzentration stören, versuchte mich meine Englischlehrerin immer wieder zu überzeugen. Ich vermute, die Hosenregel entsprang eher der religiösen Überzeugung von Eltern und Lehrern und den Moralvorstellungen des *Bible Belt* als verhaltenspsychologischen Überlegungen. Manchmal deklarierte der Schulleiter einen Termin zum *Shorts Day*, z.B. wenn das *Softball Team* der Mädchen während der sechsten Stunde ein wichtiges Spiel hatte, das wir uns für einen Dollar angucken durften. Dann war zur Feier des Tages die kurze Hose erlaubt und tatsächlich trug auch fast jeder *short* – bis zum Knie. Doch wehe, am nächsten Tag war die Beintracht nicht wieder nach der Norm. Ein Mädchen, das gegen die Regel verstieß, mußte prompt einen ganzen Schultag im *Guidance Office* verbringen.

Doch zurück zum Schülerrat: hier wurde nun eben diese Shorts Regelung diskutiert. Einigen Schülern war das Shortsverbot unverständlich, und die Mehrheit sprach sich dagegen aus. Doch keiner wußte, was man dagegen tun könne, außer einen Bittbrief an den Schulleiter zu schreiben. Es war für den Schülerrat kein Thema, mit irgendwelchen Aktionen etwas erreichen zu wollen, die Schulstruktur und -mentalität ließ das nicht zu. Zwar war der Schulleiter bei vielen Schülern unbeliebt, doch abends beim Footballspiel, wenn er in seinem schwarz-gelben Pullover das Team anfeuerte, dann war man wieder vereint. Mein »europäischer« Vorschlag, der Schülerrat solle einen Tag zum *Shorts Protest Day* erklären und alle Schüler dazu aufrufen, an diesem Tag Bein zu zeigen, rief nur

Gelächter hervor: die dachten, ich hätte einen Witz gemacht. Die Aktion hätte ohne Zweifel dem *School Spirit* geschadet. Und was ist störender als Disharmonie und Zwietracht! Auf diese Weise wurden etliche Konflikte unterdrückt und nicht ausgetragen. Auf der anderen Seite sind Kontroversen auch schülerseits nicht erwünscht. *School Spirit* geht vor. Der Schulleiter wird als Autoritätsperson respektiert. Die Zusammenarbeit läuft unbürokratisch und ist fruchtbar, wenn es um das Wohl der Schule, um Schulaktivitäten und -veranstaltungen geht. Manches demokratische Prinzip bleibt dabei auf der Strecke, wiewohl ansonsten fleißig eingeübt.

Gute Noten für die »Schönsten«

Ein Beispiel für die Verknüpfung von Schulleben und autoritärer Schulleitung war ein Ereignis, das zwar bei einigen wenigen Schülern auf Widerstand stieß, doch von der Mehrzahl begrüßt, zumindest aber nicht hinterfragt wurde. Anlaß war der sogenannte *Dress up Day*. Der Schulleiter erklärte zwei Tage im Schuljahr per *Announcement* – Lautsprecheransage und Laufzettel – zu *Dress up Days*. Zu Ehren der Militärkurse (!) unserer Schule sollten wir »förmliche« Kleidung tragen. Die Lehrer wurden angehalten, den Schülern einen kleinen *Extra Credit* zu geben, die der Aufforderung nachkamen. Wer also an solchen Tagen ein Hemd mit Schlips, als Mädchen Rock und Bluse, und dazu vielleicht Lackschuhe trug, der wurde in einigen Kursen mit ein paar Extrapunkten gesegnet. Ich hatte es zum Glück nicht nötig, auf diese Art Prozente zu sammeln. Fraglich ist, ob ich als schlechter Schüler der Versuchung widerstanden hätte, nicht doch ein kleines Schlipschen um den Kragen zu legen. Mein Freund Ian trug aus Protest einen Trainingsanzug; viele Schüler konnten an diesen Tagen jedoch einen kleine Verbesserung des Punktekontos verbuchen. Eintracht und Einheit bei der Kleidung, und die Ehre der *ROTC*-Kurse im Hinterkopf: ohne Zweifel ein Bild der Harmonie.

KAPITEL 9

Senior Prom: Wie Schüler erwachsen (gemacht) werden

Das zweite Semester begann nach den Winterferien. Wir hatten an zwei Tagen 5 cm Schnee und auch prompt schulfrei. In Florida verkaufte ein Amateurfilmer seine Aufnahmen von der angeblich einzigen Schneeflocke des Jahres an eine Fernsehgesellschaft. Doch mittlerweile, Ende Januar, konnte ich schon wieder im T-Shirt 'rumlaufen. Der Schulalltag hatte begonnen, doch die Atmosphäre erschien mir unverkrampfter, lockerer, zumindest unter uns 12.-Klässlern. Dieses Semester war ganz den *Seniors* gewidmet. Am 30. Januar leitete der *senior distinction day* eine Serie von Veranstaltungen ein, die als Höhepunkte im Leben eines High School-Schülers gelten und den krönenden Abschluß in der *Graduation Ceremony* finden, der Diplomverleihung. Die Zeit bis zu jenem, für mich legendären 21. Mai, verging wie im Fluge, unterbrochen von neun Tagen Osterferien. Kaum hatte ich das christliche Weihnachtsfest mit meiner 23köpfigen Familie (davon drei Pastoren) verdaut, wurden – zurück in der Schule – in der zweiten Januarwoche die Vorbereitungen für den *Senior Distinction Day* getroffen.

Der »Intelligenteste« wird gewählt

Während einer Versammlung aller *Seniors* in der Aula sollten herausragende Schüler ausgezeichnet werden, sogenannte *Superlatives.* Ich verstand nur Bahnhof, doch das war ja nichts Neues, ich würde mich überraschen lassen. Die Vorbereitungen für den Tag liefen auf Hochtouren, ohne daß ich es wahrnahm. *Homeroom Time,* 15 Minuten, die wir jeden Mittwoch in einem nach dem Alphabet geordneten Klassenverband verbrachten. Hier wurden die organisatorischen Dinge der Schule geregelt. Wir bezahlten z.B. die 25 Dollar Gebühren für die

Schulbuchbenutzung, füllten Fragebögen aus oder hörten der Verlesung einer neuen Verordnung zu. Häufig saßen wir auch einfach da und unterhielten uns. Eines Mittwochs verteilte meine *Homeroom*-Lehrerin Zettel. Wir sollten Vorschläge für bestimmte Kandidaten aufschreiben. Zunächst waren da *Mister* und *Miss Hixson*.

Diese Titel verstand ich. Doch es folgten Bezeichnungen, deren Bedeutung ich zwar kannte, deren Sinn mir indessen schleierhaft war. Da stand unter anderem:

Most intelligent
Most ambitious
Most School Spirit
Most talented

Ich konnte mir nicht vorstellen, hier Schüler als »Intelligenteste/n« oder »Talentierteste/n« vorzuschlagen und war mir der Bedeutung dieser Zettel auch nicht bewußt. Tatsächlich aber befand ich mich mitten in einem demokratischen Wahlgang für die Bewertung herausragender Schüler. Die *Homeroom*-Lehrerin nannte die Bedingungen für die Kandidaten: zwei Jahre Schüler unserer Schule und ein Notendurchschnitt von mindestens 2,5. Das entspricht in etwa der deutschen 4+. Ein ganz schlechter Schüler konnte schon mal nicht Freundlichste/r, schon gar nicht Ehrgeizigste/r sein – in Gedanken klammerte ich Boyd aus. Außerdem durfte die *Homecoming Queen,* namentlich Kristi Graham, nicht als *Miss Hixson* gewählt werden.

Mein Tischnachbar füllte gewissenhaft seinen Zettel aus. Gut, ich überlegte also krampfhaft, welcher meiner Freunde oder Mitschülerinnen für welchen Titel in Frage kam. Freundlichste/r und Zuverlässigste/r, das ging noch, ich schrieb »*Ian Smith*« und »*Dinah Lagergreen*«. Nur wer war der/die Ehrgeizigste oder Talentierteste unserer Schule? Ich ließ einige Lücken und gestehe an dieser Stelle, daß ich hinter *Wittiest* (geistreichste/r) meinen Namen schrieb.

Den Bogen gab ich als letzter ab, es klingelte. Der Sinn dieser Aktion war mir trotz Nachfragens immer noch unklar – sollten die Gewinner einen Preis bekommen, ein Stipendium oder eine *Pizza Party* gratis? –, als ein paar Wochen später bereits das Papier mit der engeren Auswahl in *Homeroom* verteilt wurde. Meinen Namen fand ich natürlich nicht, auch keinen meiner Vorschläge. Wir mußten jetzt nur noch zuordnen: etwa 20 Namen für 10 Titel. Ich gab den Zettel diesmal nicht ab, zumal ich die wenigsten der aufgelisteten Schüler näher kannte – die Mädchen waren hübsch und beliebt, die Jungen hielten sich nach der Schule zum Großteil im Hantelraum auf. Mehr wußte ich nicht, und mir war nicht klar, wozu das alles.

Ehrung der *Superlatives*

Am 30. Januar ging mir ein Licht auf. Wir waren gebeten worden, uns *formal* zu kleiden: Hemd, Schlips, am besten Lackschuhe. Die Zeremonie begann, Schulleiter und Lehrer hielten Reden, dazwischen auch ein *Mr Business*, diesmal von unserem »Adoptivvater«, *Red Food Store*. Es wurde gebetet, aufstehen, setzen. 370 *Seniors* füllten die Stuhlreihen vor der Bühne, die jüngeren Jahrgänge bevölkerten die Tribünen. Der Name jedes einzelnen *Senior* wurde aufgerufen, alles Diplomanwärter. ... Drema Randolph, Max Rauner, David Rawiszer ... Ein kurzer Augenblick des Hochgefühls, doch erbarmungslos drängte das Alphabet. Nun traten die 12 *Calendar Girls* des *Key Club* auf die Bühne (➪ Seite 97), gefolgt von den Superlativen. Hier waren sie also, die Freundlichsten und Talentiertesten, standen in Pärchen auf der Bühne, Applaus. Da waren Lory und Michael als *Most School Spirit*, Marc und Melody als die ehrgeizigsten (*Most ambitious*) – obwohl eigentlich Scott viel ehrgeiziger war als Marc?! Aber Scott war schon *Best Allround*; und wenn ich mir es recht überlegte, so umfaßte das ja auch Ehrgeiz. Ich hätte auch gerne dort oben gestanden, bewundert von 500 Mitschülern, die nicht neidisch zu sein schienen. Man akzeptierte die Hierarchie, jeder an seinem Platz.

Die Superlativ-Abstimmungssieger im Yearbook

Es kam noch besser. Ich erinnerte mich nicht mehr, die folgenden Pärchen gewählt, geschweige denn, den Wahlzettel gesehen zu haben. Bei so vielen Titeln konnte es allerdings passieren, daß man einen Wahlgang mal nicht richtig wahrnahm und die ohnehin unbekannten Namen wie beim Lotto zuordnete und ankreuzte. Auf der Bühne standen sechs Pärchen, gekleidet wie die *Superlatives,* die Damen im Kleid, die Herren in Frack *(Tuxedo)* oder schlicht im Anzug. Es handelte sich um die *Beauties and Beaus* der Hixson High School. Der französische Part meines Großhirns trat in Aktion, kombinierte und tippte auf die deutsche Übersetzung »Schönheiten der Schule«. Recht gehabt. Scott, Angie, Kristi, Brent, Gina, Fuston und Tom mußten sich erst gar nicht umziehen, sie gehörten sowohl zur Klasse der *Beauties and Beaus* als auch zu den Superlativen.

Der Vormittag steuerte dem Höhepunkt entgegen. Auf der Bühne hatten diesmal fünf Pärchen – übrigens immer Zweckpaare, d.h. zusammengewählt – vor zwei dekorativen Blumentopfsäulen Platz genommen: das sogenannte *Court.* Wie der Zufall es wollte, zählten acht der zehn Glücklichen zu den Superlativen und/oder den Schönheiten, Scott und Kristi waren auch dabei.

Mister and Miss Hixson High School

Die Krönung von *Miss* und *Mister Hixson* stand unmittelbar bevor: der Redner zögerte, um die Spannung zu erhöhen. Peng. Gina und Scott also. Zwei Gesichter im Scheinwerferlicht und 360 im Dunkeln. Applaus, Gratulationen, der Schulleiter setzt Gina das silberne Krönchen aufs Haupt, Scott neben ihr, eingehakt. Zeitsprung: April, ich habe das *Yearbook* in der Hand, da sind sie: Scott und Gina in farbigem Großformat auf Seite 50; »*Miss Hixson High School. A title that any of the girls on court would have loved to have*«, steht unter Gina. Die *Beaus* haben zwei Seiten, die *Superlatives* drei; alles in Farbe, alle in Anzug oder Kleid, alle lächeln. Wenn ich nicht schon ein Semester zur Hixson High gegangen wäre, hätte ich den *Senior Distinction Day,* jenen 30. Januar für eine Komödie gehalten. Am meisten erstaunten mich in der Realität die ernsten Mienen von 95% meiner Mitschüler. Kein Fünkchen

Neid konnte ich auf ihren Gesichtern erkennen. Ich machte erneut die Bekanntschaft mit dem *American Dream,* heute verkörpert durch Scott und Gina. Von unten nach oben: wer sich bemüht, der schafft es auch.

Scott, das Idol überhaupt: ein Superathlet, Langstreckenläufer und fast immer auf Platz eins, dazu – dank der Hanteln – muskulös. Außerdem Schulsprecher, jedes Wochenende auf *Fun Tour,* beliebt bei den Mädchen trotz der großen Nase und auch noch gute Noten, versteht sich. Er war ein netter Kerl, auch mir gegenüber aufgeschlossen und freundlich. Wäre ich in Hixson aufgewachsen, dann hätte ich mich wohl wie er den (Natur-) Gesetzen der High School-Riten unterworfen, wäre vielleicht heute auf Seite 62 zu sehen: als *Most intelligent* oder *Most courteous*. Als Gastschüler genoß ich eine wunderbare Nähe und Distanz zugleich. Ich war voll eingegliedert in das System, machte viele der »Spielchen« mit und brauchte mich doch nicht bedingungslos anzupassen. Als »Amerikaner auf Zeit« konnte ich viele High School-Rituale mit Humor nehmen. Wenn ich mir allerdings vorstelle, daß Leute wie unser *Most School Spirit* in 30 Jahren einmal Amerikas Politik mitbestimmen werden, so wird mir mulmig zumute.

Miss und Mister Hixson High School

Schweineschnitzel beim *Senior Banquett*

Vorerst liefen die Vorbereitungen für das *Senior Banquett*, dem nächsten Stein im Mosaik der Initiationsriten. Ein *Committee* aus Lehrern und Schülern organisierte das Essen für 12.-Klässler und Pädagogen. Der Saal des Nobelrestaurants *Chattanooga Choo Choo* wurde für den 6. April angemietet. Für 12 Dollar pro Person konnte man am Bankett teilnehmen: Schweineschnitzel mit Kartoffeln. Am Vortag hatte der Schulleiter noch einmal verkündet, Vorkommnisse wie im letzten Jahr – Tischdecken wurden angekokelt und Zigarren geraucht – würden diesmal geahndet, Zigarren seien verboten. Ich hatte mir einen Anzug geliehen und fuhr mit einer Freundin zum *Choo Choo*. Das Essen verlief ohne nennenswerte Zwischenfälle. Ein Junge aus dem Chor sang, wie noch viele weitere Male in der ausklingenden High School-Zeit, unseren *Class Song: »That's what friends are for«*. Ein eigens eingeladener Redner erzählte Witze. Man lachte, mal aus Höflichkeit, mal belustigt. Ich habe die Witze nicht verstanden, zumal neben mir eine Mitschülerin saß, die schwanger war und ausgerechnet während des Banketts starke Unterleibschmerzen bekam. Sie verbog Gabeln und kleine Löffel und griff sich schließlich meinen Arm um etwas zum Festhalten zu haben. Einige der Schüler hatten übrigens doch Zigarren mitgebracht, die sie auf ein Zeichen hin blitzschnell in den Mund steckten, während einer die Szene für das *Yearbook* ablichtete. Der Schulleiter, zwei Tische weiter, merkte nichts. Nach dem Gebet war die Veranstaltung zu Ende. Ehrlich gesagt, es reichte mir auch: ein Schlips ruft immer so ein beklemmend einengendes Gefühl an der Gurgel hervor.

Auf jeden Fall hatten wir mal wieder Erwachsensein geprobt, im Anzug, mit Servietten, Messer und Gabel, Tischreden und Applaus. Aber unsere kindlichen Züge waren doch noch vereinzelt durchgekommen, besonders deutlich in abfälligen, derben Kommentaren bezüglich des Menüs und den Kindereien mit den Zigarren. Aber was soll's, die nächste Bewährungsprobe ließ nicht lange auf sich warten: *Class Night* am 1. Mai (nebenbei bemerkt nicht Tag der Arbeit, das ist der erste Montag im September).

Die Abschlußklasse

Class bedeutet (außer Kurs) nichts weiter als Jahrgangsstufe. Aber ein gewisser Stolz schwingt immer mit. Ich gehöre zur Abschlußklasse von Hixson High! An jenem 1. Mai sollte die *Class* also geehrt werden; diesmal vor Eltern und Verwandten. Schauplatz war die *Central Baptist Church*, eine große Kirche in Hixson. Ein Freund hatte mich früh genug darauf hingewiesen, daß ich eine *Escort* für den Abend suchen müßte. Ich wußte nicht warum, sprach aber vorsichtshalber Mädchen an, ob sie bereit wären, mich zu eskortieren. Kristi fragte ich diesmal nicht. Ein Mädchen aus meinem Französischkurs suchte auch noch, und so schlossen wir uns zusammen. Sie fuhr Auto, konnte mich also am Freitag abholen. Ich weiß nicht, was ich ohne die befreundeten Berrys gemacht hätte, die mir immer wieder mit einem Anzug aushalfen, von meinem Gastvater bekam ich den Schlips.

Vor der Kirche angekommen stellten Lehrer und Hilfskräfte aus der 11. Klasse uns paarweise hintereinander auf. Dazu muß ich sagen, daß die 11.-Klässler uns *Seniors* während des Jahres wie Untertanen dienten: bei Veranstaltungen wie dem *Senior Distinction Day* standen je zwei zu beiden Seiten der Treppe, um den Superlativen einen symbolischen Halt zu geben, während der Abschlußzeremonien fungierten sie als sogenannte *Marshalls* – Platz zuweisen, Aufstehen und Setzen anzeigen. Auch der Abschlußball wurde von den *Juniors* organisiert. Jane, das Mädchen aus dem Franzkurs, und ich standen nun zwischen den anderen im Seitengang der Kirche. Eltern, Bekannte und Verwandte hatten bereits auf dem Balkon und in den hinteren Reihen Platz genommen, als der Sportlehrer anfing, die Namen der in den Saal schreitenden Nachkommen aufzurufen. Ich probte mit Jane noch einmal kurz das Einhaken, dann kamen wir an die Reihe: Jane Cooper and Max Rauner – der Lehrer hatte sich vorher noch die Betonung meines Nachnamens in Lautschrift auf seinen Zettel geschrieben: »*Rownair*«. Nachdem alle 370 12.-Klässler in den Bänken saßen, begannen die *Class Night*-Rituale – alles Tradition. Zunächst das Übliche: Gebet, der Gruß an die amerikanische Flagge, die Einführungsrede. Es folgte die Vergabe zahlreicher *Awards*, darunter auch der von so und so gestiftete Preis für *The Most Patriotic Student*, er ging an Ted. Außerdem hatten die Lehrer jedes *Departments* (Unterrichtsfeld) je eine/n herausragende/n Schüler/in bestimmt, deren Namen verlesen wurden. Nach etwa einer Stunde folgte die Bekanntgabe von Stipendien an Hixson High-Schüler. Sage und schreibe 43 Schüler hatten ein oder mehrere (Teil-) Stipendien bekommen, der *Valedictorian* Paul (Schüler mit dem bestem Notendurchschnitt) gleich fünf an der Zahl. Inzwischen meldete sich mein Ego wieder; wie beim *Distinction Day* war mein Name in keinem Zusammenhang gefallen, man hätte wenigstens meinen Beitrag zur amerikanisch-deutschen Völkerverständigung erwähnen können. Doch nach dem abschließenden »*That's what friends are for*« waren wir wieder vereint, die Idylle perfekt. Während ich an deutschen Schulen häufig Neid und Mißbilligung gegenüber den Besitzern guter bzw. schlechter Zeugnisse ausmachen konnte, der sich in Worten wie »Streber« und »Versager« ausdrückte, war das Verhältnis zu Leistung und Strebsamkeit an der High School ein anderes: diese Eigenschaften wurden belohnt und auch unter Schülern anerkannt. Selbst das Abgucken war verpönt; mein Tischnachbar in Geschichte rückte immer nur widerwillig und auch erst nach längerem Betteln meinerseits sein Heft heraus, wenn ich einen Blick in seine Hausaufgaben werfen wollte. Einer für alle, alle für einen, aber jeder für sich.

Es galt der *Honor Code*, der Ehrencodex, auch in der Uni: wer beim Schummeln erwischt wird, kann von der Hochschule fliegen, wird ggf. im Computer gespeichert und hat so schlechtere Chancen für eine Aufnahme an anderen Colleges.

Stipendien für die besten Schüler

43 Stipendiaten mit zum Teil mehreren Ausbildungshilfen, den sogenannten *Scholarships:* die hohe Zahl läßt sich auf die Kosten dieses Ausbildungsweges zurückführen: 5000 Dollar Jahresdurchschnitt für ein staatliches College, 9000 für ein privates. Auch ich hätte für ein Teilstipendium keine schlechten Karten gehabt: mein Halbjahreszeugnis (*Report Card*) bestand aus zwei mal A und vier mal B, außerdem lag mein Notendurchschnitt über 3,5. Damit erfüllte ich die Mindestanforderungen für das *Honor Diploma,* ein mit goldenen Lettern ausgestelltes Zertifikat, daß der Schulleiter den ungefähr 50 Inhabern des Ehrendiploms während einer Versammlung mit Eltern und Lehrern (und *Red Food*) aushändigte. Irgendwie landete ich daraufhin in einem Computer, denn zwei Wochen später erhielt ich eine *Congratulation* von der *United States Achievement Academy,* die meine Mitgliedschaft im Schülerrat, d.h. die Qualität *Leadership,* gepaart mit dem guten Notendurchschnitt, hervorhob. Dem Brief legten sie gleich einen Bewerbungsbogen für Stipendien bei und fragten, ob ich im 34 Dollar teuren *Yearbook* der Akademie verewigt werden wolle. Ich habe das Buch nicht gekauft.

Wer mit dem Gedanken spielt, in den USA zu studieren, dem kann der Abschluß der 12. Klasse und das damit verbundene Diplom in dieser Richtung weiterhelfen. Die meisten Hochschulen verlangen zusätzlich zum Diplom die Vorlage eines Testergebnisses. Bedeutsam sind hier der *ACT (Academic College Test)* und *SAT (Scholastic Aptitude Test),* zwei Tests für *All-Round*-Wissen bzw. speziell für Mathematik- und Englischkenntnisse. In vielen Unis ist eine bestimmte Mindestpunktzahl in einem der beiden Tests Voraussetzung für eine Aufnahme. Je gefragter die Universität, desto höher liegt die Grenze. Mein *Guidance Counselor* klärte mich über die Bedeutung der beiden Examina auf und empfahl mir, einen der fünf Termine wahrzunehmen. Ich zahlte jeweils 11 Dollar und füllte die Anmeldung aus.

Im November war der erste Prüfungstermin für den *ACT*, an dem in den gesamten USA 12.- und 11.-Klässler, meistens zukünftige Collegebesucher, drei Stunden über den Fragebögen brüteten. Auch ich machte unter strenger Bewachung meine Kreuzchen in den Sparten Mathematik, Englisch, Gesellschafts- und Naturwissenschaften. Bis auf den Bereich der Vokabelfragen (Antonym, Synonym, Wortpaare ...) hatte ich ein relativ gutes Gefühl.

Das Ergebnis bekamen wir einen Monat später. Mein *Test Score* betrug 22 von 36, und damit lag ich, wie der Computer den Absolventen mitteilte, höher als 76% der in Tennessee Getesteten. Steve, mein Tischnachbar in Englisch, hatte sogar in der Sprachsektion deutlich schlechter abgeschnitten als ich, obwohl ich verbal auch nur zum unteren Mittelfeld (besser als 47%) zählte.

Auf Platz 9 der Notenrangliste

Mehr als alles andere schmeichelte meinem Ego in jenem Schuljahr mein Platz auf der Notendurchschnitt-Rangliste der 12. Jahrgangsstufe. Rein zufällig erblickte ich im März eine Namensliste auf dem Pult meiner Englischlehrerin. Paul stand unter Ziffer 1, dahinter eine 4,0, sein Notendurchschnitt. Ich guckte weiter und war vollkommen überrascht, meinen Namen auf Platz 9 zu finden, *Grade Point Average* (GPA): 3,91 – schier unmöglich. Gleichzeitig erschrak ich ein wenig über das Hochgefühl, das ich empfand: so sehr hatte ich mich dem Leistungsdenken schon angepaßt. Prahlen wäre aber sozial verhängnisvoll gewesen. Die »TOP 30« machten Bemerkungen wie »Ich bin auf Platz 5 der Notenskala« höchstens am Rande und genossen die obligatorische Anerkennung bescheiden und stillschweigend.

Und mein 3.91 GPA? Mir ging ein Licht auf. Ich erinnerte mich an den Beginn des Schuljahres, als *Guidance Counselor* Griswould und ich die Noten der deutschen Zeugnisse in meinenPersonalbogen übertrugen. Meine Englischlehrerin hatte

HIXSON HIGH SCHOOL

CLASS RANK AND GRADE POINT AVERAGE

RANK	NAME	GRADE POINT AVERAGE
1	JULLIENNE, PAUL	4.00
2	HUNT, SUSAN	3.97
2	JULLIENNE, MARC	3.97
4	HILTUNEN, TRACEY	3.93
4	LLOYD, LINDA	3.93
4	ORMAN, STEPHANIE	3.93
7	GOODWIN, BRENDA	3.92
7	MALCHOW, RICHARD	3.92
9	RAUNER, MAX	3.91
10	ORTWEIN, WILLIAM	3.90
11	GRAHAM, KRISTI	3.78
12	COLLINS, JON	3.73
13	ELAM, AMY	3.70
13	TRUELOVE, JEFFERY	3.70
15	WICKS, JAMES	3.69
15	WHITE, LISA ANN	3.69
17	MAXWELL, JENNIFER	3.68
18	DUNN, KYRIE	3.67
19	DOUGLAS, SUSAN	3.66
20	JONES, JODY	3.64
21	COOPER, LAURA	3.63
22	BUSH, JULIE	3.62
22	FEIGLEY, SUSAN	3.62
24	HARGIS, CHARLES	3.61
25	MYATT, LARA	3.60
26	ROGERSON, CARL	3.58
27	MATSUYAMA, HIDEKI	3.56
28	WEIR, KRISTIN	3.55
29	BUKOWSKI, DIANE	3.54
30	SMITH, IAN	3.52
31	PADGETT, BETSY	3.51
32	ADAMS, DAVID	3.50
33	COKER, PAMELA	3.49
34	HADJIAN, ANGELA	3.46
34	WEBB, KATHLEEN	3.46
36	GERMAN, PATRICK	3.44
37	HILL, TIMOTHY	3.43
38	MAGILL, JOHN	3.42
39	BREWSTER, JOHN	3.40
39	CHAUNCEY, DARLA	3.40
39	FITE, JAMES	3.40
42	COLE, MELISSA	3.39
43	HUBBARD, KIM	3.38
43	HARRELL, ANN	3.38
45	ROBERSON, ERIC	3.37
45	ROBERTS, WILLIAM MARK	3.37
47	PARTRICK, MELODY	3.36
48	ROBERTS, JENNIFER	3.35
49	STEIL, TRACEY	3.33
49	SCOTT, CHRISTY	3.33
51	PALACIO, RICHARD	3.32
52	BALL, ERICKA	3.31
52	FRASSRAND, KEIL	3.31
54	WICKS, MARK	3.28
55	OWENS, MICHELLE	3.28
56	NAPOLITANO, AMY	3.27
57	ROBERTS, RICHMOND	3.27
58	DAY, DANIEL	3.26
59	SMITH, MELISSA	3.25
60	DANIEL, JULIE	3.24
60	HUFFINE, ERIC	3.24
60	VOGEL, BRIAN	3.24
63	HULGAN, SUSAN	3.23
63	SWAFFORD, KELLIE	3.23
63	VANDERGRIFF, GINA	3.23
66	DARLING, PENNY	3.22
66	SILER, RACHEL	3.22
68	ANDREWS, MELISSA	3.22
69	SHAPPLEY, ZACHARY	3.21
70	LAND, STEPHANIE	3.21
71	POSEY, SANDY	3.20
72	BENNETT, CATHERINE	3.19
72	SNIDER, CAROLE	3.19
74	CUNNINGHAM, STEVEN	3.18
74	MCKEOWN, CARY	3.18
74	SEARLE, STACY	3.18
77	CARRAWAY, TRACY	3.17
78	ROGERS, PAUL	3.16
79	SMITH, LESLIE	3.13
80	SWISHER, MARGARET	3.13
81	RAWIZER, DAVID	3.12
82	MYATT, LORI	3.11
82	SMITH, CATHRYN	3.11
84	WEBBER, WENDY	3.10
85	JENSEN ERIK	3.09
85	PORTER, JULIE	3.09
87	WALTERS, STUART	3.08

Die Veröffentlichung einer »Bestenliste« ist an amerikanischen High Schools eine Selbstverständlichkeit

in meiner Bewerbung eine Notenumrechnung angeben müssen. Es gibt in Deutschland sechs, in Amerika fünf Zensuren und so übersetzte sie die deutsche Note »2« mit *A minus* (3,7 Punkte) oder *B plus* (3,4 Punkte).

Einem guten Verhältnis zum Beratungslehrer und ein bißchen Überredung verdanke ich es, daß für jede deutsche

»Zwei« ein »*A minus*« auf dem Blatt erschien. Der Notendurchschnitt errechnet sich aus den Zeugniszensuren der Klassen 9-12 (in meinem Fall 9,10,12), und so hatte ich mit meinen bundesdeutschen Zweierzeugnissen in den USA plötzlich fast ausschließlich 4,0-3,7 Punkte lediglich im letzten Halbjahr, nämlich in der High School, vier mal ein B, welches mit 3,5 Punkten bewertet wird. So landete ich genaugenommen ein bißchen unehrenhaft auf dem Rang 9, einen Platz über Scott und zwei über Kristi, zwei hinter Brenda und einen hinter Richard – einfach fabelhaft.

Doch trotz des guten Notendurchschnitts wäre ich fast am High School-Diplom vorbeigeschlittert. Voraussetzungen waren nämlich (von Klasse 9-12) neben vier Jahren Englisch, ein Jahr US-Geschichte und zwei Jahren Mathe, ein Semester *Health* (Gesundheit, erste Hilfe) und ein Semester *Economics* (Wirtschaft, Ökonomie). Ich war am verzweifeln: es war zu spät, diese Fächer noch zu belegen, und in Deutschland hatte ich nie etwas Vergleichbares gelernt. Doch durch einige Übersetzungsraffinessen und besagte Gutmütigkeit des *Guidance Counselor,* der die Qualifikation jedes Schülers für das Diplom überprüft und dann dem Schulleiter mitteilt, gelang es mir, die Angelegenheit zu regeln.

Wieder halfen mir die Kopien der deutschen Zeugnisse, von denen keine Übersetzung vorlag. »Sozialkunde« hieß in meiner amerikanischen Version dann in ziemlich freier Interpretation »Wirtschaftswissenschaften« (was aber eigentlich nicht ganz so abwegig ist). Sport und Bio wurden in eigenwilligen Übersetzung zu »Erste Hilfe« und »Anatomie«, auch einigermaßen legitim.

Gegen Ende des Schuljahres tauchte dann das letzte, schwerwiegendste Hindernis auf. Zum Verständnis ist aber ein kleiner Exkurs über das amerikanische *Credit*-System notwendig. Wer kein Interesse an mathematischen Exzessen hat, kann den folgenden Abschnitt getrost überspringen.

Credits fürs Diplom

Die Pflichtkurse für das spätere High School-Diplom zählen ab Klas-se 9. Bis zum Abschluß der Schullaufbahn liegen vier Jahre vor den Schülern, in denen ganz bestimmte Pflichtauflagen erfüllt werden müssen.

Gerechnet wird in sogenannten *Credits* (oder auch *Units*): Einen *Credit* bekommt man für einen Kurs, der ein Jahr lang belegt wurde. Ein Semester (1/2 Jahr) *Economics* zählt demnach einen halben *Credit*, ein Jahr Englisch, Sport, *Jazz Band* etc. je einen ganzen. In vier Jahren kann ein/e Schüler/in bei vollem Stundenplan von sechs Fächern pro Jahr auf 4 mal 6 = 24 *Credits* kommen. 22 *Credits* sind vorgeschrieben für das Diplom in Tennessee, die Anforderungen variieren in den Bundesstaaten und werden bisweilen verändert. Die Pflichtauflagen in Tennessee umfassen für die Klassen 9-12:

English	4 Units (4 Jahre)
Math	3 Units
Science	3 Units
Health Education	1/2 Unit
Economics	1/2 Unit
ROTC or Phys.Ed.	1 Unit
American History	1 Unit
Electives	9 Units
Total	**22 Units**

Electives sind frei wählbare Kurse, das Angebot reicht von Bibelkunde bis Orchester. Wenn ein Kurs mit der Note F abgeschlossen wird, so zählt er nicht: *failed*. Es besteht die Möglichkeit, den *Credit* in der intensiven *Summer School* nachzuholen: drei Stunden pro Tag für zwei Monate zwischen Juni und August in kleinen Klassen, von den Eltern bezahlt. Mancher Schüler arbeitet so auch vor, um mehr *Credits* und bessere Chancen für das College zu haben.

Eine Gruppe von Schülern, die oft in Bedrängnis mit den *Credit*-Anforderungen gerät, absolviert in den Werkstätten der High School eine Berufsvorbereitung, das *Vocational Training*. Was bei uns unter einer »Lehre« verstanden wird, existiert in den USA in diesem Sinne nicht. Die Berufsvorbereitung/-ausbildung findet z.T. in den High Schools, z.T. in *Community Colleges* statt, und/oder man lernt *on the job*. Ein Freund von mir belegte in der 11. und 12. Klasse drei Stunden pro Tag *Automechanics* in der schuleigenen Werkstatt, ihm gingen dafür sechs *Credits* vom Konto seiner frei wählbaren Kurse ab.

Fünftel *Credits* aus Deutschland

In meinem Fall existierte ein *Credit*-Problem ganz besonderer Art, das »Gastschülerspezifische«: ich hatte die 11. Klasse ja übersprungen, mußte nun also 20 *Credits* aus drei Jahren zusammenkratzen. Hinzu kam das Problem, daß in Deutschland ca. 12 Fächer unterrichtet wurden, jedes Fach ein- bis viermal die Woche. Der *Guidance Counselor* kannte den Fall: ich bekam für vier Wochenstunden Mathe in meiner ehemaligen Schule 4/5 *Credit* (wegen fünf Schultagen pro Woche). Die eine wöchentliche Stunde Sozialkunde brachte 1/5 *Credit*, drei Stunden Französisch 3/5 usw. Zusammen mit sechs *Credits* aus der US-High School kamen wir auf 17 und 4/5. Zum Glück hatte ich in der 9. und 10. Klasse eine Latein- und eine Theater-Arbeitsgemeinschaft belegt. Sie wurden zwar nicht benotet, doch als *Electives* konnte ich sie anrechnen. Das waren also noch zwei Jahre mal zwei Wochenstunden in zwei AGs, also 4 mal 2/5 gleich 8/5 *Credits*. Wir waren bei 19 und 2/5 angelangt, nichts ging mehr, noch 3/5 bis zum Diplom (damals 20 *Credits*). Ich bekniete den Schulleiter, und der fand eine Lösung: ein *Algebra-1-Test* für Neuntklässler, die in der 8. Jahrgangsstufe bereits Algebra belegt hatten und dies für die High School mit einem *Credit* anrechnen lassen wollten. Es ging um Addition, Subtraktion, Multiplikation im kleinen Einmaleins (!) – ich bestand und bekam den fehlenden Punkt.

Mit Limousine und Frack zur *Prom*

Es war höchste Zeit, denn mittlerweile liefen die Vorbereitungen für die Abschlußzeremonien auf Hochtouren. Eine Gruppe von *Juniors* war damit beschäftigt, den traditionellen Abschlußball zu organisieren: die *Senior Prom*. Ich war mir der Bedeutung dieses Ereignisses vage bewußt, da in diversen Spielfilmen entweder die erste Liebesszene oder aber das *Happy Ending* den Abschlußball als Tatort beansprucht. Im voraus ließ ich mir von meinem Freund Ian genauestens berichten, was es mit der *Prom* auf sich hatte, um nicht wieder so ein Mißgeschick zu erleben, wie beim *Homecoming Dance* mit Kristi. Ich brachte einiges in Erfahrung: jeder Junge leiht sich für die *Prom* einen Frack (oft mit Schwalbenschwanz), den sogenannten *Tux(edo)* bzw. *Swallow-Tail*. Das kostet in den Geschäften der *Mall* (Einkaufszentrum) gut 80 Dollar.

Die meisten Mädchen legen sich vor dem großen Tag ein neues Kleid zu. Die Farbe des Kleides meiner *Prom*-Begleiterin sollte ich auf jeden Fall vorher erfragen, meinte Ian, denn der *Cummerbund*, das ist die Hüftschärpe des *Tuxedo*, sowie die Fliege müßten im gleichen Farbton gehalten sein. Außerdem war vor dem Abend vom Supermarkt nebenan eine speziell angefertigte Blumendekoration in passender Farbrichtung zu kaufen: eine kleine Blume für das Kostüm der Dame und die größere für das des Herrn. Wenn ich hier Kostüm sage, so nur deshalb, weil mir alles wie ein Kostümfest vorkam – die englische Vokabel *Costume* ist ohnehin etwas weiter gefaßt. Man kann der amerikanischen Begleiterin also getrost ins Gesicht sagen, sie trage ein wunderhübsches *Costume*.

Das Blumenduo kostete ca. 10 Dollar, doch damit war es nicht getan. Wenn ich ein wahrer Kavalier gewesen wäre, hätte ich eine Limousine gemietet. Der Chauffeur würde uns abholen und zum Ballsaal in die Stadt fahren und auch wieder zurück kutschieren: 45 Dollar, Trinkgeld nicht inbegriffen. Bei 100 Dollar Taschengeld im Monat wurde ich bisweilen zum wandelnden Taschenrechner, besonders bei Ereignissen wie diesem. Wir waren bei 120 Dollar plus Trinkgeld für den Chauffeur. Als Notlösung könnte der männliche Part selber steuern und sein Auto benutzen, doch ich besaß leider weder Führerschein noch ein dem Anlaß gemäßes Auto. Nun wäre es ein unverzeihlicher Stilbruch, die Begleiterin nicht zum Essen einzuladen, welches gegen 6 pm, zwei Stunden vor dem offiziellen Ballbeginn, in einem vornehmen Restaurant Chattanoogas begangen werden sollte. Hier wußte Ian einen Ausweg: wenn sich das Mädchen bereiterklärte, *dutch* auszugehen, so würde jeder für sich bezahlen.

To go dutch heißt »holländisch ausgehen«, aber umgangssprachlich bedeutet *dutch* auch »deutsch«. Warum man damit die getrennte Bezahlung der Rechnungen verbindet, ist mir schleierhaft – vielleicht ein Zeugnis für typisch deutsche (holländische?) Gepflogenheiten während der Kolonisation des nordamerikanischen Kontinents?

Doch zurück zum Ablauf des Abends. An Unkosten war vorläufig alles zusammen, es sei denn Partner läßt sich mit Partnerin von *Mr Business* im Vorraum des Ballraumes ablichten, was üblich ist: billigstes Fotopack vier Dollar. Ich hatte das Rechnen nun doch aufgegeben.

Der Informationstalk mit Ian fand im März statt. Ich war zu dieser Zeit mit einer gebürtigen Mexikanerin namens Olga zusammen, und sie sprach mich auf den Abschlußball hin an, ein ganz ungewöhnlicher Vorgang. Verständnisvoll willigte

Olga ein, als ich sie bat, *dutch* auszugehen. Ihre Familie konnte sich neue Kleider für die beiden Töchter nicht leisten. Die Mutter wollte sie selbst nähen – alle paar Tage erzählte mir Olga vom Fortschritt der Arbeit, das Kleid sollte rosa werden. Eine Limousine benötigten wir auch nicht, da Olga das Auto der Eltern bekommen konnte. Es stellte sich aber später heraus, daß ihr aufgebauschtes Kleid zu weit abstand, so daß sie im Sitzen nicht unbehindert hätte lenken können. Aus diesem Grund sollte Olgas amerikanische Tante auf dem Weg zur *Prom* als Chauffeurin fungieren, ihre Schwester uns abholen.

Ursprünglich hatte ich geplant, mit Anzug zur *Prom* zu gehen – als Gastschüler hätte ich mir das vielleicht erlauben können –, doch ein Freund, dem ich am Vortag in der Schule von meinem Schicksal erzählt hatte, erklärte sich bereit, mir seinen *Tux* zu leihen. Als *Junior* wollte er erst im nächsten Jahr zur *Prom* gehen, auch wenn die 11.-Klässler schon jetzt eingeladen waren. So war ich überglücklich, als Kevin mir am Nachmittag den *Tux* brachte, sogar mit einer rosa Fliege, und mir zeigte, wie die Manschettenknöpfe zu bedienen waren.

Ehe spielen mit Olga

Für die Zeit der Vorbereitungen standen wir *Seniors* mal wieder im Mittelpunkt des Geschehens. Alle kümmerten sich um uns, *Juniors*, Eltern, Verwandte. Manchmal kam ich mir vor, wie jemand, der auf seine Hochzeitsnacht vorbereitet wird:

Olga bekommt als Mitgift ein Kleid, meine Gastmutter kauft für mich und Olga die Blumengestecke, Jimmy, ein guter Bekannter, gibt mir einen Zuschuß für das Abendessen, Kevin leiht mir den *Tuxedo,* meine Gasteltern gewähren mir schmunzelnd Ausgang »solange du willst«, und unsere Nachbarn sind mir beim Befestigen der elenden Fliegen behilflich. Und dann setzen alle dieses verschmitzte Lächeln auf, wenn sie mir »*Have fun tonight*« wünschen. Die *Prom* erschien mir als eine Art Abschlußprüfung in der »Generalprobe« *Life*.

Nachdem wir während der *Class Night* das Formelle (eskortieren, stillsitzen und applaudieren) bestanden und beim *Senior Banquett* unser Können in den Sparten Geselligkeit, Tischreden lauschen und vornehm essen bewiesen hatten, sollte nun anscheinend die wichtigste Reifeprüfung folgen: Ehe spielen. Alles in einem war gefragt: vornehm essen zu zweit, anschließend – stil- und taktvolle Bemerkungen zu den Roben der umhersitzenden Damen machend – die Partnerin präsentieren und schließlich den Abend langsam, eventuell intim ausklingen lassen.

Olga wurde von Tante und Onkel in einem gelben Riesenauto vorgefahren. Während ich pflichtbewußt ihr Kleid bewunderte, unterhielt sich meine Gastmutter mit der Tante. Wir machten noch einige Fotos von meiner Gastschwester, Olga und mir und setzten uns dann auf die Rückbank des Autos. *Mom* und Lara standen vor dem Haus auf der Treppe. Als wir in Richtung Stadt fuhren, winkten sie uns nach. Olga und ich wurden vor dem Restaurant *Loft* abgesetzt, wir beide wohl ein bißchen aufgeregt. Am 9. Mai schienen mehrere Abschlußbälle stattzufinden, denn ich sah neben Mitschülern aus Hixson auch noch andere Pärchen in Smoking und Kleid. Besonders gut sah ein Schwarzer aus, der einen weißen Frack mit langen Schwalbenschwänzen trug.

Ich aß eine Frühlingsrolle, Olga ein Steak. Um halb neun kehrte die Tante vom acht Meilen entfernten Hixson nach Chattanooga zurück, um uns die 1,5 Meilen vom *Loft* zur *City*

Dressing-up für die Prom

Hall zu fahren, wo sich der Ballsaal befand. Einige Pärchen standen im Freien, die meisten befanden sich jedoch in der Schlange vor dem Fotografen.

Die Tante hatte uns Geld für das Fotopack III mitgegeben, 20 Dollar, so daß wir nach 40minütiger Wartezeit, Händchenhalten, Lächeln und Blitz zufrieden in den großen Saal eintreten konnten: zumindest das Erinnerungsfoto war perfekt.

Statt Walzer Disco

Im Saal tanzten schon einige *Seniors* – nicht Walzer oder Foxtrott, wie ich ursprünglich erwartet hatte, sondern nach lockerem Discosound vom Plattenteller. Wir setzten uns zu Freunden an einen Tisch, ich aß Erdnüsse, und es begann das, was man gemeinhin unter der Bezeichnung »amüsanter Abend« zu verstehen pflegt. Der langsame *Class Song* »*That's what friends are for*« wurde des öfteren gespielt. Immer ein willkommener Anlaß, mit der Freundin die Tanzfläche zu entern, um sie dort, wie es sich für den echten Kavalier gehört, in starken Männerarmen zerschmelzen zu lassen. Dabei eckte ich häufig an den mittelalterlichen Röcken einiger Damen an, von denen manche am Boden bestimmt einen Durchmesser von 1,50 m besaßen.

Ich empfand die Szenerie bei weitem nicht so romantisch, wie sie hätte sein sollen, zumal ich einmal aus Versehen mit dem scharfen Absatz meines rechten Lackschuhs im weißen Rock einer Mitschülerin hängenblieb und mich erst nach einigem Gestolper von diesem befreien konnte. Sicherlich existieren in der Modebranche treffende Fachwörter und Adjektive für die auf dem Ball bevorzugte Kleidgattung. Die Worte »aufgebauscht, weit, plüschig, luftig, gefächert, breit, steif« mögen hier zur Veranschaulichung genügen.

Auf jeden Fall beteuerte ich meine Unschuld, doch der gut gewachsene Athlet an des Mädchens Seite hatte nur einen verachtenden Blick für mich übrig. Er signalisierte mir, daß ich meine Reifeprüfung nicht bestanden hätte. Gegen Mitternacht spielte zum wohl 10. und letzten Male der *Class Song*, die *Prom* war beendet.

Es ist wohl mehr das Drumherum, als diese vier Stunden selbst, welches uns *Seniors* dermaßen in den Bann zog. Die meisten saßen, wie ich, während der vier Stunden eher gelangweilt da; manche Pärchen kamen nur vorbei, um das Foto machen zu lassen. Da ich noch zwei Jahre (deutsche) Schule vor mir hatte, nahm ich die *Prom* vielleicht nicht ernst genug, erkannte nicht ihre Bedeutung als gewichtiges, traditionelles Ereignis, das in Verbindung mit den beschriebenen *Senior Activities* den Sprung ins Erwachsenenleben symbolisiert.

Der Mai war auch die Zeit der Geschäftemacher, die sich nun auf die Schulen stürzten wie ein Rudel hungriger Wölfe auf ein schwaches Schaf. Erinnerungsbüchlein, *Class Rings*, Einladungskarten, Namensschildchen, Talare, Briefpapier, Schlüsselanhänger, Kugelschreiber und Füller – eine wahre Bestellflut setzte ein.

Class Rings aus Weißgold

Die *Class Rings* waren mir schon während des Schuljahres aufgefallen. Ich hatte diese Variante des *Wildcat Pride* zum ersten Mal im Geschichtsunterricht bemerkt: mein pummeliger Tischnachbar trug immer einen dicken, schweren Ring um seinen wurstigen Ringfinger. Ich fragte ihn nach dem Prachtstück. Es handelte sich um den *Class Ring*: soundsoviel-karätiges Gold (wenn nicht gar pur) für 200 Dollar. Ich betrachtete das Teil. Unheimlich schwer, mit einem blauen Stein in der Mitte. Um diesen war ein *Mike Wildcats* erkennbar und an der Seite ein Golfschläger abgebildet, sein High School-Sport. Die Aufschrift gab unser *Graduation*-Jahr an. Gegen Ende des Jahres trug fast jeder einen solchen Ring, die Mädchen die leichtere Ausführung. Bei Kosten zwischen 50 und 300 Dollar, Weißgold oder Normal, ist der *Class Ring* ein beliebtes Geburtstags- oder Weihnachtsgeschenk vieler Eltern. Manche Schüler, die weiter auf ein College gehen, lassen den Ring einschmelzen und den College-Ring daraus herstellen, das gibt Rabatt.

Ich kaufte mir keinen *Class Ring* und bekam leider auch keinen geschenkt, doch neben dem *Yearbook* erhielt ich zu jener Zeit ein anderes schönes Erinnerungsstück: für eine *Graduation Fee* von 25 Dollar einen schwarzen Talar mit einer kleinen vergoldeten Plastikzahl am Reißverschluß und den »Doktorhut«, ein Viereck auf einem runden Käppi, und ein in den Farben der Schule gehaltenes schwarz-goldenes Bommelchen. Das waren also *Cap and Gown,* für die wir einst im *Homeroom* Kopfumfang und Körpergröße gemessen hatten. Noch heute ziehe ich diesen Talar gelegentlich zum Fasching oder Theaterspielen an, als Missionar oder Herr Professor Doktor. Das Material des schwarzen langärmeligen Umhangs ist zwar billig und dünn, doch zusammen mit dem Hut ein schönes Andenken.

Im Talar vor 2000 Zuschauern

Die *Graduation* in ihrer sozialen Bedeutung ist im weitesten Sinne vergleichbar mit der Konfirmation bei uns. Schon Wochen im voraus wurden die Einladungen verschickt, kamen Rückantwortkarten, Absagen, Gratulationen, Geld. Am 20. Mai konnten wir noch einmal ausspannen beim *Senior Picnic* am Seeufer bei strahlendem Sonnenschein. Der 21. Mai stand dann ganz im Zeichen des Abschlußzeremoniells.

Morgens um acht trafen wir uns in einem großen Auditorium, das von der Schule angemietet worden war. Die Talare mußten wir noch nicht tragen, lediglich das Aufstellen und In-den-Saal-Marschieren wurde geübt. Der Schulleiter erläuterte kurz den Ablauf des Abends und erinnerte uns daran, daß es sich um eine ernste Sache handele. Freudenschreie und Schabernack während des Zuges über die Bühne seien verboten, man müsse die High School vor dem Verfall von Tradition und Ansehen bewahren und dürfe sie vor den Augen des *Superintendent* (Schulrat) nicht lächerlich machen.

Abends um 19.30 Uhr trafen wir uns wieder, diesmal frisch gekämmt, mit weißem Hemd und Schlips unter dem Talar. Meine Gasteltern saßen zwischen 2000 weiteren Freunden, Verwandten und Bekannten der abgehenden Seniors auf den Tribünen des Saales. Zu »*America, the beautiful*« schritten wir langsam und würdig von beiden Seiten der Halle in die Stuhlreihen und blieben stehen, bis das anschließende Gebet – Hut ab! – zu Ende gesprochen war. Es folgten Reden, Glückwünsche, Preise, darunter 5000 Dollar von *Mr Business,* diesmal dem Vorstand einer der Schule verbundenen Süßigkeitenfabrik. Das Geld ging an Mrs Hurley, die im April in einem geheimen Wahlgang von uns Schülern als beste Lehrerin gewählt worden war. Im Gedenken an eine verstorbene Verwandte und mit blumigen Worten zu Erziehung und Bildung verkündete der Mann das Ergebnis.

Jetzt kamen die fünf Schüler und die Schülerin an die Reihe, die Ehrenplätze auf der Bühne hatten: Schülersprecher, *Class President, Valedictorian,* und noch zwei. Sie richteten

Mitglieder des Beta Club bei der Graduation

zu den Begriffen »Wunsch, Entscheidung, Herausforderung, Zielsetzung, Verpflichtung und Erfolg« einige Worte in Form kurzer Reden an uns. Paul Jullienne, der Schüler mit dem 4,0 Notendurchschnitt, sprach als letzter, Stichwort »Erfolg«.

Im Anschluß wurden alle Schüler namentlich aufgerufen, und in 10 Meter Abstand schritt jeder einzeln über die Bühne. Am linken Ende nahm der stellvertretende Schulleiter die *Diploma* von einem großen Stapel, während sein Vorgesetzter sie mit einem Händeschütteln an die Absolventen weiterreichte. Ich hielt in der rechten Hand eine Gabel, die zwei Schüler im voraus verteilt hatten.

Gabeln für den Schulleiter

Es war nämlich üblich, dem *Principal* während der Feier etwas in die Hand zu drücken. Im letzten Jahr hatte man bunte Schokoladensmarties gewählt, so daß die Handfläche des Rektors mit jedem Händedruck bunter aussah und schließlich ein geschecktes Schokoladenmuster aufwies. In meinem Schuljahr waren nun laufend Metallgabeln aus der Cafeteria verschwunden, weshalb auf Plastik umgestellt werden mußte. Viele hielten nun eine dieser *Forks* unter dem Ärmel des Talars versteckt, und tauschten sie auf der linken Bühnenseite gegen das Diplom aus. Der Schulleiter gab das Besteck dann möglichst unauffällig an den Stellvertreter weiter, der sie mehr oder minder heimlich neben den Dokumenten auf dem Tisch aufhäufte – schließlich geschah alles vor den Augen von über 2000 Anwesenden und nur fünf Meter entfernt von der Videokamera eines *Mr Business*, der das Video auf Bestellung vervielfältigen und für je 19,95 Dollar verkaufen würde.

»... *Drema Randolph, Max Rauner, David Rawiszer* ...«, ich ging die fünf Stufen hoch, hastete etwas schnell über die Bühne, um am anderen Ende – nach einem kurzen Mißverständnis, ob die Gabel mit links oder mit rechts, ob erst die Gabel, dann Diplom, dann Handschlag oder umgekehrt – das

Dokument entgegenzunehmen. Der gestreßte Schulleiter fauchte: »Erst das Diplom«, lächelte dann, es blitzte: der Fotograf lichtete jede Aushändigung ab; ich hatte das Fotopack I für vier Dollar bestellt. Jetzt durfte ich das schwarz-gelbe Bommelchen meines Hutes von links nach rechts hinüber schwenken: collegebefähigt. Treppe runter, wieder hinsetzen.

Zum Schluß wurde dem *Superintendent* vom Schulleiter symbolisch die andächtig stehende Abschlußklasse präsentiert. Kaum war das letzte Wort des Hixson High School-Gebets gesprochen, da flogen Hunderte von schwarzen Kappen synchron zu einem einzigen Freudenschrei von 346 jubelnden *Seniors* in den Saal. Ein Lebensabschnitt lag hinter uns, jetzt konnten wir wie die Filmstars im Fernsehen erzählen: »*Oh yes, when I was in High School ...*« Tatsächlich findet man diese Einleitung für Anekdoten oder Erzählungen häufig in den Serien des US-Fernsehens.

Trotz der fröhlichen Stimmung flossen einige Tränen: für uns war eine Zeit des Zusammenhalts vorbei, ein Abschnitt des *Fun*, des *Wildcat Pride*. Das Erwachsensein sollte beginnen, das war uns während der Initiationsriten der 12. Klasse oft genug erklärt worden. Doch nur wenige Lebensläufe werden wohl so verlaufen, wie der *American Dream* es vorsieht, und wie jeder auf Seite 221 des *Hixson Yearbook* meiner Abschlußklasse nachlesen kann: Wunsch, Entscheidung, Herausforderung, Zielsetzung, Verpflichtung, Erfolg.

Geschafft: mit Talar und »Doktorhut« nach der feierlichen Zeremonie im Schulteich

KAPITEL 10

Kuckucksuhren in Obergatlinburg

Wo liegt Deutschland?

»Hier?« fragte mich eine 18jährige Mitschülerin und deutete mit dem Zeigefinger auf Zentralafrika. »Quatsch, viel weiter rechts«, meinte ihr Freund, der auf Rußland tippte. Es kam durchaus nicht selten vor, daß sich meine Klassenkameraden bei der Deutschlandortung derart auf der Weltkarte verirrten, aber: »Dein Land ist ja auch klein.« Als ich am Abend mit meinen Gasteltern vor dem Fernseher saß, erzählte ich ihnen von meinen Erfahrungen mit dem weißen Blatt, auf das ich die Umrisse der Erdteile, Staaten und Ozeane gezeichnet und in der Schule Freunden mit der Bitte vorgelegt hatte, mir einmal die Bundesrepublik Deutschland zu zeigen – *»just for fun«*.

Mein Gastvater lächelte verständnisvoll, meine Gastmutter guckte weiter auf die Mattscheibe. Daraufhin holte ich das Papier aus meiner Mappe und stellte auch Martha die Frage nach meinem Heimatland. Sie setzte ihre Brille auf, und es war ihr sichtlich peinlich, Deutschland auch mit Sehhilfe nicht ausfindig machen zu können: *»Oh god, I have no idea.«*

Sie lachte, Japan könne sie mir zeigen, aber Deutschland so auf Anhieb?! Ich war, ehrlich gesagt, ein bißchen verblüfft. Zwar hatte in der Schule gut die Hälfte der Leute z.T. auf die entlegensten Gebiete des Globus' getippt, doch Martha vermittelte schließlich deutsche Gastschüler. In den fünf Monaten, die ich mittlerweile bei ihr wohnte, waren es schon über 10 gewesen; und sie wußte nicht einmal, wo die Mädchen und Jungen herkamen, die sie in Chattanooga in Empfang nahm.

»Ist Bayern auch Deutschland?«

Es war interessant, was die Menschen in meiner Umgebung immerhin fast fünf Dekaden nach Kriegsende von den Deutschen dachten und wußten, welche Klischees bei den Schülern dominierten. Aber auch bei ehemaligen Soldaten. Um mehr darüber zu erfahren, fuhr ich in den Weihnachtsferien (*Winter Break*) mit zwei Freunden in einen bayrisch gestylten Ort, dessen Bewohner hauptsächlich vom Tourismus lebten. In der Dorfmitte gab es eine kleine Fußgängerzone.

Die verzierten Häuser waren mit Fachwerkmuster bemalt, und selbst McDonalds hatte sich Blumenkästen an die Fenster gehängt. Die Schaufensterauslagen und -bilder machten meinen Freund Russel denn auch prompt glauben, »da drüben« wimmele es von jodelnden Lederhosenbubis, die mit vollbusigen Trachtenmädels über Bayerns grüne Almwiesen tanzen. »Gehört Bayern eigentlich auch zu Deutschland?« fragte er mich.

In den Läden von Obergatlinburg standen die beliebten Importe auf den Regalen: Nußknackersoldaten, Kuckucksuhren (*Cuckoo Clocks*) und Steinkrüge (*Steins*), alles *Made in Germany*. Ich lernte aus dieser Erfahrung und ließ meiner Gastfamilie von meinen Eltern zu Weihnachten einen Nußknacker schicken.

Im *Old Heidelberg*-Restaurant bekamen wir Sauerkraut und »*Francforters*«, serviert von einer bayrischen Kellnerin, garantiert echt. Im Hintergrund Tonbandgejodel. Doch auch in Chattanoogas Supermärkten gab es Nahrung von den deutschen Krauts. Da wäre zum Beispiel das *German Pumpernickel,* braungefärbtes Weißbrot, oder auch der Kartoffelsalat für die Mikrowelle. Was bei den Leuten von Bayernimitationen, Nachrichten und Reisen im Gedächtnis blieb, das hängt oft sehr vom Alter ab.

Ein ehemaliger Soldat erinnerte sich an die vielen Hühner, die zu seiner Zeit, 1952, immer mit im Zug fuhren. Meine Mitschüler erkundigten sich am häufigsten nach Autos, Tempolimits und Bierb(r)äuchen. Am meisten hatten sie von den legendären Oktoberfesten gehört, in jenem Lande, wo man bereits ab 16 *Beer* trinken darf, fünf Jahre früher als in Tennessee. Große Augen gab es bei den Stichworten Mercedes, Porsche oder BMW, die nach Belieben über deutsche *Autobahns* rasen dürfen. In Tennessee – wie in den meisten US-Staaten – beträgt das *Speed Limit* sogar auf den *Interstate Highways* 65 mph (*miles per hour*), ca. 104 km/h.

Deutschlandbild dank Video

Von Hitler und den Nazis hatte bestimmt jeder 10.-Klässler der Hixson High gehört. Das lag aber wohl weniger am Geschichtsunterricht, der endete sogar bei uns in der 12. Kursstufe mit der 2. Marneschlacht, Juli 1918. Vielmehr tragen die zahlreichen Horrormovies auf den Regalen der Videotheken über Naziverbrecher und eine Menge »Heil Hitler« schreiender Menschen ihren Teil zum amerikanischen Deutschlandbild bei. Die hohen schwarzen Stiefel einer Bekannten hatten denn auch ihre Bezeichnung aus einem Film: *German Boots,* weil sie die SA mit ähnlichem Schuhwerk auf Video hatte marschieren sehen. Ich fragte eine Mitschülerin, wieviele Nazis sie denn noch in Deutschland vermute: »Na ja, so 35%.«

Doch aus solchen Antworten, die auch nicht die Regel waren, läßt sich keineswegs ein tiefer Deutschenhaß ableiten.

Anders als in England bemerkte ich bei den US-Amerikanern keine spezifische Distanz oder Zurückhaltung, keine Vorurteile mir gegenüber. Das lag wohl auch daran, daß man im Fernsehen ab und an etwas über den treuen NATO-Partner Deutschland (im Gegensatz zu den »arroganten« Franzosen) und *German Chancellor* Helmut Kohl hörte. Außerdem haben die Wenigsten Verwandte oder Freunde im Krieg gegen Hitler-Deutschland verloren, ein wesentlicher Unterschied zu England oder Rußland. Hinzu kommt, daß viele US-Bürger deutschstämmige Vorfahren besitzen. Aussagen wie »Oh yes, ich bin zu einem Achtel deutsch« sind keine Seltenheit.

Die beiden Footballer, die mich im Englischunterricht zu necken pflegten, fingen nach einer Kennenlernphase an, meine patriotische Ader zu suchen: »Ätsch, ihr habt zwei Kriege gegen uns verloren.« Umso verunsicherter waren die beiden, als ich ihnen versicherte, daß ich darüber sehr froh sei. Ähnlich in Geschichte: ich erntete eher bemitleidende Blicke, wenn die Weltkriege zur Sprache kamen. Die beiden Tischnachbarn in Englisch änderten daraufhin ihre Taktik um 180 Grad: »Heil Hitler«, flüsterte Steve mir manchmal zu und streckte den Arm in die Luft, Mike lachte. Steve wurde es bald leid, den Arm in die Luft zu strecken: er wollte nicht mehr über den Hintergrund dieser Geste reden müssen.

Die Einstellung gegenüber Hitler – bei den Schulmilitärs war vor allem der »Blitzkrieg« ein Begriff – verstörte mich oft.

Ein anderes Beispiel: In Physik (!) diskutierten wir über Homosexualität. Nach zwei Minuten galt ich (und damit die Hälfte der männlichen deutschen Bevölkerung – die andere Hälfte ging in Gestalt von Ingo auf die Nachbarschule) als schwul, weil ich für Toleranz gegenüber den *Gay People* eintrat. Ein Schüler bemerkte, man solle die Schwulen am besten umbringen, und als ich sagte, das habe Hitler auch getan, antwortete er: »Richtig so, toller Mann.« Dies ist allerdings ein extremes Beispiel. Gewöhnlich wurde das Thema »Nazis« kaum angeschnitten.

Ich hatte falsch in der Annahme gelegen, die Schüler verstünden vor dem Hintergrund der deutschen Geschichte meine Kritik am Patriotismus, meine Abneigung gegenüber Nationalhymnen und Hand aufs Herz, meinen Widerwillen gegen Reden wie: »Warum ich stolz bin, Amerikaner zu sein« und mein Grauen vor Militärparaden. Zum Glück bemerkte ich sehr früh, daß diese Haltung wegen fehlender Kenntnis der deutschen Vergangenheit bei meinen Gesprächspartnern kaum auf Verständnis stoßen konnte. Umgekehrt mußte ich selbst lernen, so etwas wie *Patriotic Pep Rallys* und andere, mir ungewöhnlich erscheinende Gepflogenheiten aus der amerikanischen Geschichte heraus zu begreifen.

Die Deutschen: fleißig, ordentlich, kleinlich

Das lückenhafte Deutschlandbild führte zu manchem Mißverständnis. Die ehemalige Teilung Deutschlands war z.B. vielen ein völlig neuer Aspekt: »Aha, bist du denn im Nord- oder Südteil geboren«, fragte da schon mal jemand. Die Mitglieder der Luftwaffenkurse waren sich beim Thema Deutschland und Europa einig: »Wir helfen euch bei Aggressionen und Problemen im Osten, speziell gegen die Russen«, lautete der Tenor, als sei der Kalte Krieg noch in vollem Gange.

Die meisten businessinteressierten Erwachsenen, die ich kannte, sahen die *West Germans* – Stichwort: Autoimport – als ein fleißiges, wenn nicht gar arbeitswütiges Volk. Und bei der Schulerziehung stehe Deutschland ja auch gleich hinter Japan. »Wir mögen smarte Leute«, verriet mir eine Hausmaklerin. Mein 21jähriger Gastbruder äußerte sich dagegen etwas verbittert: »Erst helfen wir euch nach dem Krieg, und jetzt macht ihr uns Konkurrenz.«

Bumm Bumm-Boris, den ich im Fernsehen häufiger für Rolexuhren oder Pumaschuhe werben, als Tennis spielen sah, war das Vorbild einiger Tennis-Asse meiner High School. Auch bei Älteren genoß er Popularität. Als er allerdings in Australien mal auf den Tennisplatz spuckte, befürchtete ich schon, es sei um sein (und Deutschlands?) Ansehen geschehen. Ich konnte zumindest an der Hixson High noch einiges retten, indem ich versicherte, daß man bei uns gewöhnlich nicht auf Tennisplätzen herumspuckt.

Als Gastschüler wurde ich oft in die schwierige Lage gedrängt, »den Deutschen« zu skizzieren, Pauschalurteile zu fällen. Das ist mal ganz interessant und regt auch zum Nachdenken über eigene Verhaltensweisen an – »Ordnungsfimmel, kleinlich, pingelig und akkurat« sind einige Stereotypen. Doch in der Regel war ich froh, wenn in den Kursen, vor denen wir Gastschüler bisweilen über unsere Heimatländer erzählen sollten, ehemalige Deutschlandbesucher saßen. Das lockerte die Atmosphäre auf. Ein Mädchen erinnerte sich erstaunt an die Kulturbanausen, die ihr in Restaurants nie Eiswürfel gaben – »Ihr trinkt die Cola ja warm ...« – und Wasser immer sprudelnd servierten. In Chattanoogas Lokalzeitung schrieb ein Reporter bemitleidend von *Attractive Frauleins,* welche die Nachrichten des »primitiven Fernsehprogramms« noch vom Blatt ablesen müßten.

Insgesamt hatte ich den Eindruck, daß die älteren Amerikaner in meiner Umgebung die Geschehnisse in Europa relativ genau verfolgten, während der Großteil der High School-Generation in Hixson eher Desinteresse zeigte, wozu die Medien sicherlich ihren Teil beitrugen. Sendungen wie *Dallas* oder *Miami Vice* hatten auch in Chattanooga die höchsten Einschaltquoten.

KAPITEL 11

Drei Fahrstunden für den Führerschein

Der amerikanische Führerschein wird von vielen deutschen Gastschülern anvisiert. Das haben auch die Sprachreiseorganisationen bemerkt, die diesem scheckkartengroßen »Ärgernis« mit bis zu einer Seite Text und gesonderten Unterschriften in den Bewerbungsunterlagen »zu Leibe« rücken. Zu oft hatte es Querelen mit Schülern aus fremden Ländern gegeben, die mit der neu erworbenen Fahrerlaubnis erst einmal das Auto ihrer Gastfamilie schrottreif gefahren haben. Bei einigen Organisationen ist der Erhalt der Fahrerlaubnis deshalb völlig ausgeschlossen, andere knüpfen das Pkw-Fahren in den USA an Bedingungen und wiederum andere benutzen ihre liberale Führerscheinregelung als Werbung.

UNEX erlaubte in diesem Jahr den freien Führerscheinerwerb zum letzten Mal, so Präsident Nigel beim Einführungstag in New York. Kommende Gastschülergenerationen sollten das begehrte Kärtchen, das übrigens in den USA auch als Ausweis benutzt wird (Personalausweise existieren in vielen Staaten gar nicht), gleich nach Erhalt bis zur Rückreise der Organisation aushändigen. Meine Eltern hatten noch die Gelegenheit zu unterschreiben, daß ich zwar nicht das Vehikel meiner Gasteltern fahren dürfte, jedoch Fahrunterricht in der High School oder einer privaten Fahrschule nehmen dürfte. Im Grunde hatte ich gar nicht die Absicht, auf US-amerikanischen Straßen einen dieser riesigen Blechschlitten zu lenken. Aber ich wußte, daß man die amerikanische Fahrerlaubnis in Deutschland überschreiben lassen konnte, so daß die teuren Fahrstunden zu Hause nicht anfallen würden. Die genauen Bestimmungen kannte ich nicht*).

(*) Alle Details und zur Zeit (1999) gültige Reglungen stehen auf Seite 220f

15 Dollar Prüfungsgebühr

Nach vier Monaten in Hixson sah ich mich dann doch nach einer Möglichkeit um, den Schein zu bekommen. Wenn ich meinen Freunden Glauben schenken konnte, waren die Aussichten verlockend: einfach zur *High Way Patrol Station* fahren und mit einem Automatikauto einmal um den Häuserblock fahren – Prüfungsgebühr 15 Dollar. Das Mindestalter liegt bei 16 Jahren, im Ausnahmefall, z.B. bei Behinderung der Eltern, gehen die Behörden auch schon mal auf 14 runter. Dementsprechend hoch sind jedoch die Unfallraten bei Jugendlichen, da helfen anscheinend auch keine 65 *mph* Geschwindigkeitsbegrenzung. Eine Mitschülerin starb an einem Autounfall, mein Freund Eddie hatte zwei Wochen nach dem Test den ersten Unfall und mußte sich drei Monate mit einem Schultergestell und vier Schrauben im Kopf bewegen.

Fahren wollte ich in den USA nicht, nur gern das Geld für die deutsche Fahrschule sparen. Es gab folgende Alternativen:

1. *Driver's Education*. Dabei handelt es sich um den Kurs in der Schule. Ich hätte als Pflichtkurs ein halbes Jahr *Health* belegen und mich in die Warteliste für den Fahrsimulator eintragen müssen. Das klang mir zu umständlich, und Zeit für ein halbes Schuljahr »Gesundheit« hatte ich auch nicht.
2. *Private Driving School,* die private Fahrschule. Hier kostet eine Ausbildung plus Führerschein 200-600 Dollar, diese Möglichkeit zog ich also gar nicht erst in Betracht.
3. *Driver's Training*. Diese Alternative war finanziell und zeitlich am günstigsten. Ich würde mir bei der *High Way Patrol* für zwei Dollar die sogenannte *Learners Permit* ausstellen lassen, ein Kärtchen für Lernende, die nur fahren dürfen, wenn ein Führerscheininhaber über 18 mit im Wagen sitzt. Nach einiger Praxis im Straßenverkehr und Studium der 50seitigen Verkehrsbroschüre *Tennessee Driver's Handbook* hätte ich nach einem bestandenen Seh-, Fahr- und Theorietest das Kärtchen in der Hand gehabt.

Ein Auto mit automatischer Gangschaltung zu fahren, schien mir kein Problem; der *Stick-Shift* (manuelle Schaltung) war zumindest in Chattanooga in der Minderheit. Nach einem bestandenen Test würde ich dann jedoch beide fahren dürfen.

Ein Freund hatte mir bereits angeboten, mich mit seinem Truck in die Geheimnisse des Autofahrens einzuweihen, und so fragte ich zuhause nach einer Erlaubnis. Es war verständlich, daß meine Gastmutter als pflichtbewußte Koordinatorin ablehnte, zumal sie meinen Freund und dessen Zuverlässigkeit nicht kannte. Als Jimmy, der Gastvater von Doris aus Bonn, anbot, seinem japanischen Gastschüler Tacu und mir das Fahren auf einem Schulhof beizubringen, willigte Martha ein. Bei strahlendem Sonnenschein erklärte uns Jimmy dann im Februar während meiner ersten Fahrstunde, wie mit den beiden Pedalen umzugehen war. Ich lernte es relativ schnell. Tacu hatte bei unserer ersten kleinen Tour um den Häuserblock der ruhigen Wohngegend noch etwas Schwierigkeiten mit dem Abbiegen – in Japan fährt man links.

Nach meiner zweiten Fahrstunde meinte Jimmy, man könne schon mal die *Interstate* (Autobahn) probieren und in der nächsten sagte er, ich könnte jetzt den Test machen. Ich wußte zwar noch nicht einmal, wo der Rückwärtsgang saß, geschweige denn der Lichtschalter, doch es schien, als sei der praktische Fahrtest wirklich nicht so schwer. Als wir einige Tage später die Polizeistation betraten, war die Auskunft der Frau am Tresen eher entäuschend:

Ausländer unter 18 bräuchten für den Test den Personalausweis, die Einverständniserklärung der Gasteltern, sowie eine spezielle Autoversicherung für das Fahrzeug, das als Prüfungswagen dienen sollte. Doris, die bereits 18 war, mußte tatsächlich nur eine Strecke von 200 Metern abfahren. Sie bestand anschließend den Theorie- und Sehtest, zahlte 15 Dollar und bekam das Kärtchen zugeschickt. Jimmy wollte für Tacu das spezielle Versicherungsformular anfordern, ich guckte dumm.

Meinen neuen Gasteltern war die Sache zu suspekt, Autoversicherungen drücken aufs Portemonnaie. Wird ein Jugendlicher mitversichert, dann schießt die Prämie in die Höhe. In meinem Fall schien die Regelung noch komplizierter. Jimmy und Betty mußten z.B. keinen Cent mehr bezahlen, weil es sich nicht um eine Mitversicherung handelte, doch so ganz verstanden habe ich das Problem ehrlich gesagt nicht. Um das Verhältnis zu meiner zweiten Gastfamilie, wo ich ohnehin noch auf »Probezeit« war, nicht unnötig zu strapazieren, ließ ich das Thema unter den Tisch fallen.

KAPITEL 12

Familienwechsel

Im Februar erfolgte mein (erster und einziger) Familienwechsel. Meine Gastfamilie, die Dents, plante seit Dezember, in die Innenstadt zu ziehen und so hatten sie mich vor die Alternative gestellt: mitziehen oder Familienwechsel. Wir verstanden uns hervorragend, obwohl Kenneth ein erzkonservativer Republikaner war. Martha, eher unpolitisch, guckte zwar immer mit uns die Nachrichten, aber sobald sie Soldaten an deren Tarnuniform zu erkennen glaubte, fragte sie ihren Mann: »*Are they good or bad?*« Kenneth II, mein 18jähriger Gastbruder, pflegte zu sagen: »Ich habe nichts gegen Schwarze, aber in den USA gibt es doch schon so etwas wie eine Diskriminierung gegen Weiße«.

Was religiöse Fragen betraf, hatten wir ziemlich konträre Standpunkte, zumal ich mich weder für den Himmel noch für die Hölle so recht begeistern mochte, während Kenneth und Martha alle ihre vier Töchter auf das *Bible College »Temple University«* geschickt hatten, wo Kenneth I biblische Sprachen lehrte. Wenn wir uns trotzdem nicht alle fünf Minuten wegen Gott und der Welt die Köpfe heiß stritten, so deshalb, weil wir uns selten sahen und Diskussionen aus dem Weg gingen. Ich kochte mir mein Mittag oft allein, weil Kenneth, Martha und Jonathan meistens erst gegen 6 pm nach Hause kamen und gegen 8 pm dann ihr Eßgebet vor dem Fernseher aufsagten. Die gemeinsamen Familienaktivitäten beschränkten sich auf die Feiertage und die Kirche, Fernsehen einmal ausgeklammert.

Da ich bereits nach zwei Wochen USA meinen Verzicht auf drei mal drei Stunden Gotteshaus pro Woche erklärt hatte, verlief die Beziehung daher nicht so innig, wie man sich hätte wünschen können, nichtsdestoweniger freundschaftlich und tolerant. Ich hatte damit keine Probleme und auch Martha betonte immer wieder, ich solle viel Abwechslung haben, und sie bedauere es, daß sie so wenig Zeit für mich hätte. Oft arbeiteten beide nach Feierabend noch bis spät in die Nacht in ihrer Koordinatorenfunktion.

Dennoch wurde meine Entscheidung, lieber die Familie zu wechseln, als mit nach Chattanooga zu ziehen, wo ich zudem eine neue Schule hätte besuchen müssen (womöglich Jonathans *Bible High School*), auch durch den Wunsch beeinflußt, als vollintegriertes Mitglied einer Familie zu leben, während ich bei den Dents das Gefühl des in Vollpension wohnenden Beobachters nicht recht loswerden konnte. Das lag natürlich in erster Linie daran, daß ich mich mit den vielen religiösen Aktivitäten, die eine große Rolle im Leben einer fundamentalistischen Baptistenfamilie spielen, nicht so recht identifizieren konnte.

Trotzdem möchte ich die sechs Monate bei den Dents nicht missen. Wo sonst hätte ich die Lebens- und Denkweise von Amerikas angeblich über 50 Millionen Fundamentalisten, von den Antikommunismus und Konservativismus predigenden Republikanern besser kennenlernen können, wenn nicht als zeitweiser Sohn eines konsequenten Professors der biblischen Lehre. So gingen wir denn harmonisch auseinander mit den Versprechungen, Kontakt zu halten und meiner Versicherung gegenüber dem traurigen Jonathan, noch ein paar Mal zum Pizzabacken nach Chattanooga zu kommen.

Meine neue »Mutter« ist Deutschlehrerin

Meine neue »Mutter« stand schon lachend in der Tür, als wir mit den Umzugskartons im Kofferraum am Valentinstag die Einfahrt heraufrollten. Das Haus war groß, viel größer als mein ehemaliges, und ich konnte gleich ein Zimmer im ersten Stock beziehen. Doch in meinem neuen Zuhause wohnte ich erstmal auf Probe. Ursprünglich wollte meine Gastmutter II, die Deutschlehrerin der Hixson High, mich nur für einen Monat aufnehmen, bis ich eine neue Familie gefunden hätte.

So lautete zumindest die Abmachung, als sie sich auf meine Anfrage im Januar, ob ich bei ihr wohnen könne, mit Mann und Tochter (13) beraten hatte. Denn Gwen, die ich bald »*Mom*« nannte, blickte auf weniger gute Erfahrungen mit einer Gastschülerin zurück. Im Haus gegenüber wohnte der deutsche Gastschüler Ingo *(Red Bank High School)*, den sie bezüglich der Unterrichtsvorbereitung in Deutsch gelegentlich konsultierte. »*Mom*« würde wenig Zeit haben: Sie arbeitete hauptberuflich als Psychologin in einem Therapiezentrum und zwei weitere Stunden täglich in der Schule. Doch zunächst war ich froh über diese vorläufige Bleibe.

Tragische Familienwechsel

In anderen Familien liefen die Wechsel oft wesentlich turbulenter ab, zum Teil regelrecht tragisch. Als Gastsohn von Gebietsrepräsentanten hatte ich an der Quelle der Informationen gesessen, zumal Martha mir bisweilen ihr Herz ausschüttete, wenn einer der Schüler aus Japan oder Deutschland mal wieder Probleme machte. Es kam dann schon mal vor, daß ich meinen Raum für eine Nacht teilen mußte, und als Seelentröster oder Wutventil fungierte, wenn ausländische Schüler ihrem Heimweh oder Ärger Luft machen wollten.

Zuerst kam Henrik. Er lebte bei einem Mexikaner, dessen Mitbewohner dem Deutschen recht unheimlich war, weil der angeblich immer einen Colt und Marihuana bei sich trug. Kenneth fragte nicht viel, fuhr in das zwei Stunden entfernte Cleveland, und schon am nächsten Tag hatte sich eine neue Familie für den deutschen Jungen gefunden. Die übrigen Wechsel, die ich miterlebte – nicht wenige – verliefen zum Großteil so, daß die Gastschüler bereits eine neue Familie gefunden hatten, bevor sie die Koordinatorin Martha anriefen. Dramatisch ging es beim Familienkrach von Heiner zu, der nach einem Monat USA in die Familie eines Freundes überwechselte: seine Gastmutter habe ihn im Streit »SS-Mann«

genannt, Heiners Reaktion: »*Shut up*«. Der Vater war traurig, als wir seinen Gastsohn abholten; er entschuldigte sich dauernd bei Martha. Für UNEX eine weitere Gastfamilie ade.

In der Schule lernte ich zwei Dänen einer anderen Organisation kennen, einen Jungen und ein Mädchen. Beide brachen den Aufenthalt ab und flogen zurück nach Hause; das Mädchen schon nach drei Wochen mit der Begründung, sie habe die soziale Ungerechtigkeit, die Armut, den Anblick der Obdachlosen nicht ertragen können. Der Junge nach drei Monaten: Heimweh. Die Japaner waren entweder unkomplizierter und bescheidener als die Deutschen, oder ihre Familien waren perfekt – auf jeden Fall erzählte Martha nur von einem Fall, in dem ein japanisches Mädchen wechseln wollte, nicht wegen der Familie, sondern wegen der Abgelegenheit ihres Wohnhauses. Ein »interessanter Fall« war die Beziehung zwischen den Berrys (Jimmy und Betty) und ihren beiden Gastschülern Tacu aus Japan und Doris aus Köln.

Ich besuchte die Familie in Chattanooga oft, weil sie sehr unternehmungslustig war. Wir fuhren in ihrem Kleinbus zusammen zu Nationalparks und anderen Sehenswürdigkeiten im Umkreis von 200 Meilen, in den Osterferien sogar eine Woche nach Washington DC. Während der Schulzeit nahmen die Berrys Doris und Tacu mit nach *Disney World* – eine Gastfamilie, wie sie im Prospekt steht. Doris schwärmte anfangs, trotz der kirchlichen Schule, wo sie keine Jeans tragen durfte. Tacu war von Anfang an zufrieden. Während Doris, stolze »Motorradfanin«, sich nicht für die Aktivitäten der Mädchen ihrer kleinen, 200 Schüler zählenden Schule begeistern konnte, war Tacu bald angesehenes Mitglied des Ringerteams. Als Doris einen Schwarzen – anläßlich einer Verabredung zum Tennis – für einen Augenblick mit ins Haus brachte, und »auch noch kurze Hosen anhatte«, wie eine Nachbarin mir mit hochgezogenen Brauen einmal flüsternd verriet, da war es mit der in kleinen *Communities* so wichtigen Harmonie zwischen Doris und der weißen Nachbarschaft vorerst vorbei. Die

Vorstellungen der Berrys, die auf dem Foto der Bewerbung ein Mädchen mit hübscher Zopfschleife gesehen hatten, waren arg entäuscht worden. Trotzdem mußte man sich aufeinander einstellen: Gastschülergebot Nummer eins für beide Seiten. Doris bastelte mit Jimmy an Autos herum, Betty hielt sich dagegen mehr an Tacu, dem sie zu Weihnachten einen *Class Ring* schenkte – Grund für Doris, sich benachteiligt zu fühlen. Wenn ich zu Besuch war, dann meckerte Doris über Betty, zwei Minuten später Betty über Doris.

Die Gastfamilie als Hotel

Nach sechs Monaten kaufte sich Doris ein Auto und wechselte die Schule. Doch auch in der *City School* wurde sie nicht richtig akzeptiert. Im Haus ihrer Gasteltern trieb sie die Entfremdung voran, indem sie ein kleines Hotel daraus machte: im Winter kommt Doris' Schwager für zwei Wochen, wir fahren in die Smoky Mountains. Sie wünscht sich, mit ihm und Jimmys Kleinbus nach Florida zu fahren, der Schwager fährt allein. Im Frühling kommt eine Freundin. Im Sommer wollen die Eltern Doris abholen und mit ihr und den Berrys durch die USA reisen. Die Beziehung zu den Berrys verschlechterte sich, es bildeten sich zwei Fronten.

Als die deutsche Freundin wieder abgereist war, sah es ganz schlecht aus. Jimmy versuchte zu vermitteln, Doris hackte auf Tacu herum und umgekehrt.

Die Kölnerin wehrte sich sichtbar gegen die fremde Kultur, was die Berrys und andere Amerikaner in ihrem starken Nationalstolz natürlich verletzte. Wenn Jimmy uns eine Sehenswürdigkeit, ein Essen oder etwas anderes *American* präsentierte bzw. erklärte, dann hieß es, kaum daß er ausgeredet hatte: »Das haben wir in Deutschland auch« oder »Das ist in Deutschland viel besser«, »Wir in Deutschland ...«. Wenn ich Doris darauf aufmerksam machte, verteidigte sie sich stolz: »Ich sage nun einmal, was ich denke, so bin ich.«

Die Reaktion ist verständlich, denn dieser Grundsatz war der einzige, an den sie sich noch klammerte. Der Versuch, Deutsch zu sprechen, wann immer es ging, war Ausdruck einer Verweigerung, die erstaunlicherweise erst nach neun Monaten den Familienwechsel auslöste. Der kam ohne besonderen Anlaß. Das Englisch von Doris war selbst zu dieser Zeit relativ schlecht; ich war erstaunt, nach welch einfachen Vokabeln sie mich fragte; die Ablehnung der Kultur hatte bei ihr eine regelrechte Lernsperre verursacht. Da half auch keine Aussprache bei den deutschen Bekannten oder am Telefon. Die Besuche aus Deutschland waren kein Heilmittel gewesen, sondern eher schädlich, wenn auch vorübergehend »erleichternd«. Viele Organisationen raten zu Recht von einem Besuch der Eltern in den USA während des Schuljahres ab.

Mir wurde durch dieses Musterbeispiel einer Kulturverweigerung bewußt, daß ich mich ebenfalls nicht vollkommen mit der amerikanischen Lebens- und Denkweise identifiziert hatte. So besitze ich heute noch meinen deutschen »Becker-Akzent«, obwohl ich selbst mit unserem Gegenüber Ingo, wenn wir uns mal begegneten, nur Englisch sprach – davon abgesehen wäre es auch viel umständlicher gewesen, Deutsch zu sprechen und Englisch zu denken. Ich war überrascht, als ich in Deutschland ehemalige Gastschüler kennenlernte, deren Slang ich nicht von dem eines Amerikaners hätte unterscheiden können. Gleichzeitig stellte ich bei diesen Gleichaltrigen oft eine große Begeisterung für die Vereinigten Staaten fest, was bei einem Jungen dazu führte, daß er seine Umgebung in Deutschland nicht mehr akzeptieren mochte.

Um die Kette der Familienwechsel zu schließen, möchte ich noch kurz von Ingo erzählen, den ich nicht unbeabsichtigt an dieser Stelle ins Spiel gebracht habe: er wechselte auch nach neun Monaten, und zwar durch meine Vermittlung zu den etwas niedergeschlagenen Berrys, die nur noch ihren guten Tacu hatten (dem jetzt übrigens klar wurde, daß Doris' Arbeit im Haushalt, die er nun zum Teil übernehmen durfte, doch nicht so ganz ohne gewesen war). Die Kölnerin hatte eine Woche bei den Dents gewohnt und verbrachte die Zeit bis zum Eintreffen ihrer Eltern im Hause eines Pastoren aus dem Bekanntenkreis von Kenneth. Die deutschen Eltern besuchten die Berrys kurz nach ihrer Ankunft – ohne Doris.

Ingo hatte im Gegensatz zu Doris auch mir gegenüber nie über sein Zuhause geklagt. Dessen Zustände fielen mir erst ins Auge, als ich bei der Deutschlehrerin gegenüber wohnte. Der Gastvater lebte allein mit einem 15jährigen Adoptivsohn, der Ingo oft anschrie und auszunutzen versuchte, weil er diesen als Konkurrenz betrachtete. Mr Parker, ein Deutschlehrer an einer Privatschule, kam oft erst gegen Abend nach Hause. Zu essen gab es fast regelmäßig Spiegelei oder Instantessen aus der Tiefkühltruhe. Ich hatte Ingos Gastvater vom ersten Treffen als unheimlich sympathisch in Erinnerung – »Ingo ist der einzige, mit dem ich tauschen würde«, schrieb ich an jenem Abend in mein Tagebuch – und zudem große Achtung vor ihm, weil er als Jude ausgerechnet einen Deutschen ein Jahr lang beherbergen wollte. Doch die gescheiterte Ehe und das Verhältnis zu den beiden Adoptivsöhnen, von denen einer vor kurzem aus dem Gefängnis entlassen worden war, hinterließen ihre Spuren. Eines Tages schlug der 15jährige Sohn seinen Erziehungsberechtigten, und dieser rief die Polizei an. Ich beobachtete die tragische Szene vom Fenster aus, das Getuschel in der Nachbarschaft war groß. Ein anderes Mal zog der zweite Adoptivsohn mit seiner neuverheirateten Frau spontan für einige Zeit in den unteren Stock des hellhörigen Hauses ein. Ingos Zimmer: ein Bett, ein Kleiderschrank.

Trauriger Gastvater, geknickter Gastsohn

Mr Parkers Regeln bezüglich Ingos Freizeit waren streng: selbst als die *Cheerleader* der Schule den *German Boy* aus dem Basketballteam zum Essen einluden, verbot er Ingo den Ausgang, womit dieser sich abfand. Der war dankbar genug, daß der Privatschullehrer ihn aus ideellen Motiven für ein Jahr beherbergte. Kurz: Ingo, ein Gastschüler, wie er im Prospekt steht, wohnte in Verhältnissen, die der Prospekt eigentlich ausschließt, wenn die Rede von einer »sorgsam ausgewählten« Familie ist. Der Wechsel war dann eine halbe Tragödie: Ingo ruft Betty an, packt seine Koffer, berichtet seinem Gastvater kurzentschlossen von seiner Absicht. Der ist wütend und überrascht, will Ingo aber ohne die Einwilligung von Mrs Dent nicht »herausgeben«; die ist jedoch nicht zu erreichen. Ingo wartet deprimiert in unserem Haus, Betty kann Ingo gegen Mr Parkers Willen nicht mitnehmen und fährt wieder ab, während Mr Parker auf den Stufen vor dem Haus sitzt und traurig vor sich hin starrt. Ingo erreicht die Dents, Kenneth holt ihn ab, spricht mit dem Gastvater, der zurückbleibt und dem Wagen nachsieht.

Der Nachgeschmack solcher Szenen ist bitter. Martha verlor in diesem Jahr bestimmt fünf potentielle Gastfamilien, deren Erwartungen von ihren fremden Gästen enttäuscht wurden, oft durch Mitverschulden. Es gab allerdings auch den umgekehrten Fall: Gasteltern empfanden die Zeit als derart schön, daß sie aus Angst, der nächste Schüler könnte weniger sympathisch sein, keine Jugendlichen mehr aufnahmen.

Nach Betrachtung der oben beschriebenen Fälle von Familienwechseln und -dramen stellt sich die Frage, wie es mit der »sorgsamen Auswahl der Gastfamilien« steht, wer die Schuld am Bruch der Beziehungen trägt: Organisation, Schüler/in oder Familie, Umgebung oder Schule. In der Regel hatten die Schüler am meisten Heimweh, die auf Wunsch ihrer Eltern in die Vereinigten Staaten gekommen waren und dies schien bei Doris der Fall gewesen zu sein. Eine Französin z.B. wohnte in Chattanooga bei ihrer fünften Familie. Ich besuchte sie später einmal in Frankreich und merkte, daß sie von ihren Eltern, Besitzer einer großen Villa und kurz vor der Scheidung, übertrieben umsorgt wurde. Ein pompöses Elternhaus hatte auch Doris, doch zu verallgemeinern, ist vielleicht etwas gewagt.

Familienwechsel sind etwas ganz Normales

Tatsache ist, daß zu hohe oder falsche Ansprüche und Vorstellungen beider Seiten oft Ursache von Enttäuschung, Heimweh und dem waren, was im Handbuch als »Kulturschock« bezeichnet wird. Natürlich ist es nicht möglich, die tadellose Gastfamilie der oder dem fehlerfreien Gastschüler/in zuzuordnen. Beide gibt es nicht. Daher legen manche Organisationen bei der Auswahl derart großen Wert auf Qualitäten wie Einfühlungsvermögen und Anpassungsfähigkeit und planen im voraus eine gewisse Quote an Wechseln mit ein, ohne den Schülern dann die Schuld in die Schuhe zu schieben – die Familienwechsel sind also etwas ganz Normales.

In Fällen wie Heiners und Henriks waren die Gründe offensichtlich, doch häufig sind sie gar nicht so einfach zu erkennen. Bei Doris und Ingo war es die Summe vieler »Problemchen« und kleiner Unstimmigkeiten. Sie suchten vielleicht vergebens nach einem Vorwand wie »Umzug der Gasteltern«, »zu abgelegener Wohnort« oder »Marihuana rauchender Mitbewohner«.

Anpassungsfähigkeit ist nicht gleichbedeutend mit der bedingungslosen Aufgabe von Standpunkten und Interessen, sondern heißt, sich aufeinander einzustellen. Der empfohlene Weg, erst mit den Gasteltern über Probleme zu sprechen, wird leider selten eingeschlagen. Eine Französin hatte in einem Fall ihrer Gastmutter über die Koordinatorin den Wunsch eines Wechsels mitteilen lassen, und die Koordinatorin schlug eine zweiwöchige Probezeit vor – man stelle sich die Atmosphäre in diesem Haus bei einem solchen Hintergrund vor.

Die Flucht ins eigene Zimmer, zu deutschen Freunden oder sogar den deutschen Eltern liegt nahe. Die Telefonrechnungen im deutschen wie im amerikanischen Elternhaus stiegen zu Krisenzeiten beträchtlich. In manchen Fällen versuchten die deutschen Eltern über die deutsche Organisation etwas zu erreichen, welche die Nachricht über die amerikanische

Organisation und Ober-Koordinator David an Martha weiterleitete, die auf diesem Wege vielleicht zum ersten Mal von Problemen zwei Meilen entfernt wohnender Schüler erfuhr.

In grundsätzlichen Konflikten, in denen kein Gespräch Abhilfe schafft, sollte man so rasch wie möglich einen Wechsel anstreben, nicht erst, wenn der Gastvater, wie Mr Parker, bereits seinen Deutschlandbesuch geplant hat. Doch in der Praxis verläuft ein Wechsel ohnehin anders als voraussehbar.

Kapitel 13

Zwischen Himmel und Hölle – man betet für mich

»Ich sehe dich schon als Gastsohn einer strengen Baptistenfamilie«, hatte mir zwei Monate vor meinem Abflug ein Freund prophezeit. Damals hatte ich über diesen Scherz (?) gelacht – ich assoziierte »Baptismus« mit einer Sekte. Als mein Gastvater Kenneth I am ersten Abend nach einer peinlichen Pause vor dem Abendessen sagte: »*We pray before we eat*«, war mir weniger nach Lachen zumute. Von nun an sollte mein Leben in den USA stark von der allerorten präsenten Kirche beeinflußt werden. In Schule, Familie und Kirche wurde mir mit der Zeit die Bedeutung der Religion im Leben der Südstaatler bewußt. 10 Monate sollte ich in der Metropole des *Bible Belt* leben: Chattanooga, 800 Kirchen, 25 Glaubensrichtungen. Dieser Bibelgürtel ist ein Streifen, der sich im Südosten quer durch die Vereinigten Staaten zieht, geprägt von Gotteshäusern, bekannt durch die Fundamentalisten und für sie nach Jerusalem das wohl heiligste Stück Land auf Erden. Meine Gasteltern waren also Baptisten. Das entnahm ich dem Familienfragebogen, der uns nur wenige Tage vor meiner Abreise erreicht hatte. Beruhigt war ich, als ich im Lexikon las, es handele sich um die größte Glaubensrichtung im Süden der USA, also ähnlich wie die Protestanten bei uns in Norddeutschland? Ganz und gar nicht.

Der erste Kirchgang

Kaum war ich in meiner neuen Heimat angekommen, wollte ich am nächsten Tag mit den Dents einen Gottesdienst ihrer 10 Meilen entfernt gelegenen Kirche besuchen. Was ich dort sah, beeindruckte, überwältigte, überrumpelte mich derart, daß ich am Abend, als wir die Fortsetzung der Zeremonie besuchten, mein Tagebuch mitnahm, um als kleiner Spion den

Ablauf festzuhalten. Zu vielfältig waren die Erlebnisse, als daß ich sie alle auf einmal hätte aufnehmen können, und ich selbst hätte sonst vielleicht an meinen Erinnerungen gezweifelt. Ich zitiere also aus dem Tagebuch, das am besten meine Eindrücke von diesem ersten Kirchenbesuch wiedergeben kann.

»Paß auf, ich erkläre Dir die Kirche: halbkreisförmiger Raum, Radius 27 Meter, 11 Eingänge, vorne ca. 11 Meter breite Tribüne. Als erstes, wenn die bis zu 3000 (!) Leute sitzen, marschieren die »Engel« in den gelben Gewändern mit roten Kragen rein, dann singen alle, begleitet von Orgel, Piano und einem Orchester, ein Lied, wobei der Pastor (im Anzug) als Dirigent fungiert. Wahrhaftig mutet es an, wie ein Gesangswettbewerb, jeder versucht lauter und höher und perfektionierter zu singen! Dabei stehen alle. Dann noch ein paar Lieder, auch der Kanon scheint einstudiert. Nur die Damen, nur die Herren. Dann folgt ein Gebet (am Ende: »*Hey Man*«); dann – witzig – ein Solo von Bläsern und Sängern, weiteres Lied von den »Gelben«. So, jetzt fragt der nach *visitors*, die kriegen einen Brief (Werbung). Jetzt begrüßt er Leute, wenn Geburtstag, silberne Hochzeit etc war., dazwischen ein perfekter dreistimmiger Kanon – die amerikanische Version der Fischerchöre. Nach dem Solo Zwischenrufe: »*Hey Man*«, Begeisterung. Lange viele Grüße, Humor. Die Leute stehen. Bei Beginn des Kanons kommen die grauen Herren mit den gelben Nelken im Knopfloch und lauter schwarzen Klingelbeuteln. Jetzt beten für die Grußleute. Sozial. Ca. 100 Gelbe-Blumen-Typen. Jetzt, während die Orgel spielt, geben die Grauen ihre Hüte durch, die Kirche lebt davon: er (Familienvater) legt einen diskreten Umschlag da rein. Tolles Pianospiel! Ein gelber Solosänger auf der ca. 11 mal 6 Meter großen Bühne, zwei Meter hoch mit 18 Blumentöpfen, rotgelb, drumherum. Die rechte Ecke ist für Taubstumme. Eine »Dolmetscherin« übersetzt alles in Zeichensprache. Das Podium befindet sich an der flachen Seite des Halbkreises. Es ist 19.25 Uhr. Jetzt der richtige Pastor. Fortsetzung des Gottesdienstes vom Morgen.

Neon statt Kerzen

Links am Podium befindet sich eine amerikanische, rechts die Kirchenflagge. Ansonsten Neonlight, keine Kerzenmelancholie. Es sieht für mich aus, wie eine Riesenfete, nicht wie ein Gottesdienst. Jetzt ist der Pfarrer dran. Er nutzt die Bühne voll aus, springt von einer Ecke zur anderen, benutzt Hände und Füße – die Taubstummendolmetscherin übersetzt – der Pfarrer zuckt am ganzen Körper. Ob er Rhetorik studiert hat?

Stell Dir mal vor: nach anscheinend sehr aussagekräftigen Sätzen, begeisterte Zwischenrufe: *»Hey man«*, oder *»You're right«*, Lachen. (Die Leute schreiben sich übrigens in ihre Bibel was rein). 3/4 voll die Kirche, 7jährige im Anzug. An der Wand hinter den Gelben ist eine hölzerne flache Weltkugel und eine höhere Kanzel mit Bäumen im Hintergrund. Der Pastor tönt durch die Lautsprecher. Die Lieder sind hier von der Melodie her geradezu revolutionär! Mischung aus *»Yellow Submarine«* und »Hoch auf dem gelben Wagen«. Ich glaube, er hat auf eine andere Religion geschimpft – Konkurrenz belebt das Geschäft und regt die Phantasie an, auch in den Kirchen. Das Prinzip der freien Marktwirtschaft macht hier nicht halt. Jetzt liest er was aus der Bibel. Er steigert sich zum Höhepunkt, interpretiert – begeisterte Zwischenrufe (*Hey Man = Amen*).

Das Gebäude sah von außen aus, wie eine umgebaute Fabrik: vier große Säulen. Riesig, *air-conditioned*. Die Wände sind weiß, Bänke aus rotem Stoff. Sieben enorme Orgelpfeifen. Mit Schwerhörigenanlage. Die Predigt ist wieder der Hauptteil. Die Formalitäten sind jeden Sonntag gleich. Es kommt sogar vor, daß der Pastor mit voller Kraft auf sein Pult schlägt.

20.05 Uhr, er predigt immer noch. Zwischenrufe. Er hat eine 3/4 Stunde bis zum Höhepunkt gebraucht. Pastor wiederholt Phrasen, lange Pausen, Rhetorik. Ende. Beten. Bewegung, Klavierspieler setzt sich vor sein tolles Instrument, dazu ein Flügel, eine Orgel. Als ich als *visitor* sitzen bleiben muß, schütteln mir alle die Hand und auch sich gegenseitig.

Jetzt setzen sich Erwachsene in die erste Reihe. Die sieben Hintermänner und einige Graugekleidete beten mit ihnen (Taufe), sie füllen gelbe Karten aus, während der Grußverteiler noch Werbung macht und sagt, man solle die Prospekte vor der Tür mitnehmen und eventuell verteilen. Schon wieder Grüße an Leute aus Japan, Nachbarstaaten und Kub... – nein, Gott bewahre, nicht Kuba, aus Quebec, Kanada. Kenneth sagt, man könne sich taufen lassen, wann man wolle. Auch zwei- bis achtjährige Kinder läßt man selbst entscheiden. Der Familienvater geht bereits seit 35 Jahren regelmäßig zur Kirche. Er sagt, daß nächstes Mal wegen der Studenten alles voll sein wird. Der Pastor predigt Nächstenliebe, und man solle Kekse mitbringen.

Auch etwas Humor. Die wollen die Bänke voll bekommen. Die Kirche hat eine enge Verbindung zur Universität! Er lädt die Leute ein zu einem Dienstag-*Meeting*. Schlußgebet. Die Taubstummen singen mit den Händen. Während die Leute rausgehen, singen die Gelben.«

Soweit das Tagebuch. Es bleibt noch anzumerken, daß das »*Hey Man*« zunächst ein Verständnisfehler meinerseits war: es handelt sich natürlich um die amerikanische Aussprache von »Amen«.

Die Kirche der Dents gehört mit sonntäglich rund 2000 Besuchern zu den größten des Südens, wie ich später erfuhr. Sie besitzt sogar einen eigenen Radiosender, alles finanziert durch Spenden, nicht durch Kirchensteuern. Ich ging noch einige Male mit zur Kirche, wurde es schließlich leid, zumal vor dem Gottesdienst am Sonntagmorgen und -abend noch die *Sunday School* stattfindet: nach Altersgruppen aufgeteilte Bibelklassen, in denen die Gläubigen jeweils eine Stunde über Bibel, Moral und Sitte unterrichtet werden. Ich fühlte mich nicht wohl in diesen Klassen: jedesmal, wenn mich jemand fragte, ob ich »*saved*« sei, d.h. »gerettet« (vor der Hölle) und ich »*No*« antwortete, setzte ein ermüdender Redeschwall ein, über Jesus, Gott und Baptismus.

Jonathan und Kenneth I verbrachten fast den ganzen Sonntag in der Kirche, kamen nur mittags zum Essen nach Hause. Sie akzeptierten, daß ich nach einigen Besuchen nicht mehr mitkommen wollte und lieber mit Martha, die sonntags meistens Kopf- und Nackenschmerzen hatte, zu Hause blieb. Doch auf diese Art einer Auseinandersetzung mit der Religion aus dem Weg gehen, das konnte und wollte ich nicht, zu oft wurde ich mit dem Thema in der Schule und bei meinen Freunden konfrontiert.

In diesem Jahr beschäftigte ich mich mehr mit dem Glauben, als während meines ganzen kurzen Lebens zuvor, las Bücher von Religionskritikern, hörte mir die Bekehrungsversuche vieler Freunde an. Die Dents versuchten indessen nicht, mich zu bekehren, ich verspürte auch keine Ambitionen, mit Kenneth über Gott zu diskutieren. Ehrlich gesagt hatte ich Angst, seinen Argumenten zu unterliegen und wollte dieser Situation in unserer Vater-Sohn-Beziehung aus dem Weg gehen. *Coordinator* David hatte bei einem Besuch einmal von einer Gastschülerin erzählt, die wegen ihrer atheistischen Überzeugung einige Schwierigkeiten gehabt habe.

Ich äußerte zum Schrecken des Kaffeekränzchens, daß auch ich mit der Religion nicht viel am Hut hätte und nicht getauft sei, die Religionsgeschichten in Chattanooga aber ziemlich interessant fände.

Gott beweist sich durch Geld

In meinem Bewerbungsbogen hatte ich geschrieben, keiner Religion anzugehören. Martha und Kenneth hielten sich an die Regel, den Glauben der Gastschüler zu tolerieren, doch seit dem Gespräch mit David nahmen die Gottesandeutungen von Martha zu. In ihr glomm noch ein Fünkchen Hoffnung, mich zu bekehren. Sie erzählte mir z.B., daß Gott ihr und Kenneth I in einer finanziellen Notlage geholfen habe: »Plötzlich lag ein Scheck im Briefkasten, und ich wußte, es war ein

Zeichen Gottes.« Überhaupt beweist sich Gott oft durch Geld, das fiel mir auch bei Freunden in der Schule auf. Einer meiner Mitschülerinnen fehlten 200 Dollar für ein Kleid und wie durch ein Wunder schenkte ihr ein Verwandter am nächsten Tag 200 Dollar: Gott.

Vielleicht hängt dieses Verständnis von Gott mit einer strikten Ablehnung des *Welfare,* der Sozialhilfe, zusammen: »Gott hat jedem die Kraft gegeben, zu arbeiten und sein Geld zu verdienen, wer dies nicht tut und am Hungertuch nagt, ist selbst schuld«, so der Tenor. Die Gottesbeweise von Kenneth schienen mir da schon glaubhafter. Er berichtete, daß im Nahen Osten mit der Bibel Öl gesucht und gefunden werde. Noah habe nämlich genau beschrieben, an welchen Stellen er das schwarze Zeug gefunden hätte, mit dem er seine Arche seetüchtig machte – genau da sei man auch auf Öl gestoßen. Doch so richtig überzeugten mich die Gespräche in Schule und Kirche nicht.

Die Dents gehörten zu den Fundamentalisten, die an die wortwörtliche Wahrheit der Bibel glauben. Kenneth I war neben seinem Lehrberuf baptistischer Prediger. Er trat insbesondere mittwochs auf, im Rahmen der sogenannten »*Prayer Meetings*«. Als Universitätsprofessor unterrichtete er biblische Sprachen, Hebräisch und Griechisch. Angegliedert sind dem Universitätskomplex eine baptistische Bibelschule für alle Altersstufen. Alle sechs Kinder der Dents hatten diese (High) School besucht, bzw. besuchten sie noch, wie Jonathan, der werktags jeden Morgen mit seinen Eltern in die Stadt fuhr.

Liebe verboten

Die Schulregeln sind streng: während der ersten zwei Jahre an der Hochschule ist es den 19- bis 21jährigen Studenten untersagt, eine Liebesbeziehung zu haben. »Ich erinnere mich noch, wie meine Freundin immer aus der Turnhalle kam und sich schnell im Auto versteckte, bis wir vom Campus waren«, erinnerte sich ein Erwachsener, der seine ehemalige Partnerin immer vom Basketballtraining in der Temple Uni abholte. Das Temple-Schulgesetz regelt auch die Körperbedeckung: »Rock und Bluse« für die Studentinnen, heißt die züchtige Kleiderordnung. Auch Martha trug nie eine Hose. An unserer Schule wurde das Tragen von Miniröcken und kurzen Hosen, wie erwähnt, mit eintägiger Schulsuspension bestraft. An einer *Church of Christ High School* fiel die Klassenfahrt nach Mexiko aus, »weil die Lehrer sich nicht einigen konnten, ob die Jungs die Mädchen im Badeanzug sehen dürften«, so eine Schülerin. Obwohl die Hixson High nicht zu den privaten Glaubensschulen in Chattanooga zählte, war die Präsenz der Religion auch hier nicht zu übersehen.

Das Schulgebet wurde 1963 zwar offiziell abgeschafft, dafür hatten wir die Schweigeminute in der zweiten Stunde, in der ich viele Schüler mit gefalteten Händen und konzentriertem Gesichtsausdruck beten sah. Kirche war auch häufig Gesprächsthema am Mittagstisch in der Cafeteria; Schüler spielten in den Basketballteams ihres Gotteshauses, andere organisierten Banketts oder erzählten von Kirchenausflügen. Die Lehrer und auch Schüler wurden nicht selten nach ihrer Glaubensrichtung beurteilt – ich erwähnte bereits, daß es einen kleinen Punktebonus gegeben haben soll für die, welche im selben Kirchenchor wie unsere Physiklehrerin sangen.

Zu mir halten bestimmt noch drei Mädchen der Hixson High spirituelle Kontakte aufrecht: sie beten für mich. Aus Angst und Mitgefühl, daß ich nach meinem Tod zur Hölle fahren würde. In einer Freistunde hatte ich mich mit fünf Mitschülern unterhalten, es war ihnen schier unbegreiflich, wie jemand nicht an Gott glauben könne. Daß auch auf anderen Gebieten unsere Argumentationsbasis grundlegend verschieden war, zeigte sich, als wir über die Toleranz Homosexuellen gegenüber redeten, die ich als einziger verteidigte. Auf mein »Was ist denn daran schlimm?« antwortete Paul: »Aber es steht doch in der Bibel, daß man nicht schwul sein darf.«

Das heißt aber nicht, daß sich sämtliche Schüler streng an die Bibelinterpretationen ihrer Kirchen hielten: Trinkverbot, Rauchverbot, Sexverbot, Fluchverbot. Der *Students for Christ Club* zählte nur 16 Jugendliche, der *Students Staying Straight*-Verein immerhin rund 200. Die Tabus sind nicht nur zwischen den Glaubensrichtungen verschieden, sondern auch von Kirche zu Kirche. Für die Kinder der Dents kamen bei der fundamentalistischen *Temple Church* daher noch einige Verbote hinzu. Es war verpönt, ins Kino zu gehen, »wilde« Musik, d.h. Rockmusik, zu hören, oder gar danach zu tanzen.

Rambo II kurz vor Weihnachten

Videofilme waren dagegen genehmigt, zum Beispiel saß kurz vor Weihnachten auch der 11jährige Jonathan im Beisein der Familie, die sich zum christlichen Fest vollständig im Hause Dent versammelt hatte, vor »Rambo II«.

Ein grauer, regnerischer Tag, aber drinnen herrschte bereits gemütliche Festtagsstimmung: die Hälfte der Familie, gut 10 Onkels, Geschwister und Tanten und Gastsohn *»Mäx«* aus Deutschland, guckte also Video. Mein »Schwager«, auch ein Prediger, hielt die Fernbedienung in der Hand. Er war etwa Mitte 30, glücklich mit meiner Gastschwester verheiratet und Vater von zwei Söhnen. Alle Videofilme gingen durch seine Zensur. Er mußte sie kennen. Während 11 Augenpaare mehr oder weniger gebannt auf die Mattscheibe starrten, vor dem Haus die Regentropfen plätscherten und der hübsche Tannenbaum rot-grün-gelb blinkte, war es seine Aufgabe, rechtzeitig vor den wenigen Schimpfwörtern den Ton abzustellen. Einmal verpaßte er eins, *»rotten bastard«* klang es aus dem Lautsprecher, das war ihm sehr peinlich.

Kenneth I war im Grunde weniger kleinlich mit Jonathan, doch dieser wußte schon, wie er sich vor den Verwandten zu verhalten hatte. Als ich mit ihm eines Abends »Oliver Twist« guckte und nach 40 Minuten das Wort »Arsch« fiel, stand er empört auf und setzte sich zu Schwager und Kenneth, die mit dem »Börsenspiel« beschäftigt waren: »So was guck ich nicht.« Ähnlich James Bond am 28. 12.: die Schlußszene naht, gleich wird 007 der hübschen Blondine im Whirlpool mit seinem männlichen Kuß die Sinne umnebeln, da schreit Jonathan »Schnell umschalten, eine nackte Frau«, sein Schwager springt zur Glotze, drückt das Knöpfchen und flüstert *»ridiculous«*, lächerlich, und wieder einmal war der moralische Anstand gerettet. Ein hoher Prozentsatz der Kultur, Filme, Theaterstücke ist für meine Gastverwandten wegen Nacktszenen oder Schimpfwörtern tabu. Bei Jonathan hatte diese Erziehung bereits Wirkung gezeigt. Kurz vor meiner Abreise riß er aus meinem Buch über amerikanische Kultur eine Seite heraus, auf der ein Ausschnitt aus einem zensierten Porno-Comic abgebildet war. Nur unter Drohung gab Jonathan es zu und rückte die Seite wieder raus.

Einmal passierte mir während der Weihnachtstage ein böses Mißgeschick: meine Eltern hatten mir zum Fest Gebäck gesandt, das ich großzügig verteilte, *German Candy*. Nach einer Fuhre Marzipan öffnete ich auf Drängen von Jonathan eine längliche Packung. Der Inhalt schmeckte gut. Kenneth II unterzog mit kritischem Gesichtsausdruck die Schachtel einer genaueren Betrachtung. Sein Verdacht bestätigte sich: »Alkohol« rief er aus. Einige meiner Gastschwestern spuckten den letzten Rest ihres Mundinhalts in den Mülleimer, andere lächelten gequält – zu spät. Viele Sünder und ein Verführer: ich. Die Lage war peinlich, doch man verzieh mir.

Einen Tag später unterhielt ich mich mit Martha, einer ihrer Töchter und deren Mann in meinem Zimmer. Plötzlich platzt deren fünfjähriger Sohn herein, mit einer Spielzeugpistole in der Hand, zielt auf seinen Vater und drückt ab. Das

Ding heult auf, leuchtet grün und rot, Martha entzückt, als das Fiepen verstummt: »*Oh, how cute*«, ach wie süß. Von den Dents bekam ich zu Weihnachten »*The Book*«, eine vereinfachte Version der Bibel, für Anfänger sozusagen.

Als ich am Valentinstag die Familie wechselte, wurden aus den Baptisten Lutheraner. Vor dem Essen blickte ich wartend auf den Teller und war ganz erstaunt, daß nicht gebetet wurde, was ich auch sagte. Prompt bekam meine Gastschwester den Auftrag, das Abendgebet zu sprechen, das wesentlich kürzer und weniger frei war als das von Kenneth I, ungefähr: »*God is good, God is great, thank you now for this meal.*« Doch in Zukunft verzichteten wir auf die Danksagung. Am 15. Februar lernte ich dann die Kirche der Lutheraner kennen, die in Botschaft und Brauch der deutschen sehr nahe kommt. Nur ca. 100 Leute waren in dem kleinen, fünfeckigen Gebäude anwesend. Gebetet wurde auf Kniebänken, gesungen nach Orgel, das Interesse war mäßig. Im Laufe des Jahres besuchte ich zwei weitere Kirchen.

Church of Christ hieß die Glaubensrichtung der Berrys. Hier war die instrumentelle Musik Tabu, gesungen wurde Acapella. Ein Freund, den ich fragte, woher man aus der Bibel das Instrumentenverbot ableiten könne, konterte: »Wo steht, daß man musizieren soll?« Auf jeden Fall war der Gesang eine Umstellung nach den Orchesterklängen der Baptisten.

Ingo, der jetzt bei den Berrys wohnte, machte noch einige Erfahrungen mit den Eigenarten der *Church of Christ,* zumal seine engste Freundin regelmäßig zur *Sunday School* ging. Dem eifersüchtigen *Youth Minister,* das ist der Bibellehrer der Jugendlichen, war Ingos enge Beziehung zu dem Mädchen gar nicht recht. Nachdem er dessen Neigung zum Atheismus gewahr wurde, verlor er sich vor seiner *Sunday Class* regelmäßig in Tiraden gegen die Gottlosen. In der Tat war Ingo kurz davor, gläubig zu werden; als Mitglied im Schwimmteam der Kirche besaß er zudem enge Kontakte zur Gemeinde. Nur seine Rückreise verhinderte den Eintritt.

Schwarzer Gottesdienst: Blues und Beten

Am besten gefiel mir während meiner 10 Monate der Gottesdienst in einer schwarzen Kirche, einer *Black Baptist Church,* die ich im März zusammen mit meiner Gastmutter und Ingo besuchte. Während in weißen Kirchen nur wenige schwarze Gesichter zu sehen sind, zählten wir in der engen Kirchengemeinde zu den ganz wenigen Weißen. Der Gottesdienst dauerte über drei Stunden, die Besucher kamen und gingen, wann sie Lust hatten.

Die Zeit war gefüllt mit bluesartigen Gospelsongs, meditativem Beten und gesungenen Predigten. Die Partizipation am Geschehen war hier wesentlich größer als in anderen Kirchen. Die Predigt verlief in Dialogform, der Pastor stellte rhetorische Fragen, wie: »Soll ich euch von Jesus erzählen?«, die Besucher antworteten mit lautem »*Yeah*«; viele Zwischenrufe – die war ich ja schon von den weißen Baptisten gewohnt. Während der Predigt steigerte sich der Geistliche von langsamen Sequenzen zu einem Sprechgesang, der sich auf seinem Höhepunkt zu einem tranceartigen Singsanggeschrei zuspitzte, wobei der Text am Ende ganz vernachlässigt wird, ersetzt durch melodische Tonfolgen. Beim Ausklingen der »Rede« wurden die Worte wieder deutlicher, die Aussage klarer. Da die Predigt frei war, der Pastor sich gestikulierend auf der Bühne hin und her bewegte, kam es schon mal vor, daß er den Faden verlor. In diesen Fällen wurden Sätze halt wiederholt, oder Kurzgebete eingeflochten.

Wir merkten während der Veranstaltung, daß wir nicht dazugehörten. Der Unterschied von Hautfarbe und Kultur war deutlich spürbar. Zwar nahmen mich die Schwarzen bei einigen Gospels an die Hand, doch über das Zusammengehörigkeitsgefühl der Kirchengemeinde, das ja in den 50er- und 60er-Jahren jede schwarze Kirche in eine kleine Bastion gegen den Rassismus verwandelt hatte, konnte diese Geste der Verständigung nicht hinwegtäuschen. Es ist bezeichnend, daß *Martin Luther King* ein Prediger war und kaum verwunderlich, daß ein *Reverend Jesse Jackson* es als Präsidentschaftskandidat besser als alle Konkurrenten verstand, die Besucher seiner Veranstaltungen im wahrsten Sinne des Wortes vom Hocker zu reißen. Auch bei den Weißen bemerkte ich in kleinen Kirchen einen stärkeren Zusammenhalt, doch nie war die Atmosphäre so ausgeprägt und spürbar, wie in der *Black Baptist Church.*

Eine geradezu ekstatische Gotteshingabe spielte sich unter unseren Augen und Ohren während eines anderen schwarzen Gottesdienstes ab: mitten in der Predigt wurde eine Frau hinausgeführt und kurz darauf hörten wir laute Schreie durch die offengebliebene Tür. Ich guckte mich um, aber die Menschen blieben unbeirrt, der Gottesdienst lief weiter. Später war ich über den Inhalt der Predigt verblüfft, als der schwarze Geistliche ausrief: »Der Teufel kommt immer durch die Frauen«, woraufhin auch die weiblichen Teilnehmer ihr »*Yeah*« und »*You're right*« in den Saal schmetterten. In der schwarzen Kultur zeigte sich hier derselbe Sexismus, der mir bei den Weißen oft aufgefallen war, sei es in der Schule oder anderswo.

Gott und Basketball

Der Kontakt mit vier Glaubensrichtungen zählte für mich neben der High School zu den spannendsten Erlebnissen meines Aufenthaltes. Leider fehlte die Zeit, noch weitere der 25 Sekten und Religionen in und um Chattanooga kennenzulernen, die Termine und Uhrzeiten ihrer *services* immer im Sonntagsblatt angaben. Im Telefonbuch zählte ich einmal über 800 Kirchen – auf 150.000 Einwohner Chattanoogas. Viele dieser Stätten sind beliebte Treffpunkte am Nachmittag und Abend, ihre soziale Bedeutung ist groß. Einige Kirchen besitzen Turnhallen und Einrichtungen für Arme und Obdachlose, viele haben eigene Sportmannschaften. »Am Mittwoch *First Baptist* gegen *East Brainerd Methodist*«, heißt es dann z.B. in der Schule. Die Kirche von Kenneth und Martha diente an Wochenenden als Seminarhaus, die Räumlichkeiten sind ausgezeichnet. Freunde erzählten mir häufig von ihren aktuellen Aktivitäten und Kirchenveranstaltungen. Jugendgruppen organisieren Partys, Kegelabende, Sammlungen. Freiwillige Helfer machen Werbung und fahren alte Leute nach Hause, *Sunday School Classes* laden Redner ein und zeigen Filme, usw. Eine Kirche funktioniert wie ein gut organisierter deutscher Sportverein, nur mit Gott im Mittelpunkt und Basketball nebenbei. Ich verbrachte wenig Zeit in den Klassengemeinschaften der *Sunday Schoo*l, denn ohne Zweifel ist der Glaube doch eine wichtige, mir fehlende Voraussetzung, um voll akzeptiert und integriert zu werden. Meinen Gasteltern tat das ein bißchen leid, sie hätten gerne gesehen, daß ich mich stärker in der Kirche organisierte. Gastschüler Ingo zufolge, der einmal mit Kenneth I über Religion sprach, waren die Dents ziemlich betroffen, daß ich mit meinen 16 Jahren noch nicht zu Gott gefunden hatte: sie beteten oft für mich, aus Angst, daß ich in die Hölle käme. Ich hatte manchmal ein schlechtes Gewissen, weil ich sie so enttäuschen mußte.

Jonathan versuchte, mich weniger mit spirituellen als vielmehr mit taktischen Argumenten für sich zu gewinnen. »Guck mal, wenn du an Gott glaubst, dann ist das auf jeden Fall am günstigsten: du stirbst und es gibt ihn nicht, auch gut, aber wenn es ihn doch gibt, dann wärst du im Himmel.« Jonathan war während meines Aufenthaltes einmal von seinem Vater mit dem Gürtel geschlagen worden. Er hatte laut geschrien und sich anschließend heulend zu mir ins Zimmer verkrochen. Als er sich beruhigt hatte, fragte ich ihn, ob er seine Kinder auch einmal mit dem Gürtel schlagen werde. »Ja klar«, antwortete er, schließlich helfe es etwas, wie auch bei ihm. Der Gürtel lag beim Abendbrot noch auf dem Küchentisch.

Solche Schlüsselerlebnisse, wie auch die sehr unterschiedlichen Ansichten von christlichen Freunden und Bekannten über Gott und Amerika, hielten mich davon ab, mich einer bestimmten Religion, geschweige denn einer fundamentalistischen Weltanschauung zuzuwenden. Als Amerikaner hätte ich mich dem wohl nur schwer entziehen können.

Der Glaube hat in Amerika Tradition, schließlich waren es Puritaner, die zuerst in der New World seßhaft wurden. Auf den Banknoten steht »*In God we trust*«, die Präsidenten beenden ihre Fernsehansprachen mit »*God bless you*« und die Militärs unserer Schule legen Wert auf die Nuance »*God bless America*«. So konnte ich denn auch den letzten Bekehrungsversuch meiner warmherzigen baptistischen Gasteltern verstehen, die mir zum Abschied eine Karte schenkten mit dem Wunsch »*that you will always have the gift of God's wisdom and the blessing of his wonderful love*« und einem Zitat von C. Alexander: »*All things wise and wonderful. And the Lord God made them all.*«

KAPITEL 14

Nur acht Stunden Flug zwischen zwei Welten

Die letzten Worte meiner Ex-Gastmutter Martha lagen mir noch in den Ohren, als das Flugzeug von der Rollbahn des Flughafens abhob und dieses schöne Gefühl in der Magengegend einsetzte: *»God bless you.«* *Mom,* Gastmutter II, hatte mich zum Flughafen gebracht und Mama, meine Mutter, würde in ein paar Tagen am Flughafen in Frankfurt stehen, um ihren verlorenen Sohn wieder in die Arme zu schließen. Nach einem Zwischenstop bei Freunden in New York würde ich am 12. Juni, genau 10 Monate nach meiner Ankunft in den USA, mit einer TWA Maschine gen Europa starten.

Erst beim Buchen des Fluges war mir bewußt geworden, was ich mit dem Rückflug alles hinter mir lassen würde: Freundinnen und Freunde, die ich vielleicht nie wieder sehen, eine High School, deren *Spirit* mir fehlen würde, ein Land, für das ich ein reges Interesse entwickelt habe und schließlich zwei Gastmütter und Gastväter sowie insgesamt sechs Gastschwestern und zwei Gastbrüder, vier Gastschwager, an die 10 Gastneffen und Gastnichten und *last but not least* zwei Gastomas.

Der Abschied fiel mir schwer. Die letzte Woche in Chattanooga bestand aus aneinandergereihten mehr oder minder traurigen Abschiedsszenen: letztes Pizzabacken, letzter Kuß, letztes Kartenspiel, letztes Essen gehen, letztes Frühstück, letzte Umarmung, letzter Blick. Im Flugzeug war mir wie nach dem Tod meines Großvaters zumute: ich wußte, daß etwas Einschneidendes geschehen war, aber so richtig einordnen und begreifen konnte ich es noch nicht. Sieben Tage New York ließen mir nicht genug Zeit, meine Gedanken zu ordnen. Dank eines offenen Rückflugtermins auf dem Flugticket hatte ich per Anruf die Platzreservierung so geregelt, daß mir diese Woche blieb, um den USA-Aufenthalt in derselben Stadt abzuschließen, wo er begonnen hatte.

Über dem Atlantik kehrte dann am 12. Juni um 2 Uhr morgens erst einmal Ruhe ein. Ich war gespannt auf meine Eltern, meine Verwandten und meine Freunde. Die 10 Monate waren sehr schnell vergangen. Ich hatte die vielen neuen Erfahrungen und Erlebnisse aufgenommen, aber noch nicht verarbeitet.

In meinem Kopf hatte sich viel verändert. Ob sich auch meine Persönlichkeit geändert, oder »gefestigt« hatte, wie die Organisationen prophezeihen, konnte ich selbst natürlich nicht sagen – da war ich gespannt auf die Meinung der alten Bekannten. Daß ich vor lauter Amerikasehnsucht meines Lebens in Deutschland nicht mehr froh werden könnte, hielt ich trotz aller Trauer nach dem Abschied für unwahrscheinlich.

Neue alte Eltern

Daß meine Eltern – mehr noch als ich – auf das Wiedersehen gespannt waren, konnte ich mir ausmalen. Da schickt man den Sohn in seiner pubertären Phase für ein Jahr in ein wildfremdes Land und dazu noch in eine so erzkonservative Region wie Chattanooga – da mußte sich doch einfach etwas in diesem Knaben verändern. Ich meinerseits hatte mich bestens auf die Ankunft in Frankfurt vorbereitet. Kurz vor der Landung zog ich meine knalligen Shorts an, band mir den schmalen Schlips um den weißen Hemdkragen und setzte das Plastik-Baseballkäppi aus Washington auf. Mit Sonnenbrille, Kopfhörern auf den Ohren und Walkman vor dem Bauch war das Kostüm perfekt. Das Tüpfelchen auf dem »i« waren zwei kleine Sternenbanner, die ich mir hinter die Ohren steckte.

Kaugummi kauend schlenderte ich um 10 Uhr morgens lässig durch die Wartehalle, doch leider wartete da niemand, der mir bekannt vorkam. »Die spinnen, die Amis«, meinten einige Umstehende halblaut in der Gewißheit, ich verstehe ihre Sprache nicht. Auf der Rolltreppe hatte ich dann seit langem wieder Kontakt mit der deutschen Wertarbeit und einem, der stolz darauf ist: ich ließ den Kofferwagen am oberen Ende stehen und stellte mich mit dem zentnerschweren Gepäck auf die Rolltreppe. Hilflos guckte ich zurück, wo mich ein fleischiges Gesicht fünf Stufen höher über den Rand eines Rollwagens hinweg angrinste. »Tja, dis ist djörmän«, lobte er die deutsche Erfindung der rollwagenbefördernden Rolltreppe.

Meine Eltern – doch da. Sie sahen aus, wie vor 10 Monaten. Es kam mir so vor, als wäre ich nur eine Woche unterwegs gewesen. Stürmisches Begrüßen, Küßchen, Erzählen, nach Hause fahren. Hier hatte sich kaum etwas verändert. Mein Zimmer, die Nachbarhäuser, die Straßen ...

Ich erzählte viel und zeigte meine Fotos. Das Wiedersehen mit alten Freundinnen und Freunden war ebenso spannend und zum Teil sehr lustig. Doch auch hier kaum Neues.

Ihr Eindruck: ich spräche so komisch durch die Nase – sonst sei ich ganz der alte. Tatsächlich dauerte es etwas, bis ich wieder auf deutsch denken und vor allem die Satzkonstruktionen richtig bauen konnte. Es war nun nicht so, daß ich jeden Gedanken mit dem Wörterbuch vom Englischen ins Deutsche übersetzen mußte, aber vereinzelt lagen mir englische Begriffe auf der Zunge, die mir in meiner Muttersprache unbekannt waren. In der Schule sollte ich da noch einige kleine Probleme haben. Nach einem Monat war ich wieder einigermaßen im Alltagstrott und schrieb die ersten Briefe an meine alte »zweite« Heimat. Das amerikanische Zeugnis reichte ich bei der Bezirksregierung ein, die daraufhin mein Schuljahr in Amerika als 11. Klasse anerkannte.

Ich würde also mit dem Ende der Sommerferien in der Kursstufe 12 weitermachen. Vor diesem Tag war mir dann doch ein wenig bange, wenn ich an das akademische Niveau der amerikanischen High School dachte. Aber der Sprung war einfacher als ich dachte. Lediglich in Latein versuchte ich anfangs, über den Umweg der englischen Übersetzung ins Deutsche zu kommen, was einige Schwierigkeiten bereitete.

Zurück in der deutschen Schule

Die Vorstufe hatten viele meiner Mitschüler als Wiederholungslauf empfunden. Da ich außerdem wenige Fächer belegte, die auf dem Wissen der 11. Klasse aufbauten (das sind vor allem Biologie, Chemie, Physik, Mathe), kam ich gut zurecht. Durch den intensiven und guten Matheunterricht an meiner amerikanischen High School war ich dem hiesigen Niveau sogar um einiges voraus, so daß mir die Kursthemen bis zur 13. Kursstufe, 1. Semester schon geläufig waren. Anders als erwartet – und so geht es vielen Ex-USA-Schülern – schüttelte ich eine gute Leistung im Englischunterricht durchaus nicht aus dem Ärmel. Zwar konnte ich mich flüssig und klar ausdrücken, doch in Vokabel- und Grammatiktests schnitt ich keineswegs am besten ab. In meinen Leistungskursen Physik und Deutsch kam ich in etwa auf das Notenlevel der 10. Klasse. Was mir mehr Schwierigkeiten bereitete als die Noten, war das ungewohnte Schulklima.

Jede außerschulische Aktivität wird im Morast der Schulbürokratie erstickt, jeder »Furz« bedarf eines Antrages. Theateraufführungen werden verboten, Schülerzeitungen zensiert, Schüler angeschrien. Viele zählten die Minuten in der schülerfeindlichen Lernfabrik. Wie positiv erscheinen mir jetzt, durch diesen Kontrast mit den hiesigen Verhältnissen und mit einjähriger Distanz, viele der Eigenheiten meiner ehemaligen High School. Wer ähnliche Erfahrungen mit deutschen Schulleitern hat, kann sich durch die Anrechnung der High School-Zeit den verbleibenden Abschnitt bis zum Abitur auf jeden Fall verkürzen. Ich zähle zwar statistisch zu den guten Schülern, aber ich möchte den Sprung in die 12. Kursstufe auch durchschnittlichen Schülern empfehlen. Die Chancen, den Sprung zu schaffen, sind gut. Wenn es nicht klappt, besteht immer noch die Möglichkeit, nach ein paar Wochen eine Jahrgangsstufe zurückzugehen.

Mehr als nur Englisch

Doch auch, wenn das Jahr nicht angerechnet worden wäre, auch wenn ich das High School-Diplom nicht erhalten, wenn ich New York und Washington nicht gesehen hätte: ich habe etwas aus den USA mitgenommen, das wertvoller ist, als das Englisch oder Mathe für die Schule, als das Diplom oder das billige Saxophon: die Erfahrung einer fremden Gesellschaft als Teil und Mitglied ihrer selbst.

Es sind die Erkenntnisse im Umgang mit Menschen eines anderen Volkes, mit deren Geschichte und Mentalität, die diese Form von Völkerverständigung so wertvoll macht. Als Gastschüler lernte ich andere Menschen intensiver verstehen. Wenn ein Erzkonservativer zum amerikanischen Präsidenten gewählt wird, wenn religiöse Fundamentalisten einen Schulprozeß gewinnen oder wenn amerikanische Touristen mich fragen, auf welchem Kontinent Holland liegt, dann schüttele ich nicht mehr verständnislos den Kopf. Der einjährige Aufenthalt hat mir einen guten Einblick in amerikanische Alltagsprobleme gegeben, mir ermöglicht, das gesellschaftliche Umfeld, die Medienkultur, die amerikanische Lebensweise »hautnah« zu erfahren und damit für mein besseres Verständnis dieser Kultur gesorgt.

Als Schüler im Erziehungssystem der USA wurde mir auch bewußt, wie sehr Menschen in dieser Phase geprägt werden. Gesellschaftliche Moral- und Wertvorstellungen werden dann meist als selbstverständlich gelehrt und hingenommen.

Es war mir in in Deutschland immer leicht gefallen, den Patriotismus vieler Amerikaner zu kritisieren, deren Weltbild oder den religiösen Fanatismus, von dem man in der Zeitung las. Doch diese Kritik blieb an der Oberfläche, ging von »dem Amerikaner« aus. Sie begründete sich zudem auf der Geschichte eines Deutschlands, das mit Patriotismus alles andere als positive Erfahrungen gemacht hat. Heute weiß ich, daß ich mich mit großer Wahrscheinlichkeit nach einer

12jährigen Erziehung der Art, wie ich sie ein Jahr lang mitgemacht habe, nicht von denjenigen Amerikanern unterscheiden würde, bei deren Anblick ich mir immer an die Stirn getippt hatte. Wäre ich als Sohn eines baptistischen Pfarrers zur Welt gekommen, dann würde ich heute wahrscheinlich in meiner Freizeit die Bibel auslegen und nicht zum Schwimmen gehen. Wenn ich mich heute mit Amerikanern über amerikanische Politik unterhalte, dann habe ich ein differenziertes Bild von den USA im Hinterkopf und muß – auch im Fall von mir negativ beurteilter Ereignisse und Aktionen – nicht auf einer pauschalen »Die-spinnen-die-Amis-Ebene« bleiben.

Dem politischen System, der Geschichte und der Kultur der Vereinigten Staaten bin ich durch die 10 Monate Schule und Familie näher gekommen, als ich es als Tourist je hätte erreichen können.

Diese Erfahrung prägt nicht nur mein Verhältnis zu amerikanischen Patrioten, sie hat auch meine Einstellung gegenüber anderen Völkern und Kulturen stark beeinflußt. Das Schlagwort »Toleranz« ist hierbei ein Begriff, dessen Bedeutung mir erst in den Vereinigten Staaten richtig klar geworden ist, sowohl im negativen Sinne, z.B. wenn Mitschüler die Ausgrenzung von Homosexuellen forderten, wie auch im positiven, beispielsweise bei Kontakten zu religiösen Familien. Wenn die *Squadron Commander* aus meinem Physikkurs den kommunistischen Teufel an die Wand malten und auf alles schimpften, was russisch hieß, dann fühlte auch ich mich angegriffen. Schließlich war es mein Ziel, diese Schüler, die da so vorurteilsbesessen das negative Stereotyp des Russen zeichneten, eben nicht mit derselben Kurzsichtigkeit zu sehen. Rückblickend denke ich, daß mir das gelungen ist. Ich habe miterlebt, warum einzelne Konservative bei vielen US-Bürgern so beliebt waren, habe die Assoziationen vieler Amerikaner beim Begriff *Freedom* gespürt und das Wort *School Spirit* sogar selbst mit Leben gefüllt.

Andererseits sah ich am Rande die negativen Auswirkungen des *American Dream*: schwarze *Slums, Street People,* Armut, machte Bekanntschaft mit Mitgliedern der amerikanischen Friedensbewegung, lernte Kriegsdienstgegner aus der Zeit des Vietnamkrieges kennen oder besuchte die Region der *Amish People,* Anhänger einer pazifistischen Religion. Gerade die Vielschichtigkeit dieses Landes, von dem ich ja nur einen Bruchteil kennengelernt hatte, ist beeindruckend.

Katrin Asmuß

Meine Tochter geht nach Amerika

Ich bin eine allein erziehende Mutter und arbeite als Angestellte im öffentlichen Dienst. Meine Tochter Johanna ist 16 Jahre alt und wäre eigentlich in der 11. Klasse. Tatsächlich jedoch wohnt sie seit einigen Monaten in Michigan. Johanna ist eine Austauschschülerin.

Die Idee

Als Johanna mich das erste Mal mit ihrer Idee konfrontierte, für eine Weile auf einem anderen Kontinent, konkret in den USA leben und lernen zu wollen, war ich spontan einverstanden. Zugegeben, im Hinterkopf ratterte schon die Familienkasse. Doch das verdrängte ich erst einmal und versuchte, mir meine Tochter als Teenager in einer amerikanischen Familie vorzustellen. Mit Johanna hatte ich schon einmal 3 Wochen bei Freunden in den USA Urlaub gemacht; alleine war ich noch ein weiteres Mal für 4 Wochen dort gewesen. Zwar habe ich in dieser Zeit einiges vom *American Way of Life* mitbekommen und Land und Leute durchaus kennengelernt. Doch das wirkliche Leben, die Routinen und der Alltag der Menschen, war mir doch weitgehend verborgen geblieben. Das machte mich neugierig, auch wenn es letztlich meine Tochter wäre, die über den Großen Teich fliegen würde.

So konnte ich mich auf Johannas Idee einlassen. Ich dachte auch daran, daß die Welt sich immer mehr öffnet und von der kommenden Generation mehr Flexibilität und Mobilität gefordert wird. Ein Austauschjahr wäre dafür eine gute Übung. Ich würde Johanna nach Kräften unterstützen.

Kassensturz

Im Internet recherchierte ich zunächst bei verschiedensten Organisationen die Kosten für High School-Programme. Die Spanne der Angebote war erstaunlich groß, von etwa 8.000 DM bis 13.000 DM plus Taschengeld für ein volles Schuljahr. Bei den scheinbar günstigeren Angeboten kamen durchweg noch diverse versteckte Kosten hinzu. Ich notierte mir mehrere Veranstalter, bei denen sich Gesamtkosten im Bereich 10.000-12.000 Mark ergaben, und schaute erst einmal im realen Leben, sprich: auf meinem Konto nach, ob wir uns überhaupt noch mit dem Thema befassen oder es besser zu den Akten legen sollten. Johannas Pläne hatten den Nebeneffekt, dass ich im Vorfeld meine gesamte Haushaltsführung umkrempelte. Ich entdeckte Lücken, Einsparmöglichkeiten und mehr und stellte fest, daß ich Johannas Traum erfüllen könnte.

In dieser Zeit des Kassensturzes redeten wir nicht viel über das Thema, da wir vereinbart hatten, daß Johanna sich zunächst alleine mit dem Projekt auseinandersetzt, während ich mich um die praktische Seite kümmerte, also die Finanzierung. Danach wollten wir uns wieder zusammensetzen. Als ich sie schließlich fragte, ob sie immer noch für ein Jahr in die USA möchte, war die Antwort überraschend. Johanna hatte keine Lust mehr, weil sie einfach zu viel vermissen würde: ihre Freunde, die gemeinsamen Unternehmungen, ihren Cello-Unterricht. »Dieses organisierte Schülerverschicken ist wie Ferienlager«, meinte sie sogar. Weil ich Johanna kenne, wartete ich noch ein Weilchen. Einen Monat später sprach ich sie erneut auf den Schüleraustausch an und schlug vor, daß wir uns bei einer der Organisationen auf jeden Fall genauer informieren sollten.

Veranstalterkontakte

Ich rief die Veranstalter an, die ich mir schon notiert hatte. Bei der ersten Nummer wurde ich automatisch weitervermittelt. Während blecherne Stimmen ihre Monologe leierten und ich ab und zu eine Zahl tippte, beschlich mich die Vorstellung, daß meine Tochter endlose Meilen von mir entfernt ein elementares Problem haben könnte, und ich dann erst einmal eine Ewigkeit mit solchen Tonbändern reden müßte, bevor ein Mensch an der Strippe ist. Ich legte auf. Bei der nächsten Telefonnummer hatte ich eine Dame am Telefon, die offenbar beim Essen unterbrochen worden war, mir in gelangweiltem Tonfall irgendwelche Modalitäten vorschmatzte und gleich unsere gesamten persönlichen Daten wissen wollte. Das ging mir als Voraussetzung für allgemeine Auskünfte zu weit. Ich bedankte mich freundlich, wünschte ihr einen guten Appetit und strich diese Nummer vom Notizblock.

Nach weiteren, ähnlich verlaufenen Versuchen fand ich auf der *Homepage* einer Organisation Adresse und Telefonnummer einer Mitarbeiterin in unserem Wohnort. Sie fand es in Ordnung, dass wir uns erst einmal unverbindlich mit ihr treffen wollten. Es war auch kein Problem für sie, daß wir uns bisher noch für keine Organisation hatten entscheiden können und noch nicht einmal definitiv wußten, ob Johanna wirklich in die USA wollte oder nicht.

Wenige Tage später saßen wir im Wohnzimmer von Frau Salzer (Name geändert). Nach ein paar allgemeinen Fragen zog sie uns »rein prophylaktisch« erst einige »Fernsehzähne«, etwa die Vorstellung wilder Strandparties von Jugendlichen aus reichen Elternvillen am Meer, wie man es in der Serie Beverly Hills 90210 sieht.

Außerdem erfuhren wir, daß Gebietswünsche nicht möglich seien. Falls Johanna unbedingt in einen bestimmten Bundesstaat wolle, könne ihre Organisation dem nicht entsprechen. Andere Wünsche, z.B. zur Unterbringung in einem eigenen Zimmer, könnten wir zwar äußern, aber die Erfüllung sei nicht garantiert. Denn die Gastfamilien in den USA erhalten für die Aufnahme von Gastschülern kein Geld, sondern seien idealistisch motiviert. Durchaus nicht jede Gastgeber-Familie sei wohlhabend. Auf Fragen zu Führerschein, Rassismus, Prüderie u.v.a.m. erhielten wir geduldig Antwort.

Nach dem Gespräch verfügten wir über eine Unmenge an Informationen, die es zu verarbeiten und zu überdenken galt.

Mutter und Tochter

Johanna und ich redeten viel in den nächsten Tagen. Wir wägten Vor- und Nachteile des High School-Besuchs ab, verwarfen die Idee sogar ganz, aber nur um sie kurz danach wieder aufzugreifen. Letztlich begeisterte sich Johanna immer mehr für den Gedanken, während mir langsam Bedenken kamen. Mir wurde bewußt: Meine Tochter ist jetzt fast erwachsen. Sie war zwar schon immer recht selbständig und fand oft Anerkennung, z.B. wegen der Art ihres Umgangs mit anderen. Aber würde das ausreichen? In einer anderen Kultur, weit weg von mir? Oder brach bei mir nur die »Übermammi« durch, die ich nie hatte sein wollen?

Ich mußte auch daran denken, daß ich als selbstbewußte Frau galt, die aus jeder Situation das beste zu machen versuchte und nie aufgibt. Andererseits aber hatte ich noch nie alleine gelebt! Ich war früh Mutter geworden und hatte bis dahin zu Hause gewohnt. Und danach mit Johanna zusammen. Da saß ich nun und bekam angesichts eines Auslandsjahres meiner Tochter plötzlich so etwas wie Angst. Auch auf mich kam unvermittelt etwas zu, mit dem ich überhaupt nicht gerechnet hatte. Für mein Kind die Verantwortung zu übernehmen, das kannte ich. Aber eigenverantwortlich leben? Waren das jetzt etwa diese berühmt-berüchtigten Abnabelungsschwierigkeiten? Mir wurde mulmig, aber ich wollte Johanna damit eigentlich nicht belasten.

Doch blieb ihr meine veränderte Gemütsverfassung nicht verborgen, und ich »beichtete« meine neuen Sorgen. Vermeintlich schwierige Situationen entpuppen sich bisweilen als neue Chance. Johanna hielt mir eine Predigt – was sonst eigentlich mir zukommt. Schließlich hätte ich ihr zuliebe einen sicheren Beruf gewählt, nämlich in der öffentlichen Verwaltung, obwohl ich eigentlich viel lieber für eine Zeitung geschrieben oder als freie Autorin gearbeitet hätte. »Wenn ich mir meinen Traum erfülle, dann kannst du dir endlich auch deinen erfüllen«, sagte Johanna, »und wenn ich wiederkomme, dann bin ich selbständiger als ich je war und dann dauert es nicht mehr lange, bis ich mein eigenes Leben lebe. Das heißt, Amerika bedeutet für dich doch auch was Gutes. Du bist eine junge Mutter und kannst noch mal voll durchstarten! Und deine Tochter bleibe ich immer, mich wirst du sowieso nicht mehr los. Ich war immer so stolz auf dich und darauf, daß ich mit dir über alles reden kann. Nun mach auch, daß das so bleibt.«

Mein depressive Laune war von da ab wie weggeblasen. In der folgenden Zeit unterhielten wir uns oft über meine und Johannas Zukunft. Ich hatte den Eindruck, sie war schon jetzt so erwachsen und selbständig, wie man es eigentlich erst von den Jugendlichen nach dem High School-Jahr erwartet. Für mich gab es nur noch eine letzte große Hürde: Wie sag` ich es meiner Mutter, Johannas Oma? Sie und Johanna haben eine sehr enge Beziehung. Drei und mehr Wochen während der Sommerferien plus Weihnachten verbringt Johanna bei ihrer Großmutter. Mir lag daran, daß sie Johannas Vorhaben unterstützt. Meine Mutter reagierte erstaunlich gelassen auf die Neuigkeit. Sie mußte sich aber doch erst an den Gedanken gewöhnen und fragte nur, wie ich das finanziell schaffen wollte. Eine Woche später rief sie zurück. Sie stellte mir noch ein paar Fragen, bevor sie mit Johanna über alles sprach. Trotz einiger Zweifel fand meine Mutter die Idee im Prinzip gut. Zufällig hatte sie außerdem eine andere moderne Oma mit »Gastschüler-Enkel« getroffen. Der Junge war bereits in den USA und schrieb begeisterte Briefe.

Die Entscheidung

Zwei Monate nach unserem ersten Termin bei Frau Salzer vereinbarte Johanna ein weiteres Informationsgespräch. Danach entschied sie sich für ein klares Ja – und die Dinge nahmen ihren Lauf. Als erstes würde ein offizielles Bewerbungsgespräch erfolgen, das u.a. dazu dienen sollte, die aktuelle Familiensituation des künftigen Gastschülers kennenzulernen. Könnte die einjährige Trennung von den Eltern zu Problemen führen?

Das High School-Jahr sollte weder eine »Fluchtmöglichkeit« für unglückliche Kinder sein, noch Eltern dazu dienen, ihre Kinder abzuschieben, weil sie nicht mit ihnen klarkommen.

Auf so etwas wären wir nie im Leben gekommen, fanden die Rückversicherung aber letztlich auch für uns selbst wichtig. Wir bestanden alle Tests. Johannas Notendurchschnitt, an den jede Austauschorganisation andere Anforderungen stellt, lag auch im grünen Bereich, und am Ende des über dreistündigen Interviews unterschrieben wir den Vertrag. Hätten wir geahnt, was für ein gewaltiger Papierregen auf uns niedergehen würde, wären wir direkt unter Frau Salzers Couch in Deckung gegangen.

Papierkrieg

Es gab Formulare für den *Student Letter* und den *Parent Letter*, für die Schule und für den behandelnden Arzt. Fotoseiten mußte Johanna auch noch anfertigen. Schließlich sollte die Gastgeberfamilie in den USA Johanna auswählen und nicht umgekehrt. Paßangelegenheiten waren zu klären, ein internationaler Impfausweis zu beschaffen und so weiter. Zu alledem erhielten wir seitenlange Anleitungen, wie welches Formular konkret auszufüllen ist. Alle Unterlagen mußten wir dann so schnell wie möglich mit `zig Kopien an unsere Austauschorganisation zurücksenden.

Manchmal fragte ich mich, warum ich so sehr in alles einbezogen wurde. Schließlich hatte ich nebenbei noch unseren Alltag zu organisieren. Außerdem war es nicht mein Jahr in den Vereinigten Staaten. Vielleicht verbarg sich hinter diesem Denken auch ein wenig Neid, den ich auch Johanna beichtete. Die folgenden Wochen waren ziemlich stressig. Z.B. lernten wir das Gesundheitsamt näher kennen, wo die Zuständigkeiten offensichtlich ein streng gehütetes Dienstgeheimnis sind. Die amerikanische Schreibweise des Datums hatten wir bald verinnerlicht und der Arzthelferin nachdrücklich eingebleut.

Ich fotografierte Johanna in allen Lebenslagen, obwohl sie es gar nicht mag, fotografiert zu werden. Den *Parent Letter*, mit dem ich mich der amerikanischen Familie vorstellen sollte, verfaßte ich in deutscher Sprache und drückte die Übersetzung einer Freundin aufs Auge. Diese ganze Hektik, in die auch noch Weihnachten, Jahreswechsel und mein Geburtstag fielen, erstreckte sich über sechs Wochen – oder waren es zwei Monate? Ich weiß es nicht mehr.

Als wir Mitte Januar alles an unsere Kontaktdame weitergegeben hatten, waren wir erleichtert. Aber dann geschah eine lange Zeit nichts. Überhaupt nichts. Das Warten wurde immer nur kurzzeitig unterbrochen. Zum Beispiel gab es ein Treffen von ehemaligen und zukünftigen Austauschschülerinnen und -schülern. Weiter lud die Organisation zu einem Seminarwochenende ein, das mit einer Pflichtveranstaltung für die Eltern verbunden war.

Vorbereitungstreffen auch für Eltern

Als ganztags berufstätige Frau möchte ich mein Wochenende anders nutzen und war davon nicht eben begeistert. Ich hatte keine Fragen, für mich war alles klar. Außerdem verfügten wir über Telefonnummern von ehemaligen Austauschschülern, die uns bei Bedarf Fragen beantworten könnten. Im Internet hatten wir uns sachkundig gemacht und auch Bücher zum Thema gelesen. Ich machte mich also ziemlich unmotiviert auf den Weg zu dieser vermeintlichen Zeitverschwendung. Doch bereits nach den ersten Minuten im »Vorbereitungstreffen für die Eltern im Rahmen des Wochenendseminars für die Austauschschüler« begann ich, der Organisation recht zu geben, auch die Eltern mit einzubinden. Letztlich bereute ich keine Sekunde, daß ich für diese Veranstaltung meine Freizeit geopfert hatte.

Besonders aufschlußreich fand ich die Berichte ehemaliger Austauschschüler/innen, die offen über ihre Erfahrungen sprachen und auch Gastfamilienwechsel und andere Probleme beim Namen nannten, wie zum Beispiel Glaubensrichtungen, mit denen sie sich plötzlich hatten auseinandersetzen müssen, oder auch die gänzlich andere Ernährung. Offenbar handelte es sich keineswegs um ausgesuchte Vorzeige-Jugendliche. Zwei von ihnen berichteten sogar von kleinen, aber doch vorhandenen Konflikten bzw. Mißverständnissen mit der Austauschorganisation selbst.

Nicht nur diese Offenheit fand ich sehr gut, sondern auch, daß die Vertreter der Organisation dazu vor der versammelten Elternschaft Stellung bezogen und erläuterten, wie sie mit derartigen Konflikten umgehen. Problematisch ist, daß man zwar »seine« Austauschorganisation in Deutschland kennt, die amerikanische Partnerorganisationen jedoch nicht. Da ist es umso wichtiger, zumindest hier Vertrauen zu haben.

Weiter berichteten die Ehemaligen, welche Schwachpunkte sie bei sich selbst festgestellt hatten. Unabhängig voneinander waren sie sich einig, daß man als Austauschschüler imstande sein muß, Probleme klar zu artikulieren. So dürfe man etwa Heimweh nicht in sich hineinfressen und sich zurückziehen, da das als Ablehnung mißverstanden werden könnte. Stattdessen solle man Probleme offen ansprechen. Andererseits sei es wichtig, sich nicht an Kleinigkeiten aufzuhalten oder von vornherein Dinge abzulehnen, die man noch nicht wirklich kennt. Ich konnte mir auch gut vorstellen, daß es schwer ist, Kontakt zu den amerikanischen Mitschülern zu finden, wenn mehrere Austauschschüler aus einem Land an einer Schule eine Heimatsprachen-Clique bilden.

Kurz: ich fand das alles sehr spannend und war erstaunt über die Lebenserfahrungen der Ehemaligen. Da gab es Einiges, was ich erst mit 20 oder 25 Jahren erkannt hatte. Die Möglichkeit, Fragen zu stellen, erwies sich als weiterer Vorteil, weil die Eltern z.T. völlig unterschiedliche Fragen hatten. Manche davon wären mir im Traum nicht eingefallen.

Wichtig waren auch allgemeine Punkte wie die Fortführung von Hobbys an der amerikanischen Schule bis hin zur Mitnahme von Instrumenten im Flugzeug. Zum Glück sollte das problemlos sein. Johannas einzige noch verbleibende Bedingung an den Schüleraustausch war nämlich: »Entweder ich gehe mit Cello `rüber oder gar nicht.«

Als die Sprache auf die Abflugdaten kam, gab es mir seltsam erscheinende Probleme. Die Termine lagen in den Sommerferien und kollidierten offenbar mit der Urlaubsplanung mancher Eltern, obwohl der ungefähre Zeitpunkt der Flüge bereits lange – seit Anmeldung und Vertragsunterschrift – bekannt war. Ein besonders hartnäckiger Vater drängte immer wieder aufs Neue, daß man ihn doch bitte rechtzeitig im Ferienhaus irgendwo im Ausland anrufen möge. Für die Organisation wäre es aber jenseits der Zumutbarkeit, die Familienmitglieder der abfliegenden Gruppe einzeln aus ihren jeweiligen Urlaubsorten zusammenzutelefonieren.

Nebenbei erfuhren wir, daß wegen der Sommerurlaubszeit der US-Botschaft für die Aufenthaltsgenehmigung eine Visa-Agentur beauftragt werden müßte, was wegen der damit verbundenen Kosten in Höhe von ca. 200 Mark nicht gerade auf Begeisterung stieß. Zum Glück hatte ich 500 Mark an indirekten Kosten eingeplant: der Reisepaß kostet Geld, die Paßbilder, der internationale Impfausweis, Filme und Fotoentwicklung, Papier und Kopierkosten. Parallel dazu beschäftigte sich Johanna immer wieder mit der Aufgabe, ihr gesamtes Leben und die dafür bedeutsamen Gegenstände und Kleidungsstücke in zwei Koffer mit maximal je 32 Kilo Gewicht zu verstauen, mehr war für den Transatlantikflug ohne immense Übergepäckgebühr nicht zulässig

Stress: Warten auf die Plazierung

Das passive Warten auf die Plazierung sorgte für den größten Stress. Verstärkt wurde die Ungeduld noch durch Klassenkameradinnen, Orchesterfreunde, Bekannte und Verwandte, die immer wieder fragten: »Wo wirst du denn da leben?« oder »Weißt du schon, wohin es nun genau geht?« Immer mußte sie mit den Schultern zucken und sagen: »Keine Ahnung, weiß ich noch nicht.« Die Ferientermine in den USA sind andere als in Deutschland, und die meisten Familien entscheiden sich erst spät für die Aufnahme eines Gastschülers. Es bestand also durchaus die Möglichkeit, daß Johanna erst während der Sommerferien erfahren würde, wohin die Reise geht. Allein der Abflugtermin stand für Mitte August fest. Nur der Ort nicht und die Familie, bei der sie leben sollte.

Endlich kam die telefonische Nachricht der Plazierung für Johanna. Obwohl ich vor Neugierde fast platzte, bat ich um Anruf direkt bei meiner Tochter, die gerade bei ihrer Großmutter war. Nach endlos langen 10 Minuten rief ich dann bei Johanna an und erfuhr ebenfalls den Ort und andere Details ihrer zukünftigen amerikanischen Familie. Mir fiel ein Stein vom Herzen, aber ich wurde auch etwas schwermütig. Nun war unser bevorstehender Abschied sozusagen amtlich. Bei aller Freude beschlichen mich bisher unbekannte Bedenken. Ich suchte im Internet nach Britton, einem Ort zwischen Detroit und Toledo, der künftigen »Heimat« von Johanna. Doch Britton ist ein derart kleines Städtchen im Bundesstaat Michigan, daß ich dazu nur wenige Zeilen fand.

Vorbereitung

Ein Bekannter entdeckte immerhin die *Britton Macon High School*, die sich im Internet sehr gut präsentiert. Ich fand dort eine Menge über Sport, doch für die musikalischen Interessen meiner Tochter sah ich schwarz. Johanna interessierte das zu diesem Zeitpunkt jedoch nicht mehr. Dann würde sie eben jeden Tag üben, um später den Anschluß nicht zu verpassen. Hauptsache war schließlich, daß sie ihr Cello dabei hatte. Sie freute sich, packte bereits in Gedanken Koffer und nahm Abschied. Ab und zu fand ich es überhaupt nicht gut, mit welcher Leichtigkeit sie die Trennung von mir wegsteckte. Ich war zeitweise nicht bereit, mit Johanna überhaupt nur ein Wort über all das zu sprechen und benahm mich so, als ob ich nicht dazugehörte. Ob ich mich ausgeschlossen oder abgeschoben fühlte? Ich weiß es nicht. Andererseits verstand ich sie sehr gut und freute mich genauso wie sie. Johanna bezog mich immer ein, nicht nur wie man eine Mutter einbezieht, sondern auch als gute Freundin, und es lag nicht an ihr, wie ich mich bisweilen verhielt.

In der Zwischenzeit hatte ich mich schon etwas abgelenkt. Ich schrieb für eine Zeitung und war ziemlich oft außer Haus. Johanna nutzte ihrerseits die Zeit für Unternehmungen mit ihren Freundinnen. Erst im Nachhinein stellte ich fest, daß das wohl meine eigene Art von Neuorientierung gewesen war für die Zeit, in der meine Tochter in den USA leben würde.

Johanna sagte mir später, sie sei froh darüber gewesen. Denn sie hätte dadurch sicher gewußt, daß ich nicht in ein tiefes Loch fallen würde. Sie hätte sich daher ohne Schuldgefühle auf ihr High School-Jahr hätte freuen können. So hatten wir also einen guten Weg gefunden, um gemeinsam und auch jede für sich das auf uns zukommende Neue zu erleben.

Kurze Zeit nach dem Erhalt der Adresse rief Johanna »ihre« neue Familie an. Ich hatte den Eindruck, daß sie auf einer Wellenlänge mit ihren »Eltern« lag. Dann ging alles ganz schnell, und der Abflug stand unmittelbar bevor. Meine Freundin Gaby kam von Bayern zu uns nach Nordrhein-Westfalen, um praktisch und moralisch zu helfen. Ich neige dazu, kurz vor einer Reise alles in den Koffer zu werfen. Doch weil Gaby und Johanna eher die systematischen Kofferpacktypen sind, beschränkte ich mich freiwillig auf das Zureichen. Am Abend vor ihrer Abreise aßen wir auf Johannas Wunsch noch einmal viel Obst und Gemüse zum Abendbrot, für den Fall, daß sich die Fastfood-Vorurteile bewahrheiten sollten. Dann spielten wir das verrückte Therapy-Gesellschaftsspiel bis nach Mitternacht und kamen aus dem Lachen nicht mehr heraus, bis wir in die Betten fielen.

Abschied

Am nächsten Morgen gab es – wiederum auf Johannas Wunsch – ein Vollkorn- und Rohkostfrühstück. Wobei die Hauptakteurin vor Aufregung kaum einen Bissen herunter bekam. Bereits fünf Stunden vor der eigentlichen Abflugzeit fuhren Johanna und Gaby mitsamt Gepäck zum Düsseldorfer Flughafen. Sie hatten Bedenken wegen des Cello-Transports und eventuell damit doch verbundener Schwierigkeiten und Kosten. Ich blieb eine Stunde länger daheim und nahm die Freundinnen meiner Tochter in Empfang, die sich am Flughafen von Johanna verabschieden wollten. Nach langer Diskussion mit der Fluggesellschaft ging das Cello als Sondergepäck mit, was für Hin- und Rückflug noch einmal 500 Mark kostete. Dabei hatte unsere Austauschorganisation gesagt, daß Streichinstrumente dieser Art bislang immer kostenlos transportiert worden seien ...

Johanna machte sich besonders wegen des in den letzten Wochen sprunghaft gestiegenen Dollarkurses erneut Gedanken um das viele Geld, das ich für sie ausgab. Und dann warteten wir. Mich überkam eine apathische Ruhe. Alles war wie ein Traum. Vorübergehend flüchtete ich mich in organisatorische Fragen, ob denn Johanna dies und jenes nicht vergessen hätte, sah aber bald ein, daß ich nicht zum zehnten Male nach ihrem Radiowecker oder ihrem Impfpaß fragen mußte.

Johanna strahlte über das ganze Gesicht und ich spürte, daß sie in Gedanken schon im Flieger saß. Sie flog allein, zuerst nach Chicago, von dort weiter nach Detroit, wo sie von ihrer Gastfamilie abgeholt werden sollte. In Chicago hatte sie drei

Stunden Aufenthalt und versprach, mich nach der Landung – wenn irgend möglich – anzurufen. Es war soweit. Wir umarmten uns lange und ich sagte ihr nur noch: »Du packst das, Johanna.« Das war's.

Es ist schon ein eigentümlicher Anblick, wenn die 16-jährige Tochter ihr Gepäck aufs Band legt und dann langsam hinter der Absperrung verschwindet. Alle unsere Begleiterinnen sahen mich verstohlen und zugleich neugierig an, wichen aber meinen Blicken aus. Ich weinte nicht. Dafür machte ich mir vielleicht noch zuviele Sorgen. Schließlich war der befreiende Anruf noch nicht da. Das richtige Warten begann erst jetzt. Ganz alleine würde sie in Chicago umsteigen müssen. Eltern können manchmal vielleicht etwas ätzend sein in ihrer Fürsorge – und deshalb wissen sie auch nicht, wozu ihr Kind eigentlich schon allein in der Lage ist.

Nachdem wir nach Hause zurückgekehrt waren, bestellten wir uns erst einmal Pizza und tranken Kaffee. Meine Stimmung schwankte; ich verfiel von hektischem Gequatsche in langes Schweigen. Obwohl ich weiß, daß Flugzeuge das sicherste Transportmittel sind, malte ich mir schlimme Abstürze aus und machte lieber nicht den Fernseher an.

Sechs Stunden Zeitverschiebung. Um 12 Uhr mittags bei uns ist es bei Johanna 6 Uhr morgens. Ich hatte mir ausgerechnet, wann Johanna aus Chicago anrufen könnte. Wir hatten nun etwa 48 Stunden mit unregelmäßigem oder gar keinem Schlaf hinter uns und wurden müde. Ich legte mich ins Bett, Gaby auf die Luftmatraze, und in der Mitte zwischen uns stand der Tisch mit dem Telefon und der Kerze, die im Dunklen vor sich hin flackerte. Die Zeit verstrich, Johannas Anruf blieb aus. Ich bekam es jetzt wirklich mit der Angst, verfiel in einen unruhigen Halbschlaf und wurde alle zehn Minuten wach. Endlich klingelte das Telefon. Es war Johanna – bereits im Haus der Familie; alles hatte prima geklappt. Nur weil ihr Gepäck in Chicago zunächst verschollen und sie deshalb beschäftigt war, hatte sie mich von dort aus nicht anrufen können.

Allein ohne Tochter

Daß ich mich in den Wochen vor Johannas Abreise mit all den organisatorischen Erledigungen allenfalls abgelenkt hatte, zeigte sich in den nächsten zwei Wochen. Die Austauschorganisation hatte den neu angekommenen Gastschülern empfohlen, nicht täglich in Deutschland anzurufen, weil sie sonst den Alltags-Bezug zu ihrer Gastfamilie nicht finden würden. Ich hatte deshalb mit Johanna eine zweiwöchige Funkstille vereinbart, damit sie sich unbefangen einleben könnte.

In dieser Zeit verfiel ich einen regelrechten Aufräumzwang. Als unsere kleine Wohnung schon am ersten Nachmittag nach ihrer Abreise blitzsauber war, räumte ich alles aus den Schubladen und widmete mich einer verschärften Innenreinigung. Als ich mich zwei Stunden später bei der mittlerweile dritten Putzaktion derselben Fächer ertappte, brach ich ab und knöpfte mir den Kühlschrank vor, den ich im Laufe der nächsten zwei Wochen mehrfach auswusch. Schreiben konnte ich nicht und allgemein war es mit meiner Konzentration nicht zum Besten bestellt. Das Wohnzimmer wienerte ich etliche Male und schrubbte das Bad jeden Tag übergründlich.

Johannas Kater, der einsam zurückgeblieben war und nicht ahnen konnte, warum seine beste Freundin plötzlich weg blieb, wandte sich mir, seiner ehemals härtesten Konkurrentin, in inniger Liebe zu. Es blieb uns wohl nichts anderes übrig. Er folgte mir plötzlich wie ein Entenküken und ich raunzte ihn nicht mehr an, wenn er mich nervte. Dann endlich waren die zermürbendsten 14 Tage meines Lebens vorbei und ich hatte eine enthusiastische Johanna am Telefon.

Die neue Familie

Wir telefonierten nur kurz miteinander. Sie erwähnte, daß ihr Zimmer wesentlich kleiner sei als daheim, doch das mache ihr nichts aus. Dafür erwartete sie viel Neues. Mit Cheryl, Tom und dem 9-jährigen Gastbruder Zachary verstand sie sich gut. Wie uns schon von der Organisation mitgeteilt worden war, hatte die Familie noch einen zweiten Gastschüler aufgenommen: Jeff aus Kanada. Er war schon vor Johanna in Britton eingetroffen.

Natürlich wurde dieses neue Leben schnell zur Routine, und bald erzählte Johanna auch von kleineren Problemen. So mußten für ihren kleinen Gastbruder alle sofort Gewehr bei Fuß stehen, wenn er einen Wunsch äußerte. Vor allem Jeff hatte damit große Probleme, weil er mit dem Gastbruder das Zimmer teilte. Jeff wollte schließlich die Familie wechseln. Das war nicht leicht für die Gastfamilie. Nach außen trennte man sich freundlich, doch die gegenseitige Enttäuschung war groß. So blieb Johanna allein und stand plötzlich stärker im Mittelpunkt, was sie zunächst als Nachteil empfand.

Johanna möchte hin und wieder ihre Ruhe haben und ein bißchen allein sein. Zachary brauchte einige Zeit, um sich daran zu gewöhnen. Doch da er von Anfang an stets an ihre Zimmertür klopfte und abwartete, bis er hinein durfte, akzeptierte er auch, wenn mal keiner antwortete. An der High School in Britton war meine Tochter die einzige Austauschschülerin aus Deutschland. Diese Schule hatte als besonderen Schwerpunkt – wie erwähnt – Sport, was Johanna nicht ausreichte. Sie hoffte immer noch auf ein Orchester, in dem sie Cello spielen könnte.

Schulwechsel

Cheryl bot ihr eines Tages an, sie täglich zu der entschieden größeren High School ins 35 km entfernte Monroe zu fahren, an der es mehrere Orchester gibt. Das bedeutete für sie einen erheblichen Aufwand, den sie aber freiwillig und offenbar gerne für Johanna in Kauf nahm.

Als ich am Telefon von dem Schulwechsel erfuhr, war ich zunächst etwas perplex. Ich war weder gefragt noch um Rat gebeten, sondern einfach nur vor die vollendeten Tatsachen gestellt worden, die Johanna und Cheryl geschaffen hatten. Zum ersten Mal hatte ich keinerlei Verantwortung für eine größere Veränderung im Leben meiner Tochter. Aber ich gewöhnte mich bald an den Gedanken, daß sie nun ihren eigenen Weg einschlug und ich auch bei wichtigeren Entscheidungen entbehrlich war. An der High School in Monroe – der Wechsel erfolgte einen Monat nach ihrer Ankunft in den Vereinigten Staaten – fühlte sich Johanna bald wohl. Dort gab es weitere fünf deutsche Austauschschülerinnen; alle achteten sehr darauf, Gespräche untereinander nicht in ihrer Heimatsprache zu führen.

Ein Nachteil des Schulwechsels war die große Entfernung zwischen Wohnhaus und Schule. In Michigan fällt im Winter oft viel Schnee. Man muß sich dort morgens am Fernseher informieren, wie die Straßenverhältnisse sind und ob ggf. in der eigenen Schule der Unterricht ausfällt. Johanna war ganz auf den guten Willen und die Pünktlichkeit ihrer amerikanischen »Mutter« angewiesen; denn einen Schulbus von Britton nach Monroe gibt es nicht. Kleinere Probleme blieben dabei nicht aus, die Johanna aber familienintern nicht ansprach.

In der High School

Am Telefon erzählte Johanna auch von einem Typ namens »Locke«. Ich unterbrach sie nicht, weil mich der Schulwechsel noch zu sehr beschäftigte. Während ich ihrer Erzählung von der neuen High School lauschte, verlor ich trotz aller Aufmerksamkeit den Faden. Sie berichtete, wie groß die neue Schule sei und wie wenig Zeit sie hätte, von einem Raum zum anderen zu rennen. Und irgendwie rannte sie immer mal wieder zu diesem »Locke«. Okay, dachte ich, erstes Verliebtsein und so. Da der Name »Locke« mir für die USA aber recht ungewöhnlich schien, fragte ich dann doch noch, wer denn »Locke« sei. Es war ihr Spind, in dem sie ihre Sachen aufbewahrte, und das Wort für Spind heißt im Englischen *Locker*.

Johanna war im Laufe ihres Schuljahres nicht immer nur glücklich, das ist klar. Schließlich ist auch in Amerika nicht alles nur eitel Sonnenschein. Und es gab auch beunruhigende Nachrichten, z.B. von Selbstmorden unter den Schülern und von häufiger Polizeipräsenz auf dem Schulgelände, offenbar Alltag in den USA, an den man sich gewöhnen muß.

Johanna lernte schnell, die kleineren Konflikte in der Schule und mit der Familie zu meistern. Es brachte nichts, auf das wöchentliche Telefonat mit mir zu hoffen. Zumal ich weder die Mentalität noch die Lebensgewohnheiten von Johannas neuen Freunden kannte, geschweige denn »ihre« Familie oder die Lehrer. Allenfalls läßt sich am Telefon ein wenig Frust abbauen, doch nur vor Ort und im direkten Kontakt kann man Probleme wirklich lösen – und häufig lösen sie sich auch von selbst. Nach vier Monaten verabredeten wir, nur noch in besonderen Fällen miteinander zu telefonieren, und dieser Entschluß erwies sich als das Beste, was wir tun konnten.

Per e-Mail in Kontakt

Zumal im Zeitalter des Internet. Johannas Gasteltern haben Computer und Internetanschluß, und auch die High School ist gut ausgestattet, so daß wir einander viele Mails schicken konnten. Manchmal alle zwei Tage, manchmal auch nur einmal pro Woche. Wenn ich von Johanna lange nichts gehört hatte, schrieb ich: »Alles in Ordnung? Oder einfach nur viel um die Ohren?« Am nächsten Tag hatte ich dann mindestens eine 2-Zeilen-Mail von ihr: »Keine Sorge. Alles okay. Wenig Zeit. Melde mich bald ausführlich.«

Und wenn sie wieder in einer längeren Mail von ihrem Leben in Michigan berichtete, wurde mir auf's Neue klar: Johannas Austauschjahr ist eine besondere Erfahrung auch in meinem Leben!

Teil 2

Alle wichtigen Fakten und Informationen zu US-Gastschüler-Programmen

1. Einführung

Bereits Teil 1 dieses Buches enthält eine Fülle von locker eingestreuten Informationen und wichtigen Einzelheiten zu Fragen, die in der Vorbereitung und Planung auftauchen, insbesondere zum Leben in Schule, Gesellschaft und "Elternhaus" in Amerika. Wer mit dem Gedanken spielt, sich eventuell auf ein Jahr US-*High-School* einzulassen, hat durch die Lektüre bereits einen kleinen Vorgeschmack erhalten.

Teil 2 bezieht sich nun auf eine systematische Informationsvermittlung an die Adresse all derjenigen, die durch den vorangestellten Bericht in ihrer Absicht bestärkt oder vielleicht sogar erst motiviert wurden. Ihnen sei gesagt, daß die Realisierung eines *US-High-School*-Jahres gar nicht so schwierig ist, wie es manchem erscheinen mag. Auch als durchschnittlicher Schüler hat man dank der vielen in der US-Vermittlung tätigen Organisationen gute Chancen. Die zugegebenermaßen hohen Kosten müssen nicht unbedingt ein Hinderungsgrund für die Teilnahme sein, da eine Reihe von Organisationen unter bestimmten Bedingungen Zuschüsse und/oder Stipendien gewährt. Die folgenden Abschnitte geben detailliert Auskunft, was bei der Umsetzung des Vorhabens zu beachten ist und was den Gastschüler drüben – rein schulisch-technisch gesehen – erwartet.

Apropos "Gastschüler": dieser Begriff hat sich seit einigen Jahren gegenüber dem früher gebräuchlichen Wort "Austauschschüler" durchgesetzt, weil auf der "Nordamerika-Schiene" von Austausch kaum mehr die Rede sein kann. Weder im engeren Sinn einer direkten Beziehung zwischen den jeweils aufnehmenden Schulen und Familien und der Herkunft der Schüler noch im Sinne eines nationalen Austausches mit annähernd gleichen Schülerzahlen auf beiden Seiten. Den Jahr für Jahr in großer Zahl in die USA reisenden Schülern aus vielen Ländern der Welt steht eine weitaus geringere Anzahl von jungen Amerikanern gegenüber, die ihrerseits eine Schule im Ausland besuchen.

Bei den Organisationen, die sich um eine Vermittlung von Gastschülern in die USA kümmern, handelt es sich demzufolge auch nur noch in wenigen Fällen um "Austauschorganisationen". Zumal inzwischen auch viele Sprachreisen-Veranstalter "USA-Familienaufenthalte verbunden mit einem *High School*-Besuch" anbieten. Im folgenden werden die Begriffe "Anbieter", "Organisationen", "Veranstalter" oder auch "Programmträger" im wesentlichen synonym benutzt.

2. Vorbereitung, Planung und Organisation der Teilnahme an High School-Programmen

2.1 Zu den Programmträgern

Entwicklung Der deutsch-amerikanische Schüleraustausch begann bereits kurz nach dem Krieg im Jahr 1948 und wurde zunächst ausschließlich über gemeinnützige Organisationen abgewickelt (American Field Service/AFS und Youth for Understanding/ YFU). Die Zahl der deutschen Austausch- bzw. Gastschüler, die ein Jahr in amerikanischen Familien verbringen, lag in den 50er Jahren nur bei wenigen hundert. Die Zahlen erhöhten sich in der Folge stetig, erlebten aber besonders in der Dekade 1980 bis 1990 einen sprunghaften Anstieg.

Situation heute Heute nehmen über 10.000 Jugendliche aus der Bundesrepublik Deutschland alljährlich an *High-School*-Programmen teil. Über 60 Organisationen kümmern sich um die Abwicklung. Von ihnen hat sich nur ein Teil der Völkerverständigung und anderen ideellen Werten verschrieben. Andere "mischen" im *High-School*-Geschäft mit, weil sich damit (auch) Geld verdienen läßt. Wogegen im Prinzip nichts einzuwenden ist, obwohl gelegentlich Gewinnstreben und die Dominanz kaufmännischer Kalkulation die an sich gebotene Sorgfalt bei der Auswahl von Bewerbern einerseits und Gastgeberfamilien andererseits behindern.

Auswahl Der scharfen Auswahl bei einigen Organisationen, die bekanntermaßen nur einen Teil der Bewerber berücksichtigen, stehen also Anbieter gegenüber, die um potentielle Teilnehmer konkurrieren. Die attraktiven Prospekte, die in hoher Auflage an den Schulen zur Verteilung kommen, kennzeichnen diese Situation. Sie wird zwar von einigen Programmträgern beklagt, ist aber aus der Sicht interessierter Schüler und ihrer Eltern positiv. Denn der Wettbewerb eröffnet auch denjenigen die Teilnahmemöglichkeit an *High-School*-Programmen, die anderswo zunächst nicht zum Zuge kamen oder sich erst relativ spät entschließen. Daß dabei vielleicht auch der eine oder andere Jugendliche akzeptiert wird, der besser (noch) in der Heimat bliebe, steht dabei auf einem anderen Blatt.

Konkurrenz Die nicht nur in Deutschland gestiegene Nachfrage nach einem *High-School*-Besuch in den USA stieß in den letzten Jahren mehr und mehr an die Kapazitätsgrenze der Aufnahmebereitschaft amerikanischer Schulen und Familien. Speziell um die Familienplätze wird der Konkurrenzkampf härter. In immer stärkerem Maße versuchen daher die verschiedenen Organisationen, über Zeitungsannoncen und *Direct Mailing* zusätzliche Familien wie auch *High Schools* für die Aufnahme von Gastschülern zu gewinnen. Es liegt auf der Hand, daß in dieser Situation die Auswahlkriterien mitunter etwas großzügiger gehandhabt werden, als eigentlich angebracht.

Eine "Rekrutierung" von Gastfamilien über Zeitungsanzeigen ist durchaus üblich

Probleme Die Folge sind gar nicht so seltene Pannen wie etwa eine temporäre Unterbringung von Gastschülern im Hotel oder die – an sich nicht vorgesehene – Bezahlung von Gasteltern. Bei Vermittlungsengpässen wird im Fall von Differenzen zwischen US-Familie und Gastschüler unter Umständen schon eher mal mit der Heimreise gedroht oder ein Familienwechsel von vornherein und ohne Berücksichtigung der Schwere und Ursache aufgetretener Probleme abgelehnt. Selbst wenn unerfreuliche Vorkommnisse vom Veranstalter zu verantworten sind, bedeutet das nicht notwendigerweise, daß er auch zur Verantwortung gezogen werden kann. Eine der vielen Unterschriften der Eltern hat in der Regel eine Reihe von typischen Restrisiken auf sie selbst bzw. den Sprößling verlagert. Wenn also nicht alles ganz nach Wunsch läuft, kann der Veranstalter oft auf das Kleingedruckte verweisen, das ihn gegen viele denkbare Ansprüche rechtlich absichert.

Vorauswahl Schwierigkeiten lassen sich zwar nie ausschließen, aber eine sorgfältige Auswahl des Programmträgers kann die Möglichkeiten für ihr Auftreten vermindern und bei sich dennoch ergebenden Problemen die Chance ihrer zufriedenstellenden Lösung verbessern. Wichtige Voraussetzung für einen erfolgreichen und insgesamt positiven Verlauf eines USA-Aufenthaltes ist daher die Klärung aller Fragen bezüglich des Programms und dessen Abwicklung einschließlich der "Eventualfälle" (was passiert, wenn ....?) **vor** der endgültigen Festlegung auf eine bestimmte Organisation. D.h., Leistungen, Kosten und Bedingungen verschiedener Programmträger müssen studiert und verglichen, Unklarheiten ausgeräumt werden. Die Entscheidung für einen bestimmten Anbieter sollte erst nach Klärung aller offenen Fragen erfolgen.

Gemeinnützigkeit Die von manchen gehegte Vermutung, daß gemeinnützige Veranstalter eventuell "besser" seien als explizit gewinnwirtschaftlich orientierte Unternehmen, läßt sich durch Beobachtung der Praxis nicht erhärten. Die amerikanischen Partner etwa arbeiten teilweise sowohl mit kommerziellen als auch mit gemeinnützigen deutschen Organisationen zusammen. Für den betroffenen Schüler macht es keinen Unterschied, durch wen er vermittelt wurde, wenn in beiden Fällen die Betreuung in den USA identisch ist. In den USA müssen alle Austauschorganisationen ohnehin per Gesetz auf gemeinnütziger Basis, d.h. *not for profit,* arbeiten. Ein Vergleich der Kosten ergibt ebenfalls keine signifikanten Unterschiede genereller Natur. Unbestreitbar ist lediglich, daß einige Organisationen mit besonders gutem Ruf schon lange im Geschäft sind und überwiegend als gemeinnützig firmieren. Umgekehrt ist aber die Gemeinnützigkeit nicht von vornherein gleichbedeutend mit besonderer Qualität der Organisation.

Fazit Auf jeden Fall benötigt man ausreichend Zeit für die Vorauswahl solcher Anbieter, welche für die persönliche Situation besonders geeignet erscheinen, siehe folgenden Abschnitt. Eine wertvolle Informationsquelle sind die Erfahrungen ehemaliger Gastschüler aus der eigenen Schule oder aus dem Bekanntenkreis. Je früher man sich mit dem Gedanken eines USA-Aufenthaltes auseinandersetzt, umso besser.

2.2 Bewerbungs- und Auswahlverfahren

Bereits im Bewerbungs- bzw. Anmeldeverfahren unterscheiden sich die Anbieter erheblich voneinander. Die jeweiligen Werbeprospekte und Informationsblätter geben Auskunft über die Details. Was beim Ausfüllen der Formulare und darüberhinaus zu beachten ist, wird im folgenden erläutert.

Teilnehmerkreis

Der Teilnehmerkreis für *High School*-Programme ist in der Regel auf Schüler im Alter zwischen 15 und 18 Jahren beschränkt, der Abschluß der 10. Klasse meist obligatorisch. Dabei ist der besuchte Schultyp im Prinzip nicht von Bedeutung. Auch wer die Schule mit Mittlerer Reife verlassen will, kann ein Jahr USA "dranhängen".

Anmeldetermine

Anmeldeschluß für Programme, die im August/September jeden Jahres beginnen, kann je nach Veranstalter bereits der September des Vorjahres, aber auch der April desselben Jahres sein. Einige Anbieter verschieben den "letzten" Einsendetermin mehrmals, solange noch freie Plätze zu vergeben sind. Andere Veranstalter akzeptieren Spätbuchungen gegen einen Aufpreis bis zu 800 DM.

Bewerbung

Der erste Schritt zur Teilnahme an einem US-*High-School*-Programm besteht im Ausfüllen der nicht selten mehrseitigen "Anmeldung", "Bewerbung" oder "Buchung". Darin sind u.a. Fragen zur Person des Interessenten und seiner Eltern zu beantworten. In Abhängigkeit von der Organisation müssen dem entsprechenden Formular diverse Unterlagen beigefügt werden, als da sind

- Kopien der letzten Zeugnisse
- Lebenslauf und "Selbstbeschreibung" des Bewerbers
- Schulgutachten durch Englischlehrer oder Schulleiter
- Paßbild

Manchmal genügt neben den persönlichen Daten zunächst die Angabe der letzten Englischnote und des Notendurchschnitts mit Namen/Anschrift des Englischlehrers und der Schule.

Nicht selten wird auch gefragt, ob sich der Interessent noch bei weiteren Organisationen bewirbt bzw. beworben hat. Die Antwort kann Einfluß auf die Teilnahmechancen haben. Man sollte sich nicht scheuen, diesbezüglich nachzufragen.

Mehrfache Bewerbung Bei vielen Anbietern sind die Teilnahmebedingungen derart gestaltet, daß Stornogebühren (➪ Seite 213) bereits im Fall eines Rücktritts von der Anmeldung/Buchung/Bewerbung anfallen, d.h., bevor die offizielle Aufnahme in das Programm überhaupt erfolgt. Daher also Vorsicht mit einer gleichzeitigen Anmeldung bei mehreren Veranstaltern.

Anmeldung/ Bewerbung Nach der Anmeldung bzw. Bewerbung ergeht meistens ein formeller Eingangsbescheid, bisweilen auch eine Art Dankschreiben. Einige Veranstalter teilen nach Sichtung der eingereichten Unterlagen umgehend die "vorläufige" Aufnahme in das von ihnen organisierte Programm mit. Natürlich auch das Gegenteil, wenn die ausgefüllten Formulare, selbstverfaßten Schriften und der Lebenslauf den Eindruck erwecken, daß der Interessent sich keine besondere Mühe gegeben hat oder den USA-Aufenthalt eher als Ferien vom heimischen Schulstress zu betrachten scheint.

Auswahlgespräch Erfolgt keine Absage, werden die Bewerber im allgemeinen zu einem Auswahlgespräch eingeladen. Mit dessen Hilfe soll deren Eignung für den USA-Aufenthalt überprüft werden. Die Strenge der Beurteilungskriterien hängt dabei u.a. vom Verhältnis der verfügbaren Plätze zur Zahl der Bewerber ab. Mit einer besonders scharfen Auslese ist bei einigen hochbewerteten Organisationen zu rechnen, wo sich bis zu vier Interessenten um einen Platz bewerben. Die simpelste Form des Auswahlgesprächs stellen telefonische Interviews dar. Auch sie kommen vor, obwohl eine kritische persönliche Beurteilung der Bewerber im Interesse aller Beteiligten liegt. Niemandem ist geholfen, wenn ein Schüler z.B. wegen seiner guten Englischkenntnisse akzeptiert wird, aber nach wenigen Wochen vor lauter Heimweh wieder nach Hause zurück möchte.

Gesprächsverlauf Bei den Auswahlgesprächen gibt es viele Varianten. Die aufwendigste ist die Diskussion einer Bewerbergruppe unter der Aufsicht eines Beurteilergremiums, dem oft auch noch ein ehemaliger Gastschüler angehört. Ein aktuelles, meist gesellschaftspolitisches Thema wird der Gruppe vorgegeben, und dann heißt es: "Nun diskutiert mal schön!" Und zwar auf deutsch! Dabei werden weniger die Standpunkte als vielmehr das Gruppenverhalten der Bewerber beobachtet und bewertet, also deren Kommunikationsfähigkeit und die Art des Umgangs mit den übrigen Diskussionsteilnehmern.

Andere Interviewformen sind Gesprächsrunden zwischen Bewerbern und *Retournees* (Ehemaligen), Befragungen durch Englischlehrer, oft verbunden mit dem Verfassen eines englischen Kurz-Aufsatzes, und ähnliches mehr.

Papierkrieg

Ist ein Bewerber angenommen, beginnt ein umfangreicher Papierkrieg. Englischsprachige Schul- und allgemeine Fragebogen sowie ärztliche Atteste sind genau auszufüllen. Diese als *student application* oder *student information* bezeichneten Papiere gehen an die amerikanische Partnerorganisation, die sie entsprechend den jeweiligen Gebietswünschen (so möglich) an ihre regionalen Repräsentanten weiterleitet. Die Repräsentanten, auf die unten noch näher eingegangen wird, bemühen sich um eine Koordinierung der Wünsche und Vorstellungen der potentiellen Gastschüler einerseits und der interessierten Familien andererseits.

Trotz Absage läßt sich vielleicht noch was machen:

Lieber Bewerber,

.... leider hinsichtlich Ihrer Bewerbung einen negativen Bescheid geben. ....

Falls Sie nach wie vor an einem Schüleraustausch mit Schulbesuch und Familienaufenthalt in den USA interessiert sind, können Sie sich ... bei folgender Organisation bewerben, von der wir erfahren haben, daß sie auch jetzt noch Bewerbungen annimmt, und von der wir wissen, daß sie beim nicht gemeinnützigen Schüleraustausch (bei den Gemeinnützigen sind alle Fristen abgelaufen) einen hervorragenden Ruf hat:

Name und Adresse des empfohlenen Unternehmens

(.... diese Organisation akzeptiert unseres Wissens auch die von uns verwendeten Formulare ....)

Na bitte, da besteht doch noch Hoffnung trotz Fristablauf. Dieses schöne Beispiel der sicher nicht ganz selbstlosen Zusammenarbeit von Organisationen wurde wörtlich dem Absage-Formschreiben eines Veranstalters entnommen.

Gebiets-wünsche Diverse Veranstalter werben zwar mit einem hohen Anteil erfüllter "Staatenwünsche", aber die Möglichkeit zur Angabe und Berücksichtigung von Gebietspräferenzen ist keineswegs selbstverständlich. Einige Organisationen sehen solche nicht vor, andere lassen sich nur auf Zusagen für extrem weiträumig abgesteckte Gebiete von z.B. 10 Staaten ein. Bei manchen Programmträgern kann man gegen Aufpreis eine Florida- oder Kaliforniengarantie buchen. Sogar eine 50%-Chance für eine Plazierung in diesen Staaten, wenn die 100%-Garantie zu teuer erscheint. Ob sich die Sonderzahlungen lohnen, bleibt bis zum Beweis des Gegenteils fraglich, denn auch in Florida und Kalifornien gibt es öde Landstriche und langweilige Kleinstädte. Im übrigen kommt es mehr auf das familiäre Umfeld und die Schule an als auf die Geographie der Umgebung.

Familien-wünsche Zwar wurde im vorletzten Absatz bemerkt, daß die Gebietsrepräsentanten sich bemühen, auch Wünschen bezüglich der Familie (etwa Altersgruppe der Gasteltern, deren Kinderzahl und -alter etc.) entgegenzukommen, aber bei keiner Organisation gibt es eine Garantie, daß den Vorstellungen auch entsprochen wird. Manche Veranstalter lassen Familienwünsche gar nicht zu. Grundsätzlich erfolgt bei allen Organisationen die "Zuteilung" der Bewerber ohne Rücksicht auf die Religion oder Hautfarbe. In der Praxis gehört die Mehrheit der Gastfamilien zur weißen *middle class*.

Persön-liche Briefe Dennoch besteht eine indirekte Möglichkeit, die Familien-auswahl ein wenig zu beeinflussen. Und zwar über die Beantwortung der Fragen in den Formularen zur Persönlichkeit des Bewerbers, zu seinen Hobbys und Vorlieben sowie über die Briefe, die der Interessent und seine Eltern an die zunächst noch nicht bekannten Gasteltern der *student application* meist beifügen müssen. Wenn alle darin enthaltenen Informationen ein realistisches und klares Bild des Bewerbers vermitteln, erhöht sich die Chance, daß die "richtige" Familie gefunden wird. Die "Traumfamilie" sollte man in keinem Fall erwarten. Enttäuschungen sind sonst vorprogrammiert.

Beispiel Auf der folgenden Seite findet sich mein persönlicher **Schülerbrief** an die (noch unbekannten) Gasteltern.

THIS FORM TO BE COMPLETED BY STUDENT

STUDENT LETTER

Directions for Student's Letter to Host Family: Your letter is the most important part of your application. Up until now you have been filling in blanks and providing short answers. Here you will have the opportunity to reveal your true personality. Don't waste this space repeating informnation such as your birthplace and birthdate, age, etc. This you have already provided. Your host family will want to know why you want to come, what you want to enjoy doing with them and the new friends you'll make, and what you are like with your family and friends in your home country. Make your letter as friendly and personal as possible.

This letter must be in English and TYPED, or clearly written, in black ink. It should cover all, but no more than this side of this page.

THIS LETTER MUST BE WRITTEN BY THE STUDENT WITHOUT ASSISTANCE.

Dear Host family!

I am really looking forward to staying in America for a year. I think that the picture of America, which we have in Germany is incomplete, may be wrong. My picture of America for example is created by the news and television only. Thats why I'm interested in learning about the real situation how people live in America.

This summer I sailed a lot on the Weser (a river next to here) with a small sailing boat. I'm going to have an exam for my sailing permission this spring. We have a schooner which is 23 metres long. We are sharing it with 12 people. We have sailed with it to Norway, Sweden and Denmark.

At home I play the piano quite often (about one hour a day. I have been learning it for two and a half years now. I play classical music and have just started playing blues.

I'm very interested in your school system and the subjects you can take, because our school system is very different. One of the excurricular activities I take part in is drama. Our last performance was a great success and we are invited to other schools as well. It gave us great pleasure. For next month we`re organizing a school fiesta which is to celebrate our fifth eddition of the school newspaper.

During my stay in America I'd like to carry on writing for the school newspaper and would like to write articles for the local one. If you don't mind, I'll have the magazine "Der Spiegel" sent to America, because there are a lot of things in it which handles German politics. Next sunday a swiming competition is taking place in which I'm taking part. It's in our neighbour village. Our village has got 2800 inhabitants, so we have to go to the nearest bigger town (Bremerhaven or Bremen), if we want to go to the theatre or to a concert. Last week we went to the theatre with our class by bus and we saw the musical "Annie get your gun". It was quite funny, bit I more prefere plays. I hope that I'll soon be able to write you again, having got your address.

May stay will surely be an interesting experience.

Yours faithfully

Max Rauner

THIS FORM TO BE COMPLETED BY PARENTS

PARENT LETTER

Directions for Parent's Letter to Host Family: Your letter is the most important part of your application. Along with your child's letter, it will normal`ly have the most influence on prospective families. Do not repeat information already provided in other sections of this application. Instead provide more details and personal information that will help the family understand your child's personality, background, lifestyle and habits. We ask that you be very frank and honest in your letter and that you comment on your child's strengths and weaknesses. Remember you are writing to another parents. Please include the types of information you would want to know if you were going to host their child.

This letter must be in English and TYPED, or clearly written, in black ink. It should cover all, but no more than this side of this page.

Dear Host Family!

First we want to say many thanks that you are willing to take our son Max for the next year. We hope that, except for improving his English, he will gain important impressions and experiences from America.

Max is a very independent and active boy with lots of interests. He is not very consume-orientated and can co-operate well with adults and teenagers.

Because of his many interests it`s sometimes difficult for him to practise them all. So we will advice him to concentrate mainly on school, to carry on playing the piano and learning about American history and culture.

One reason for our decision to let Max stay in the USA is that the view of young people in Germany about America, which is very much influenced by TV series and political news is not very good. So we hope that Max will be able to see the other sides of America, the peace-movement, the sciences and the typical way of life. Max is not complcate and he doesn`t smoke or drink alcohol. As soon as we receive your address we will write to you, so that you get to know us, our work and our way of life.

Our own experience about the USA has only been made through literature, the news and conversations with american friends who are working in Germany.

We hope that Max` stay will be a pleasure and also an interesting experience for you.

Yours sincerely

Parents of Max Rauner

Ein Beispiel für den Brief der Eltern an die Host Family

Impfungen, Ärztliches Gutachten Die amerikanischen Behörden schreiben für den *High-School*-Besuch bestimmte Impfungen vor. Sie müssen im sog. *Immunization Record* der Bewerbungsunterlagen vermerkt werden. Soweit Impfungen zum Zeitpunkt der

Aufnahme in ein Programm fehlen, können sie nachgeholt werden, in Ausnahmefällen auch noch nach der Einreise in die USA. Auf jeden Fall muß aber der deutsche Arzt eine Reihe von Fragen zum Gesundheitszustand des Bewerbers beantworten.

Schulgutachten Mehrerer Seiten der Informationsbögen sind der deutschen Schule vorbehalten. Sie beziehen sich vornehmlich auf schulische Leistungen, naturgemäß besonders Englischkenntnisse, Lern- und Sozialverhalten. Gute Bewertungen durch Englischlehrer und/oder Schulleiter können die Bereitschaft einer *High School* und auch einer noch nicht so ganz entschiedenen Familie, einen Bewerber aufzunehmen, positiv beeinflussen. Lobende Worte sollten dabei aber unbedingt der Realität entsprechen. Sonst besteht die Gefahr, daß die Ansprüche an den Gastschüler zu hoch gesteckt werden.

Probleme Alle Organisationen, gleich ob gemeinnützig oder kommerziell orientiert, haben ein Interesse an reibungslosen Programmabläufen und werden sich deshalb – im Rahmen ihrer Möglichkeiten – Mühe bei der Plazierung geben. Auch die meisten Bewerber füllen die Fragebogen gewissenhaft aus. Trotzdem kommt es gar nicht so selten zu Familientausch und Schulwechsel, gelegentlich auch zu Programmabbrüchen. Es liegt nahe zu fragen, ob derartige Ereignisse primär durch das Verhalten von Gastschülern, von amerikanischen Familien oder durch “Schulärger” verursacht werden. Oder ob die jeweiligen Organisationen eventuell indirekt Verantwortung tragen, da sie bei Bewerberauslese und Findung geeigneter *High Schools* und Familien mitunter doch zu großzügige Maßstäbe anlegen.

Letztlich läßt sich nicht vorhersehen, inwieweit im Einzelfall Gastschüler und Familie miteinander klarkommen werden. Ihre ausschließliche Zuordnung anhand von Fragebögen birgt immer ein gewisses “Restrisiko”.

Familienwechsel Ein Familienwechsel ist daher nicht außergewöhnlich. Einige Organisationen mit langjähriger Erfahrung sprechen offen von einer “Wechselquote” von 20%-30%. Niedrigere Prozentsätze – so sie explizit genannt werden und vorausgesetzt, daß sie stimmen – sprechen nicht unbedingt für höhere Qualität eines Programmträgers.

Denn Problemfall-Quoten lassen sich im Zweifel auch durch gezielte Maßnahmen niedrig halten, etwa, indem man Beschwerden von Schülern ignoriert oder bei auftretenden Schwierigkeiten mit der Heimreise droht. Keine Organisation wird dergleichen gutheißen, aber nichtsdestoweniger kommt so etwas vereinzelt vor.

2.3 Die Finanzen

Programmkosten

In Anbetracht der nicht unerheblichen Kosten von mittlerweile ab 9.000 DM bis über 12.000 DM sollte man sich vergewissern, welche Gegenleistungen damit konkret verbunden sind und – vor allem – welche nicht. Dabei gibt es bemerkenswerte Unterschiede.

In allen Fällen werden mit dieser Summe sowohl auf deutscher wie auf amerikanischer Seite Verwaltungs-, Büro- und Personalkosten abgedeckt. Außerdem recht oft Plazierungsprämien für die Gebietsrepräsentanten, Aufwandsentschädigungen und Fahrtkosten. Das Flugticket über den Atlantik ist in vielen Fällen im Paketpreis enthalten, aber durchaus nicht bei allen Organisationen. Bei Preisvergleichen darf man also nicht vergessen, die Flugkosten ggf. zu addieren. Der Weiterflug vom Ankunftsairport in den USA zum neuen "Heimatort" ist gelegentlich nicht im Preis enthalten und verursacht zusätzliche Kosten. Die manchmal mit der Bewerbung verbundenen Anmeldegebühren in Höhe von 50 DM bis 300 DM werden meistens bei Aufnahme in das Programm angerechnet.

Unterhalt/ Schulgeld

Weder für den Gastschüler noch für die Organisation fallen laufende Unterhaltskosten (Wohnung und Verpflegung/am.: *Room and Board*) an, da die Gasteltern diese voll tragen. Das an zahlreichen privaten Lehranstalten erhobene Schulgeld betrifft Gastschüler kaum, da die Programme grundsätzlich in Zusammenarbeit mit staatlichen ***Public High Schools*** durchgeführt werden. Sofern – in speziell gelagerten Ausnahmefällen – nur der Besuch einer privaten *High School* in Frage kommt, geht das Schulgeld zu Lasten der deutschen Eltern. Sie müssen jedoch vorher davon unterrichtet worden sein und ihre Einwilligung gegeben haben.

Immer mehr Programmträger bieten inzwischen ganz explizit Schulaufenthalte an ***Private High Schools*** an. Die Unterbringung erfolgt wie auch sonst in einer Familie, ggf. aber auch im Internat. Die Kosten solcher Programme betragen je nach Schule und Organisation zwischen 20.000 und 50.000 (!) DM. Die reinen Kosten des Schulbesuchs liegen dabei selten unter $10.000/Schuljahr, sofern kein (Teil-)Stipendium gewährt wird.

Kommerzielle/gemeinnützige Anbieter

Ein genereller Unterschied zwischen gemeinnützigen und kommerziellen Anbietern, was die Kostenseite betrifft, existiert – soweit ersichtlich – nicht. Es gibt kommerzielle Organisationen, die für ihre Dienste weniger berechnen als einige der gemeinnützigen. Die Unterscheidung bezieht sich formaltechnisch auf die Überschußverwendung. Während die Erträge der gewinnorientierten Veranstalter den jeweiligen Unternehmenseignern zugute kommen, sind die gemeinnützigen Organisationen verpflichtet, Überschüsse wieder für ebensolche Zwecke auszugeben.

Stipendien, Zuschüsse

Als gemeinnützig gilt u.a. die Vergabe von (Teil-)Stipendien oder von zinsfreien Darlehen zur Finanzierung des USA-Aufenthaltes für Kinder einkommensschwächerer Eltern. Kein Bewerber, der die Eignungskriterien erfüllt, müsse auf Teilnahme an einem *High-School*-Programm aus finanziellen Gründen verzichten, heißt es z.B. in den Broschüren von AFS und YFU. Teilnehmer am Parlamentarischen Patenschaftsprogramm des Bundestages erhalten ein Vollstipendium.

Steuerliche Wirkungen

Wer kein Stipendium bekommt, kann zumindest einen Teil der Kosten über die Steuer finanzieren. Und zwar läßt sich in der elterlichen Einkommensteuererklärung bzw. im Lohnsteuerjahresausgleich der "**Ausbildungsfreibetrag bei auswärtiger Unterbringung**" in Anrechnung bringen, der zur Zeit 1.800 DM bzw. 2.400 DM für Kinder unter 18 Jahren und 4.200 DM bei Kindern ab 18 beträgt. Diese Beträge beziehen sich auf 12 Monate und werden bei kürzeren Aufenthalten anteilig reduziert.

Kindergeld

Das Kindergeld wird weitergezahlt. Statt der üblichen, jedes Jahr einzureichenden Bescheinigung der deutschen Schule muß eine Bestätigung der amerikanischen *High School* und ggf. eine Kopie des Visums vorgelegt werden.

Weitere Kosten

Wie bereits im Zusammenhang mit den Flugkosten angedeutet, ist es mit der Zahlung an den Veranstalter noch nicht getan. Weitere Kosten gehen zu Lasten der Bewerber/Teilnehmer und sollten einkalkuliert werden:

Vorbereitungskosten

Finden Vor- und Nachbereitungsseminare (➪ Seite 184f) statt, sind zumindest die Fahrtkosten selbst zu tragen. Bei mehrtägigen Veranstaltungen erheben einige Organisationen auch eine Pauschale für Unterbringung und Verpflegung, bei anderen ist sie im Paketpreis enthalten. Mehrwöchige freiwillige Vorbereitungskurse in England oder sogar in den USA (vor Programmbeginn) können ohne weiteres 2.000 DM und mehr zusätzlich kosten. Vorbereitungen an zentraler Stelle in den Vereinigten Staaten zwischen Ankunft und Weiterflug in die neue "Heimat" oder auch vor Ort gehören, soweit sie vorgesehen sind, zu den im Preis enthaltenen Leistungen.

Versicherungen

Ein außerordentlich wichtiger Punkt bezieht sich auf die zweifelsfreie Klärung der Kranken- und Unfallversicherungsfrage. Grundsätzlich ist ein Versicherungsabschluß obligatorisch für eine Programmteilnahme.

Deshalb beinhaltet das Leistungspaket zahlreicher Träger bereits eine entsprechende Absicherung, oft ergänzt um eine im ggf. durchaus nützliche Reisegepäck- und/oder Haftpflichtversicherung. In anderen Fällen sind Versicherungskosten gesondert zu zahlen (500-1.000 DM für 10 Monate Unfall- und Krankenversicherung). Die jeweiligen Versicherungsleistungen variieren erheblich. Viele Fälle – z.B. Zahnfüllungen/-ersatz, Brillengläser etc. – sind vom Kostenersatz oft ganz ausgeklammert.

Das ***Bureau of Educational and Cultural Affairs*** (ECA), das den Schulbesuch von Ausländern überwacht (➪ Seite 219; im Internet unter **http://exchanges.state.gov**, Stichwort "**J-Exchange**"), schreibt Mindestleistungen vor, die eine Versicherung garantieren muß. Das sind eine Versicherungssumme von $50.000 bei Krankheit oder Unfall, Reise- und Transportkosten nach Deutschland im Krankheitsfall in Höhe von $10.000, Überführungskosten von $7.500 im Todesfall und eine Eigenbeteiligung von höchstens $500 pro Unfall oder Krankheit. Wenn eine eigene Privatversicherung bereits die Standards der ECA erfüllt, muß man das Versicherungspaket der Austauschorganisation nicht unbedingt annehmen.

Flugkosten Soweit die Flugkosten gesondert (siehe oben) zu tragen sind, bieten die betreffenden Veranstalter in der Regel an, für "ihre" Gastschüler in spe die Flugbuchung zu regeln. Die Flugkosten betragen je nach Zielflughafen und Fluggesellschaft zwischen 1.200 DM und 2.000 DM (Hin- und Rückflug).

Taschengeld Ein nicht zu unterschätzender Posten bezieht sich auf das Taschengeld, von dem eine Reihe unvermeidlicher Nebenausgaben zu bestreiten ist. Als Monatsbetrag werden allgemein $150 bis $250 empfohlen. In Anbetracht des relativ hohen Preisniveaus und der Gastsituation sind mindestens $120 notwendig, $150 und mehr eher angemessen Die Nebenausgaben beziehen sich z.B. auf die Essenskosten in der (Ganztags-) Schule, auf Hefte, Schulbücher und anderes Material. Für die erste Zeit (kleine Anschaffungen und Utensilien) und den letzten Monat (Geschenke für Gasteltern und Mitbringsel, ➪ Seite 276) muß man mit erhöhten Ausgabe rechnen. Einen kleinen Extra-Etat für den Jahresabschluß braucht man ggf. als *Senior* (➪ Seite 125). Alles in allem ist ein Gesamtbudget von mindestens 3.000 DM für die persönlichen Ausgaben eines (Schul-) Jahres anzusetzen und durchaus nicht besonders großzügig bemessen.

Taschengeld im voraus Einige Organisation verlangen eine Vorausentrichtung des gesamten Taschengeldes für die Dauer des Aufenthaltes, das dann in Teilbeträgen ausgezahlt wird.

Geldtransfer Für zusätzliche Zahlungen und in allen anderen Fällen stellt sich die Frage des Geldtransfers. Eigentlich bietet sich an, das Taschengeld in Form von $-Reiseschecks mitzugeben. Dieses Vorgehen ist preiswert, sicher und bequem, hat aber neben der nötigen Vorfinanzierung (zu einem möglicherweise gerade dann ungünstigen Dollarkurs) den – bei spendablem Ausgabeverhalten – denkbaren Nachteil einer vorzeitigen Etaterschöpfung.

Überweisung Die Überweisung in monatlichen Beträgen ist teurer und prinzipiell aufwendiger. Entweder muß in den USA mit Hilfe der Gasteltern ein eigenes Konto eingerichtet werden (➪ Seite 40), für das deren Zeichnungsberechtigung unumgänglich ist, oder ein Konto der Gasteltern läßt sich für diesen Zweck nutzen. Den technischen Ablauf der Auslandsüberweisung regelt dann die Bank.

Dollarschecks/ Post/ Reisebank Von vornherein auf Dollar lautende, auf den Empfänger bezogene **Namensschecks** können ohne Mißbrauchsrisiko per Post nach Amerika gesandt werden. Sie lassen sich bei jeder Bank bestellen, eignen sich wegen fixer Grundgebühren aber nicht für Kleinbeträge. Ein weiterer Weg läuft über die **Post** oder die **Deutsche Reisebank**, deren Geschäftsstellen man in großen Bahnhöfen findet: die dort bar einzuzahlende Summe ist im Fall der Postanweisung nach einigen Tagen, im Fall der Reisebank (in Zusammenarbeit mit den flächendeckend vorhandenen Filialen der Telekommunikationsgesellschaft ***Western Union***) am selben Tag in den USA verfügbar. Auch diese beiden Formen des Geldversandes sindleider ziemlich kostspielig.

Kreditkarte Eltern mit viel Vertrauen könnten Sohn oder Tochter auch mit einer Kreditkarte ausstatten – vorzugsweise VISA oder Eurocard (= *Mastercard*), da diese beiden noch im kleinsten Dorf in Geschäften und Banken akzeptiert werden. Sofern in der Familie Kreditkarten bereits existieren, ist die Ausstellung einer Zusatzkarte in der Regel sehr preiswert. Die *Credit Card* mobilisiert im Notfall sogar "Sofortreserven". Die Versuchung des Mißbrauchs mag indessen die Finanzierung der Ausgaben vor Ort über eine *Credit Card* nur in Ausnahmefällen sinnvoll erscheinen lassen.

Rücktritt Spätestens mit der Annahme einer Bewerbung für das angebotene Programm durch den Träger gelten mehr oder minder kostspielige Regelungen für einen eventuellen Rücktritt. Stornogebühren reichen von 100 DM bis zu 100% der Programmkosten, je nach Organisation und Zeitpunkt des Rücktritts. Die Konditionen im einzelnen gehen aus den Broschüren der Veranstalter hervor. Eine Reiserücktrittskosten-Versicherung tritt in der Regel nur bei schwerer Krankheit (Attest!), Unfall oder Todesfällen in der Familie in Kraft.

Familienwechsel Bei einem Familienwechsel können Reisekosten und andere Ausgaben für die Austauschorganisation entstehen. Manche Organisationen verlangen von den Eltern eine Erstattung dieser Kosten auch dann, wenn kein Verschulden des Schülers vorliegt.

2.4 Vorbereitung des USA-Aufenthaltes

Seminare

Von Vorbereitungsseminaren war oben bereits die Rede. Die Art ihrer Durchführung und des Ablaufs hängt stark von der Zielsetzung des Programmträgers ab. Ideell orientierte Organisationen, denen Kulturaustausch und Völkerverständigung am Herzen liegen, legen oft großen Wert darauf, daß die von ihnen vermittelten Gastschüler über gute Kenntnisse der eigenen Kultur und Geschichte verfügen. Beispielsweise verpflichtet *Youth for Understanding* (*YFU*) die Kandidaten zur Teilnahme an einem einwöchigen Vorbereitungsseminar, das sich schwerpunktmäßig mit dieser Thematik und der deutschen Identität befaßt, aber auch den *American Way of Life* nicht ausläßt.

Technische Treffen

Andere Anbieter veranstalten ebenfalls – meist eintägige – Vorbereitungstreffen, stellen dabei aber oft die Klärung organisatorischer und praktischer Fragen in den Vordergrund; also Abflug, Versicherung, finanzielle Regelungen, Familienleben, soziale Kontakte in der *High School* und "draußen" etc. Hier wie dort stehen durchweg Ehemalige "Rede und Antwort".

Bei derartigen Vorbereitungen ist bisweilen die Tendenz zu beobachten, den "Zukünftigen" ein etwas geschöntes Amerikabild zu vermitteln. Man findet aber auch das extreme Gegenteil, wo den Teilnehmern zum Zweck einer Erwartungsdämpfung und Vorbeugung gegen Enttäuschungen die Zustände an weniger erfreulichen *High School*s beschrieben werden.

England-/USA-Seminare

Einige Sprachreiseveranstalter bieten ihren Teilnehmern 2-3-wöchige Vorbereitungsseminare in England oder sogar in den USA auf freiwilliger Basis an, die natürlich extra zu bezahlen sind, siehe oben. Derartige Seminare werden im allgemeinen von englischen und/oder amerikanischen Lehrkräften geleitet und stellen die amerikanische Sprache, US-Kultur und Informationen über die USA in den Vordergrund.

Vorbereitung vor Ort

In vielen Fällen steht vor dem eigentlichen Programmbeginn noch eine ein- bis dreitägige Vorbereitung der Ankömmlinge aus Übersee durch die amerikanische Partnerorganisation. Das setzt voraus, daß die Flüge der Teilnehmer in Gruppen organisiert werden.

Einige – vor allem gemeinnützige – Veranstalter organisieren für "ihre" Gastschüler gruppenweise regionale Zusammenkünfte während des Aufenthaltes. Ihr Zweck ist ein Erfahrungsaustausch unter "Gleichgesinnten" und eine gemeinsame Problembewältigung.

Nachbereitung Den Rückkehrern wird von einigen Programmträgern die Teilnahme an Nachbereitungswochenenden angeboten. Dabei geht es unter anderem darum, die gewonnenen Erfahrungen noch einmal gemeinschaftlich aus der Retrospektive zu betrachten. Bei den kommerziellen Veranstaltern findet eine derartige "Vergangenheitsbewältigung" seltener statt.

Eigene Initiative Wie auch immer im Einzelfall die organisierte Vorbereitung ablaufen mag, es ist immer sinnvoll, sich unabhängig davon so gut wie irgend möglich über das künftige Gastland zu informieren. Literatur zum Thema USA gibt es reichlich in jeder Bibliothek, insbesondere aber in den Deutsch-Amerikanischen Instituten, ➪ Seite 263. Wenn man weiß, wohin es geht, sind auch die entsprechenden Kapitel in Reiseführern hilfreich, siehe die Hinweise auf Seiten 304 und 308. Einmal in den USA, nimmt zwar niemand dem Gastschüler eine (zunächst) lückenhafte Kenntnisse übel, aber wenn er sich in amerikanischer Geschichte, Geographie, Politik usw. ein bißchen besser auskennt, erleichtert dies sicher das Einleben in die neue Umgebung.

2.5 Betreuung in den USA

Partnerorganisation Die Betreuung der Gastschüler in den USA übernimmt – wie vermerkt – eine amerikanische Partnerorganisation des bei uns tätigen Programmvermittlers, die bereits für die Schul- und Familienauswahl verantwortlich war. Die Zahl der für einen bestimmten Anbieter in Deutschland tätigen US-Partner ist unterschiedlich. In einigen Fällen sind amerikanische und deutsche Organisationen namensgleich, nämlich wenn der hiesige Veranstalter direkter Repräsentant der Amerikaner oder Teil einer weltweit tätigen Organisation ist (z.B. *AFS, YFU*). Ein paar Organisationen sind in Deutschland rechtlich nicht eigenständig. Im Falle eines Rechtsstreits wäre dann ggf. ein amerikanisches Gericht zuständig.

Eine ganze Reihe der hiesigen Programmträger arbeitet mit mehreren US-Organisationen zusammen, die ihrerseits mehreren ausländischen Partnern ihre Leistungen zur Verfügung stellen. Einige Anbieter haben nur eine Partnerorganisation (➪ Seiten 243ff).

Area-Reps

Für den Gastschüler unmittelbar zuständig sind persönliche Betreuer, die sog. *Coordinators* oder *Area-Representatives*. Ihnen wird die organisatorische Verantwortung für alle ausländischen Schüler der Organisation in einer Region (*Area*) übertragen.

In der Regel nehmen die *Reps*, wie sie auch kurz genannt werden, die Neuankömmlinge am Flughafen in Empfang und begleiten sie zu "ihren" Familien, sofern die nicht ohnehin gekommen sind. Im Falle einer Kurzveranstaltung im regionalen Rahmen sorgen sie für deren Durchführung. Da der Koordinator mit den Gegebenheiten in Schule und "Elternhaus" vertraut ist, kann diese Art der Vorbereitung **vor** den ersten persönlichen Kontakten sehr nützlich sein.

Familienkontakte

Während des Aufenthaltes ihrer Schützlinge obliegt den Gebietsrepräsentanten eine regelmäßige Berichterstattung über deren Befinden in Schule und Familie. Das bedingt einen ebenso regelmäßigen Kontakt. Eine Organisation, die relativ häufig (z.B. vierteljährlich) Berichte verlangt, sorgt damit indirekt auch für eine intensivere Betreuung vor Ort. Häufig werden diese *Reports* an die Eltern weitergeleitet.

Bei der Klärung von Schwierigkeiten mit der amerikanischen Familie, die sich durch ein offenes Gespräch zwischen Gastschüler und Gasteltern bzw. -geschwistern nicht ausräumen lassen, leisten die Area-Reps Hilfestellung. Da sie im Grunde die einzig interessierten und zuständigen Ansprechpartner sind (für Gastschüler und -familie gleichermaßen), ist der von einem Repräsentanten zu betreuende Einzugsbereich von Bedeutung. Ein mehrere hundert Kilometer entfernt residierender Betreuer, der sich um 20 über einen halben Bundesstaat verstreute Schüler kümmern muß, kann auf Probleme schwerlich rasch reagieren und den örtlichen Gegebenheiten entsprechende Lösungen finden, wie zum Beispiel einen geeigneten Familienwechsel veranlassen.

Familienwechsel

Ein häufiges Problem besteht auf der anderen Seite oft darin, daß der Repräsentant der Organisation mit der Gastfamilie befreundet ist. Sollte es zu Problemen kommen, steht er nicht selten auf der Seite der Familie, auch wenn dem Gastschüler eigentlich nichts vorzuwerfen ist. Es ist wichtig, daß die Organisation mit derartigen Fällen umzugehen versteht. Sie sollte einen anderen Betreuer benennen, der den Gastschüler notfalls vorübergehend aufnimmt und bei einer anderen Familie unterbringt. Hilfreich ist eine kostenlose Rufnummer für Notfälle, über die man rund um die Uhr einen Mitarbeiter der Organisation erreichen kann.

Anzahl der Betreuer

Eine Werbung mit hoher Betreuer-/Gastschüler-Relation sagt für sich allein nicht viel. Es kommt auch auf die Verteilung der Schüler an. Ein Teil der für eine Organisation tätigen *Reps* geht in manchen Jahren "leer aus", auf andere entfallen dafür umso mehr Schüler. Ein günstiges Verhältnis von Betreuern zu Teilnehmern nützt auch dann wenig, wenn die Kommunikation wegen großer Distanzen behindert ist.

2.6 Überwachung der Programmträger/ Neue Gesetzgebung/Visumerteilung

Neues Schüleraustauschgesetz bei uns 2001

Der Schüleraustausch war juristisch gesehen lange Zeit eine Grauzone. Vor allem die Frage, ob die "Buchung" eines Gastschülerproramms im Ausland unter das Pauschalreisegesetz fällt, war umstritten. Kann man die Eigenschaften der Gastgeberfamilie ähnlich festlegen und einklagen, wie das Hotelzimmer mit Meerblick und Balkon? Haben die Austauschorganisationen die identische Pflichten wie die Veranstalter von Pauschalreisen? Diese Fragen wurden vom Europäischen Gerichtshof und von deutschen Gerichten unterschiedlich beantwortet. Mit einem **Schüleraustauschgesetz** möchte die rot-grüne Bundesregierung Klarheit schaffen. Ein entsprechender Gesetzentwurf wurde im Februar 2001 vom Kabinett verabschiedet und soll am **1. Juli 2001** Gesetz werden.

Das neue Gesetz (**§ 6511 BGB**) verbessert den Verbraucherschutz, schützt aber auch die Organisationen vor überzogenen Ansprüchen. Es gilt für Reiseverträge, die "einen mindestens drei Monate andauernden und mit dem geregelten Besuch einer Schule verbundenen Aufenthalt bei einer Gastfamilie" zum Gegenstand haben. In dem Gesetzentwurf von Februar 2001 heißt es weiter: "Der Reiseveranstalter ist verpflichtet,

1. für eine nach den Verhältnissen des Aufnahmelandes angemessene Unterbringung, Beaufsichtigung und Betreuung des Reisenden in einer Familie zu sorgen,
2. die Voraussetzungen für einen geregelten Schulbesuch des Reisenden im Aufnahmeland zu schaffen.

Der Reisende ist zur Mitwirkung, insbesondere zum Besuch der Schule im Aufnahmeland verpflichtet."

Was unter einer "angemessenen" Unterbringung zu verstehen ist, müssen Gerichte im Streitfall klären, indem sie den durchschnittlichen Lebensstandard im Gastland zugrunde legen; auf jeden Fall lassen sich aus der Formulierung keine Ansprüche auf eine weiße Lehrerfamilie im Süden Kaliforniens ableiten. Der zweite Punkt soll verhindern, daß den Gastgeberfamilien die Suche nach einer Schule aufgebürdet wird, die den Gastschüler aufnimmt. Diese Aufgabe liegt in der alleinigen Verantwortung des Veranstalters.

Anschrift der Gastgeberfamilie

Außerdem schreibt das Gesetz vor, daß Name und Anschrift der gastgebenden Familie spätestens zwei Wochen vor Antritt der Reise festliegen müssen. Ebenso Name und Erreichbarkeit eines Ansprechpartners im Gastland, der bei Problemen helfen kann.

Reisetermin

Der Reisetermin wird durch das neue Gesetz allerdings nicht festgelegt. Daher ist es weiterhin denkbar, daß eine Gastgeberfamilie erst nach Beginn des Schuljahres in den USA gefunden wird. In der Praxis werden sich dann viele Gastschüler und Eltern auch mit weniger als zwei Wochen bis zum Abflug begnügen. Manche Organisationen erstatten einen Teil der Programmkosten, wenn sich der Abflug bis nach Schulbeginn verzögert. Hier sollte man sich vorher erkundigen.

Nach dem neuen Gesetz ist es nicht gestattet, Schüler ins Ausland zu fliegen und – das ist nicht selten vorgekommen – vorübergehend in Hotels unterzubringen. Die Unterbringung bei Übergangsfamilien ist nach dem Gesetz jedoch zulässig.

Überwachung in den USA durch das ECA

In den USA überwacht das Außenministerium die ordnungsgemäße Abwicklung der *High-School*-Programme durch die vermittelnden Organisationen. Früher war eine eigenständige Behörde, das *United States Information Agency* (*USIA*), für den Kulturaustausch zuständig. Sie wurde **1999** in das Außenministerium integriert. Die Abteilung heißt jetzt ***Bureau of Educational and Cultural Affairs*** (***ECA***, **Website**: **http://exchanges.state.gov**). Sie überwacht vor allem die Einhaltung bestimmter Auflagen, die sich auf Anzahl der Teilnehmer, deren Alter, Versicherungsabschluß, Vorbereitungskurse u.ä. beziehen. Ein weiterer Aspekt betrifft die organisatorische Ausrichtung: **der US-Partner des deutschen Anbieters muß gemeinnützig, also eine *not-for-profit Corporation* sein**, um zur Vermittlung und Betreuung ausländischer Schüler zugelassen zu werden. Auch privatwirtschaftlich bei uns ausgerichtete Träger kooperieren folglich nur mit gemeinnützigen US-Institutionen. Dies ist also eine selbstverständliche Bedingung und kein herausbebenswertes Werbeargument, auch wenn ein Veranstalter explizit darauf hinweist.

Durchführungsbestimmungen in den USA

Vor dem Hintergrund des stark expandierenden Marktes für Auslandsaufenthalte mit akademischer Ausrichtung (in den USA spricht man inzwischen von einer ***exchange industry***) erfolgte zu Beginn der 90er-Jahre eine teilweise Revision der gesetzlichen Durchführungsbestimmungen. Diese Fassung des ***Cultural Exchange Program*** *(22 CFR part 514, Federal Register Vol. 58, No. 52, 1993)* ist seit Anfang 1994 in Kraft. Der komplette Text ist im Internet unter **http://exchanges.state.gov**, abrufbar (24 Seiten). Unter anderem heißt es dort:

- Der zuständige Gebietsrepräsentant der Organisation darf nicht mehr als 150 Meilen vom Wohnort des Schülers entfernt wohnen.
- Ein Gebietsrepräsentant darf nicht gleichzeitig Gastgeber und Betreuer für ein- und denselben Schüler sein.
- Unter keinen Umständen darf der Programmträger Schüler in die USA fliegen, für die es noch keine Schulplazierung oder Gastfamilie gibt.
- Für jede Gastfamilie sollen zwei Empfehlungsschreiben aus der *Community* oder von der Schule vorliegen.

Visum Ein wichtiger, mit den Auflagen des *ECA* verbundener Punkt bezieht sich auf das Recht, sogenannte **IAP-66-Formulare** (wie nebenstehend abgebildet) abzeichnen zu dürfen. Eine amerikanische Organisation darf eine festgelegte Anzahl dieser Formulare erst nach einer positiv ausgefallenen Prüfung durch das *ECA* ausstellen. Sie erhält eine Programmnummer zugeteilt (P-3-....), die auf dem IAP-66 erscheint. Das Vorliegen dieser auf den Gastschüler in spe bezogenen, durch "seine" Organisation ausgefüllten Formulare ist Voraussetzung für den Erhalt des **Studenten-Visum der Kategorie J-1** durch das jeweils zuständige US-Konsulat in Deutschland bzw. auch einem anderen Land. Das (in den Reisepaß zu stempelnde) Visum kann also durch den USA-Aspiranten bzw. dessen Eltern erst beantragt werden, wenn sie das IAP-66 Dokument erhalten haben. Anders als früher muß dafür die Adresse der amerikanischen Gastfamilie und der *High School* noch nicht vorliegen. Es genügt, wenn die Organisation bis spätestens zum 31. August (15. Januar für Frühjahrsteilnehmer) eine Liste mit den Namen aller Teilnehmer und deren Gastfamilien und Schulen beim *ECA* vorlegt. Das heißt konkret, daß man im ungünstigsten Fall bis Ende August auf den Abflug warten muß (oder womöglich leer ausgeht). Diese den Organisationen einigen Spielraum lassende Regelung resultiert aus der Erfahrung, daß sich viele amerikanische Familien oft erst sehr spät zur Aufnahme eines Gastschülers entschließen.

I-20 Organisationen, die keine Programmnummer des *ECA* haben, können trotzdem als Vermittler von Auslandsaufenthalten tätig werden, wenn die *High School* sich um die Formalitäten kümmert (Ausstellen des Visumantrags I-20, Kategorie F-1). Der Programmträger übernimmt dann nur organisatorische Aufgaben wie Familienauswahl, Betreuung, Flug, Versicherung etc. Ein solches Vorgehen liegt darin begründet, daß eine noch relativ junge Organisation (1-2 Jahre) zunächst ihr Programm etablieren muß/möchte, bevor sie beim *ECA* mit Erfolg eine Lizenz beantragen kann. Veranstalter, die Schüler auf diesem Wege vermitteln, dürfen auch in den USA den Rechtsstatus einer *Profit Corporation* haben. Seit Ende 1996 sind die *Public High Schools* aber per Gesetz verpflichtet, den Schülern mit I-20/F-1 Visum die vollen

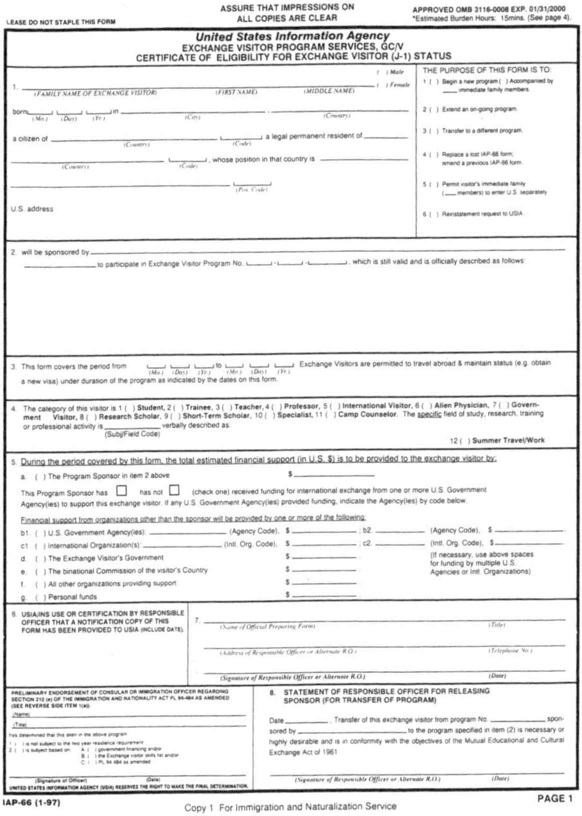

LEASE DO NOT STAPLE THIS FORM

ASSURE THAT IMPRESSIONS ON ALL COPIES ARE CLEAR

APPROVED OMB 3116-0008 EXP. 01/31/2000
*Estimated Burden Hours: 15mins. (See page 4).

United States Information Agency
EXCHANGE VISITOR PROGRAM SERVICES, GC/V
CERTIFICATE OF ELIGIBILITY FOR EXCHANGE VISITOR (J-1) STATUS

1. (FAMILY NAME OF EXCHANGE VISITOR) (FIRST NAME) (MIDDLE NAME) ( ) Male ( ) Female

born (Mo.) (Day) (Yr.) in (City), (Country)

a citizen of (Country) (Code) a legal permanent resident of (Country) (Code), whose position in that country is (Pos. Code)

U.S. address

THE PURPOSE OF THIS FORM IS TO:
1 ( ) Begin a new program ( ) Accompanied by ___ immediate family members.
2 ( ) Extend an on-going program.
3 ( ) Transfer to a different program.
4 ( ) Replace a lost IAP-66 form; amend a previous IAP-66 form.
5 ( ) Permit visitor's immediate family (___ members) to enter U.S. separately
6 ( ) Reinstatement request to USIA.

2. will be sponsored by ___ to participate in Exchange Visitor Program No. ___-___-___, which is still valid and is officially described as follows:

3. This form covers the period from (Mo.) (Day) (Yr.) to (Mo.) (Day) (Yr.) Exchange Visitors are permitted to travel abroad & maintain status (e.g. obtain a new visa) under duration of the program as indicated by the dates on this form.

4. The category of this visitor is 1 ( ) **Student,** 2 ( ) **Trainee,** 3 ( ) **Teacher,** 4 ( ) **Professor,** 5 ( ) **International Visitor,** 6 ( ) **Alien Physician,** 7 ( ) **Government Visitor,** 8 ( ) **Research Scholar,** 9 ( ) **Short-Term Scholar,** 10 ( ) **Specialist,** 11 ( ) **Camp Counselor.** The specific field of study, research, training or professional activity is ___ (Subj/Field Code) verbally described as:
12 ( ) **Summer Travel/Work**

5. During the period covered by this form, the total estimated financial support (in U.S. $) is to be provided to the exchange visitor by:
a. ( ) The Program Sponsor in item 2 above $
This Program Sponsor has ☐ has not ☐ (check one) received funding for international exchange from one or more U.S. Government Agency(ies) to support this exchange visitor. If any U.S. Government Agency(ies) provided funding, indicate the Agency(ies) by code below.
Financial support from organizations other than the sponsor will be provided by one or more of the following:
b1. ( ) U.S. Government Agency(ies): ___ (Agency Code), $ ___; b2. ___ (Agency Code), $ ___
c1. ( ) International Organization(s): ___ (Intl. Org. Code), $ ___; c2. ___ (Intl. Org. Code), $ ___
d. ( ) The Exchange Visitor's Government $
e. ( ) The binational Commission of the visitor's Country $
f. ( ) All other organizations providing support $
g. ( ) Personal funds $
(If necessary, use above spaces for funding by multiple U.S. Agencies or Intl. Organizations)

6. USIA/INS USE OR CERTIFICATION BY RESPONSIBLE OFFICER THAT A NOTIFICATION COPY OF THIS FORM HAS BEEN PROVIDED TO USIA (INCLUDE DATE).

7. (Name of Official Preparing Form) (Title)
(Address of Responsible Officer or Alternate R.O.) (Telephone No.)
(Signature of Responsible Officer or Alternate R.O.) (Date)

PRELIMINARY ENDORSEMENT OF CONSULAR OR IMMIGRATION OFFICER REGARDING SECTION 212 (e) OF THE IMMIGRATION AND NATIONALITY ACT PL 94-484 AS AMENDED (SEE REVERSE SIDE ITEM 1(a)).
(Name)
(Title)
has determined that this alien in the above program
1 ( ) is not subject to the two year residence requirement
2 ( ) is subject based on: A ( ) government financing and/or
B ( ) the Exchange visitor skills list and/or
C ( ) PL 94 484 as amended
(Signature of Officer) (Date)
UNITED STATES INFORMATION AGENCY (USIA) RESERVES THE RIGHT TO MAKE THE FINAL DETERMINATION.

8. STATEMENT OF RESPONSIBLE OFFICER FOR RELEASING SPONSOR (FOR TRANSFER OF PROGRAM)
Date ___. Transfer of this exchange visitor from program No. ___ sponsored by ___ to the program specified in item (2) is necessary or highly desirable and is in conformity with the objectives of the Mutual Educational and Cultural Exchange Act of 1961.
(Signature of Responsible Officer or Alternate R.O.) (Date)

IAP-66 (1-97) Copy 1 For Immigration and Naturalization Service PAGE 1

Voraussetzung für das Erteilen des Visums durch ein US-Konsulat ist das komplett ausgefüllte Formular IAP-66

Schulkosten zu berechnen. Diese liegen im Durchschnitt bei $6.500, die zu den regulären Kosten für die Organisation hinzukommen. Damit dürfte diese Variante einer Gastschülervermittlung stark zurückgegangen sein.

Während das staatliche *ECA* im wesentlichen die Einhaltung formaler Kriterien überprüft, geht es dem Verband einst von *High School*-Direktoren und schulischen Interessenverbänden ins Leben gerufenen ***Council on Standards for International***

CSIET ***Educational Travel*** (*CSIET*) um die Qualität der zahlreichen mit dem *High School*-Geschäft befaßten Organisationen. Das *Council* hat die Funktion eines Marktbeobachters und dient den Gastfamilien und Schulen als kompetente Auskunftstelle. Läßt eine amerikanische Organisation ihre Aktivitäten vom *CSIET* begutachten, und fällt das Ergebnis positiv aus, so wird sie in eine jährlich erscheinende Broschüre aufgenommen. Sie trägt die Bezeichnung:

Advisory List of International Travel and Exchange Programs

Diese wird an alle ca. 47.000 US-*High School*s versandt. Die verzeichneten Organisationen verpflichten sich, die Programme im Einklang mit den in der *CSIET*-Liste aufgeführten Normen, den neun Standards, durchzuführen.

Advisory-List Wenn es um die Frage geht, von welcher der zahlreichen Organisationen Schüler aufgenommen werden sollen, richten sich viele Schulleiter nach der *Advisory List*. Außerdem gibt es in über 20 US-Bundesstaaten eine verbindliche Vorschrift der jeweiligen *Athletic Association*, die besagt, daß nur solche Gastschüler am kompetitiven *Varsity Sport* der *High Schools* teilnehmen dürfen, deren Programmträger in der *Advisory List* verzeichnet ist. Die Begutachtung einer Organisation erfolgt auf deren Wunsch und ist kostenpflichtig. Dabei darf die Aufnahme in die *Advisory List* nicht verwechselt werden mit einer reinen Mitgliedschaft, die jeder Korporation offensteht und nicht an Bedingungen geknüpft ist. Auf den Seiten 257ff sind die Organisationen angegeben, die in der *Advisory List* verzeichnet sind und in Zusammenarbeit mit deutschen Organisationen 5- bis 10-monatige US-*High School* Aufenthalte abwickeln. Im **Internet** findet man die aktuelle Liste unter **www.csiet.org**.

Beschwerden Bei der Vielzahl der Organisationen garantiert weder die durch das ECA noch durch *CSIET* erfolgte Kontrolle, daß Probleme auszuschließen sind. Schwierigkeiten der einen oder anderen Art, die sich etwa aus dem Verhalten eines Gebietsrepräsentanten ergeben, lassen sich selten ganz vermeiden. Daher kann im Einzelfall auch ein “*CSIET*-Listenplatz” keinen reibungslosen Programmablauf garantieren. Wenn man der Ansicht ist, daß die

Praktiken einer amerikanischen Organisation gegen geltendes US-Recht verstoßen oder die *CSIET*-Normen verletzen, kann man sich schriftlich oder telefonisch an das *CSIET*-Büro wenden, Adresse auf Seite 259.

ABI e.V. Informationen in Sachen US-*High-School*-Programmen gibt es in Deutschland bei der Aktion Bildungsinformation e.V. (ABI). Der seit 1967 bestehende Verein besitzt zwar keine Überwachungsfunktion, betreibt aber eine intensive "Marktbeobachtung" und gilt als sachverständige Auskunftstelle für die *High-School*-Programme und damit zusammenhängende Fragen.

ABI gibt eine Broschüre "Schuljahresaufenthalte in den USA" (25,00 DM) heraus und bietet darin eine telefonische Beratung an. Die Broschüre enthält u.a. die Namen der Organisationen, die im USA-Geschäft mitmischen, und wesentliche Einzelheiten zu den jeweiligen Bedingungen wie Kosten etc., ➪ Seite 261.

3. Die US-amerikanische High School

Niveau

Ein oft gehörtes Vorurteil bezieht sich auf das angeblich niedrige Niveau amerikanischer *High School*s. Tatsächlich sind die Niveau-Unterschiede zwischen verschiedenen Schulen in den USA aus politischen und administrativen Gründen deutlich ausgeprägter als in Deutschland. Es gibt also wirklich viele niveauschwache Lehranstalten, aber auch – das sei betont – ausgesprochen gute *High School*s. Ohnehin wird eine Bewertung der *High School* unter rein akademischen Aspekten ihrer Funktion innerhalb der US-Gesellschaft nicht gerecht. Denn die amerikanische Schule ist "anders". Sie basiert auf einer ***philosophy of education***, die sich ganz erheblich von europäischen Bildungsidealen unterscheidet. Mit ihrer Flexibilität und Vielseitigkeit fördert sie die Eigeninitiative und Kreativität ihrer Schüler im allgemeinen stärker als etwa das deutsche Gymnasium. Andererseits besteht weit mehr als bei uns die – auch weidlich genutzte – Möglichkeit, sich den Schulbesuch *easy* zu machen.

Unterschiede

Die *High School* unterliegt der Aufsicht einer lokalen Schulbehörde, des ***School Board***. Diese Instanz erhält ihre Vorgaben und Richtlinien durch den jeweiligen Bundesstaat. Das Erziehungsministerium in Washington übt nur geringen Einfluß aus. Eine Koordinierung der Bildungspolitik der Bundesstaaten, wie etwa bei uns durch die Kultusministerkonferenz institutionalisiert, findet in einem vergleichbarem Umfang nicht statt. Aus diesem Grund sind auch allgemeingültige Aussagen über das Kursangebot, Pflichtfächer, Prüfungsvorgehen usw. der *High School*s kaum möglich. Von Distrikt zu Distrikt, sogar von Schule zu Schule, gibt es bemerkenswerte Unterschiede.

Fragen der Fächerwahl, der Einstufung und des Stundenplans können deshalb erst vor Ort mit Hilfe des *guidance counselor*, ➪ weiter unten, verbindlich geklärt werden. Immer mehr *High Schools* haben inzwischen allerdings eine eigene Webseite, über die man sich einen ersten Eindruck von der zukünftigen Schule verschaffen kann und vielleicht auch etwas über die Belegungsverpflichtungen erfährt: **www.asd.com**.

Schultypen Das amerikanische Schulsystem unterscheidet die ***Elementary School***, die sich auf die ersten sechs Schuljahre (***grades***) bezieht, und die ***High School*** von der 7. bis zur 12. Klasse. Die ersten drei Jahre nach Absolvieren der Grundschule befindet sich der Schüler (*student*) in der ***Junior High School***, danach in der ***Senior High School***.

Eine Variante des Systems kennt eine ***Middle School***, welche die Klassen 7 und 8 umfaßt, und erst danach die *High School*, für die eine Unterteilung nach *Junior* und *Senior High School* dann nicht mehr erfolgt.

So wie man bei uns früher als Gymnasiast einer bestimmten Jahrgangsstufe "Tertianer", "Sekundaner" und "Primaner" war, gelten die folgenden in den gesamten USA üblichen Bezeichnungen für Schüler ab Klasse 9:

Bezeichnung	**Klassenstufe**	**Altersgruppe**
Freshman	9.Klasse	14-15 Jahre
Sophomore	10.Klasse	15-16 Jahre
Junior	11.Klasse	16-17 Jahre
Senior	12.Klasse	17-18 Jahre

Beginn des Schuljahrs Das Schuljahr beginnt regional unterschiedlich zwischen Mitte August und dem 1. Dienstag im September (= ein Tag nach dem *Labor Day*). Es endet mit regionalen Abweichungen Mitte Juni, unterbrochen von kurzen Weihnachts- und Frühjahrsferien. In Abhängigkeit von der *High School* ist es in Semester oder Trimester aufgeteilt. Während der Sommerferien findet eine unterrichtsintensive und überwiegend kostenpflichtige *Summer School* statt, in der Kurse und Prüfungen wiederholt werden können. Für Gastschüler ist diese Möglichkeit im allgemeinen ohne Belang.

Unterrichtsroutine Unterrichtet wird von montags bis freitags mit Abweichungen von 8 Uhr bis 15 Uhr. Die Unterrichtstunden belaufen sich auf sechs bis acht, unterbrochen durch kurze Pausen zum Raumwechsel und eine Mittagspause. Im Anschluß an die reguläre Unterrichtszeit beginnen mit der Schule verbundene Freizeit-Aktivitäten. Der Stundenplan eines Schülers wiederholt sich täglich in identischer Reihenfolge. Die Möglichkeit einer Veränderung der gewählten Kurskombination ergibt sich jeweils am Ende eines Tri- bzw. Semesters.

Stundenplan
für einen Gastschüler der 11. Jahrgangsstufe, einen ***Junior***

Montag-Freitag *(Lunch 11.^{20}-12.^{00};* nach 2.^{40} pm *Clubs* und *Sports)*

1.Stunde	2.Stunde	3.Stunde	4.Stunde	5.Stunde	6.Stunde	7.Stunde
8.^{00}-8.^{15}	8.^{20}-9.^{30}	9.^{35}-10.^{25}	10.^{30}-11.^{20}	12.^{00}-12.^{50}	12.^{55}-1.^{45}	1.^{50}-2.^{40}
Home Room	**Analytic Geometry**	**Latin II**	**Typing I**	**American History**	**English 12**	**Health Education**

Die tägliche Wiederholung der Kurse ist typisch; Veränderungen ergeben sich nur mit einem neuen *Term* (Trimester, Semester). Zur Bedeutung des "Faches" *Home Room* siehe Seite 229.

Kurs-angebot

Die Kurs-Alternativen sind im amerikanischen Schulsystem vielfältig und ausgesprochen breit gefächert. Das Angebot reicht vom "klassischen" Katalog (Mathematik, Englisch, Sprachen, Geschichte usw.) über unkonventionelle Fächer (*Jazzband, Drama, Nutrition & Food, Journalism, Dance Choreography, Child Development, Psychology*) bis zu zahlreichen praktisch orientierten Kursen wie *Typing, Drivers Education, Life Skills* ("Gutes Benehmen") etc. Eine Auswahl zwischen hundert verschiedenen Kursen und mehr ist keine Seltenheit, wobei allerdings sehr viele Abstufungen existieren. Selbst ein *Senior* kann z.B. in Mathematik noch zwischen Basisunterricht (Grundrechenarten) und mehreren fortgeschrittenen Kursen wählen, ➪ Seiten 44ff.

Ein-stufung des Gast-schülers

Viele Kurse werden von Schülern verschiedenster Jahrgangsstufen belegt, das heißt, *Freshmen, Sophomores, Juniors* und *Seniors* können durchaus am identischen Unterricht teilnehmen. Ausnahmen bilden das Fach Englisch und Vorkenntnisse erfordernde *advanced classes*. Ein Gastschüler, der sich zum Besuch der 12. Klasse entschließt – soweit dies die *High School* zuläßt, siehe im Absatz *Guidance Counselor* und auch Seite 47 – braucht bei seiner Fächerwahl keine Bedenken vor zu hohem Niveau oder durchgängig großem Altersunterschied zu haben. Der *Senior*-Status macht sich unvermeidlich nur im Pflichtkurs *English 12* und *Home Room* (siehe oben und Seite 229) bemerkbar.

AP-Kurse

Advanced placement (AP)-Kurse, manchenorts auch *honors classes* genannt, bieten ein fachliches Niveau, das dem von *College*-Einstiegskursen entspricht. Eine erfolgreiche Teilnahme an AP-Kursen kann fürs Studium in *College/University* geltende Pflichtauflagen vermindern. Für Gastschüler, die nach der 10. Klasse in die USA gehen, ist sind AP-Kurse oft durchaus angemessen.

Credits Zum Erwerb des Diploms ist eine von Bundesstaat und Schuldistrikt abhängige Mindestanzahl sog. *credits* oder *units* nachzuweisen. Das sind Punkte, die man in Verbindung mit den Kursen erwirbt, die in den Jahrgangsstufen 9-12 belegt werden (müssen). Soweit ein Kurs, der über ein volles Schuljahr geht, erfolgreich abgeschlossen wird, gibt es unabhängig von der Benotung und der Differenzierung nach Wahl- oder Pflichtfach einen Punkt (= 1 *credit/unit*, weitere Erläuterungen dazu auf den Seiten 123f). In Chattanooga/Tennessee zum Beispiel beläuft sich die Mindestpunktzahl auf 22.

Pflichtfächer Die folgende Übersicht zeigt ein Beispiel für das Erreichen der dort fürs Diplom unbedingt erforderlichen Punkte – unter Berücksichtigung aller Pflichtauflagen:

Fach/Kurs	**Mindestpunkte/*credits***
English	4 (= 4 Jahre)
Mathematics	3
Science (Physik, Chemie, Bio)	3
Health Education	1/2
Economics (Wirtschaftslehre)	1/2
Physical Education (Sport)	1
American History	1
Electives (Wahlfächer)	9
Gesamt	22 *Credits/Units*

Guidance Counselor Die Zusammenstellung des individuellen Stundenplans erfolgt in Absprache mit dem Vertrauenslehrer, dem *Guidance Counselor* oder auch *Academic Advisor*.

Study Hall Der *Guidance Counselor* überprüft u.a., ob die Kurswahl mit den **Pflichtauflagen** übereinstimmt. Wie erläutert, sind täglich bis zu 8 Unterrichtstunden vorgesehen. Entscheidet man sich in der Kurszusammenstellung für eine Freistunde, dann m u ß *Study Hall* belegt werden: eine einstündige Stillbeschäftigung unter Aufsicht. In der Realität wird die Zeit von vielen gern zum Schlafen und Dösen genutzt

Diploma Falls man als Gastschüler das *High School Diploma* anstrebt, ist der "Schullaufbahn-Berater" auch Ansprechpartner, um – nach einer Bewertung der im Heimatland erbrachten Vorleistungen – die notwendigen Voraussetzungen zu klären. Die Einstufung in die 12. Klasse und die Vergabe des Diploms sind allein Angelegenheit der *High School*. Manche Schulen lehnen die Vergabe ihrer *Diploma* an Gastschüler von vornherein ab.

"Deutsche Credits" Ausländischen Schülern werden dieselben Pflichtbelegungen abverlangt wie den Amerikanern. Da sie lediglich ein Schuljahr in den Staaten verbringen, können sie das Diplom nur erwerben, wenn die heimatlichen Leistungen der Klassenstufen 9 und 10, eventuell auch noch der Stufe 11, auf geeignete Weise angerechnet werden. Dafür sind die sogenannten ***transcripts*** der deutschen oder sonstigen Zeugnisse wichtig, die man in Ermangelung eines entsprechenden deutschen Begriffes etwa als "interpretierte Übersetzung" bezeichnen könnte.

Die Anrechnung der im Heimatland erbrachten Leistungen ist ein wenig kompliziert und nicht einheitlich. Wurde z.B. in Deutschland in der 9. Klasse Mathematik nur mit drei Wochenstunden unterrichtet, während in den USA in derselben Jahrgangsstufe fünf Wochenstunden obligatorisch sind, zählt die deutsche Vorleistung 3/5 *credit* statt eines vollen Punktes. Es ist daher wichtig, daß in den *transcripts*, die in der Regel mit den Bewerbungsbögen der Organisation angefordert und über die Gebietsrepräsentanten an die *High School* weitergeleitet werden, die jeweilige Anahl der Wochenstunden vermerkt wird.

Schulnoten Das US-System der Leistungsbewertung unterscheidet sich von der Notenskala deutscher Schulen nicht dramatisch. Anstelle der Zahlen stehen Buchstaben: ***Grade*** **A** entspricht der deutschen Note 1. In gleicher Form kennzeichnet das angefügte + oder – die noch bessere bzw. etwas schlechtere Leistung.

Die Buchstaben der ***grading scale*** reichen von **A bis F**, wobei F mit dem Begriff ***fail*** **(6)** gleichzusetzen ist. Der Buchstabe E, *incomplete* (5), für mangelhafte Leistungen existiert auch, wird aber seltener angewandt. Entweder besteht man und erhält ein *pass mark* zwischen A+ und D, oder die Leistung ist unzureichend (F).

US-Note		Grade Points	Zu erreichendes Ergebnis in % der Maximalleistung	Deutsche Note
	A+			
Superior	A	4.0	95 – 100	1
	A-	3.7		
	B+	3.4		
Good	B	3.0	85 – 94	2
	B-	2.7		
	C+	2.4		
Average	C	2.0	75 – 84	3
	C-	1.7		
	D+	1.4		
Poor	D	1.0	70 – 74	4
Fail	F	0.0	0 – 69	5/6

Grade Points Jedem Buchstaben A-F wird eine Punktzahl (*grade points)* zugeordnet, über die am Schuljahresschluß der ***grade point average*** (GPA), der Notendurchschnitt, errechnet werden kann, ➪ Tabelle.

Home Room Da an den *High School*s weder Klassenverband noch Klassenlehrer im deutschen Sinn existieren, werden die Schüler nach Jahrgangsstufe und Alphabet gruppenweise verschiedenen Lehrern zugeteilt. Mit diesen absolvieren sie mindestens einmal die Woche, teilweise täglich, eine 10-20minütige *Home Room* oder *Administration Period,* während der organisatorische Dinge geregelt und Veranstaltungstermine etc. besprochen werden.

Vocational Training Interessieren sich Schüler für einen handwerklichen Beruf, können sie an *Vocational Training Classes* teilnehmen, in denen praktisch gearbeitet wird. Die Teilnahme von Gastschülern daran nicht vorgesehen.

Excurricular Activities Bezeichnend für die amerikanische *High School* ist die Vielfalt der *excurricular activities,* also der freiwilligen Aktivitäten außerhalb der Unterrichtszeit. Viele Schüler verbringen einen großen Teil ihrer Freizeit ebenfalls in der Schule, als Mitglied einer Sportmannschaft, eines Hobby Clubs, des Chores oder der *School Band*. Das bewirkt bei den meisten Schülern ein hohes Maß an Identifikation mit “ihrer” *High School.*

Schulsport Besonders wird dies bei sportlichen Wettkämpfen deutlich. Das erstaunliche Engagement von Schüler/innen, ihr Ehrgeiz in den Sportteams und ihre Begeisterung als *Cheerleader* und Zuschauer fallen alle unter den Begriff des ***School Spirit***. Gastschülern, die an *extracurricular activities* und/oder den *school sports* teilnehmen, fällt es leichter, Kontakte zu knüpfen und sich rasch in das neue Leben in Amerika zu integrieren.

Trials Im Zusammenhang mit dem Schulsport sind die *trials* oder *try outs* von großer Bedeutung. Für die Aufstellung der Schulmannschaften werden in einer Art Vortraining "Eignungstests" durchgeführt, auf deren Grundlage die Trainer entscheiden, wer in die erste und zweite Mannschaft aufgenommen wird, wer auf der Ersatzbank landet oder gar nicht zum Zuge kommt. Der Konkurrenzkampf um einen Platz im Team der besten Leichtathleten, Tennisspieler, Fuß- und Basketballer, Schwimmer, Ringer, Surfer usw. ist groß. Und umso härter, je mehr die Rivalität zu Schulen der Umgebung den Kampfgeist anspornt. Dank Boris Becker, Steffi Graf und sogar Franz Beckenbauer (!) werden deutschen Gastschülern im übrigen besondere Fähigkeiten im Tennis und Fußball unterstellt. Letzteres ist besonders bei Mädchen beliebt.

Wer zu einem *School Team* gehört und seinen Stammplatz wahren möchte, muß oft hart trainieren. Vor Wettkämpfen sind bis zu zwei tägliche Trainingsstunden und Anwesenheitspflicht keine Seltenheit. In den meisten Staaten dürfen **Gastschüler** nur dann an *Competitive Sports* teilnehmen, wenn "ihre" Organisation in der CSIET *Advisory List* (➪ Seiten 222/257) verzeichnet ist.

Abend-Veranstaltungen Die verschiedenen sportlichen und anderen exkurrikularen Aktivitäten finden im allgemeinen am Nachmittag statt. Damit sind aber die schulischen Veranstaltungen noch nicht erledigt. An zahlreichen Abenden liegen *meetings*, Vorträge, Konzerte, Parties, Bälle usw. an, die von einem hohen Prozentsatz der Schüler und Eltern wahrgenommen werden. *Announcements* per Lautsprecher oder elektronische Schriftanzeiger verkünden die jeweils nächsten Ereignisse.

Struktur des amerikanischen Bildungssystems

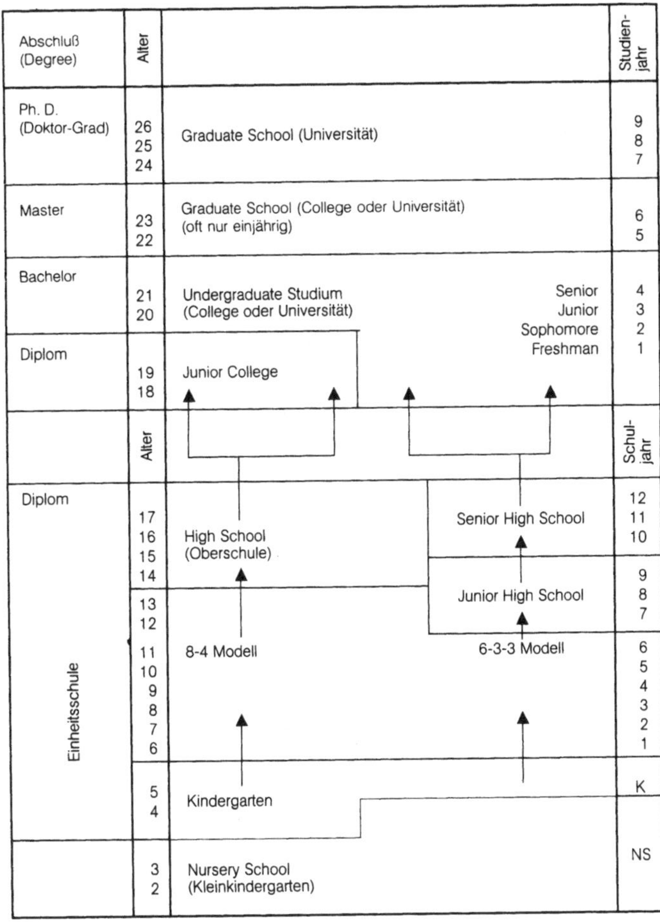

Aufbau des amerikanischen Bildungssystems:
Quelle: *gapp, German American Partnership Program*, Handbuch für deutsche Begleitlehrer, PAD der KMK

4. Die Anrechnung der *High School* Zeit

4.1 Voraussetzungen

Grundsätzliches Unter bestimmten Voraussetzungen können Schülerinnen und Schüler, die für ein halbes oder ein ganzes Jahr eine *High School* besuchen, das entsprechende Schul(halb-)jahr der deutschen Oberstufe überspringen. Die Kultusministerkonferenz (KMK) hat eine Anrechnung des *High School*-Besuchs grundsätzlich für möglich erklärt, aber die Einzelheiten den Ländern überlassen. Daher unterscheiden sich die Regelungen von Bundesland zu Bundesland. Ausgeschlossen wurde von der KMK, an ausländischen Schulen erworbene Noten auf das deutsche System zu übertragen. Wichtig ist es, sich für die Dauer des Auslandsaufenthalts vom Schulbesuch in Deutschland beurlauben zu lassen. Dafür genügt ein formloser schriftlicher Antrag bei der Schulleitung. Am besten erkundigt man sich schon vor der Abreise bei der Schulleitung, wie die Anrechnung im Detail geregelt ist. Manche Kultusministerien haben dazu ein besonderes Merkblatt herausgegeben

Zeitpunkt Die meisten Gastschüler gehen nach der 10. Klasse ins Ausland. Für sie kommt ein Überspringen der 11. Jahrgangsstufe bzw. eines Halbjahres bei 6-Monats-Programmen in Frage. Das ist in allen Bundesländern möglich, in denen bis zum Abitur 13 Schuljahre absolviert werden müssen. Einige dieser Bundesländer gestatten auch das Überspringen eines Halbjahrs der 12. Jahrgangsstufe, falls der Auslandsaufenthalt in diese Zeit fällt. Da die Noten der 12. Stufe jedoch in die Abiturnote eingehen, muß man in diesem Fall Noten aus einem Halbjahreszeugnis der 11. Stufe einbringen. In den Bundesländern mit 12 Schuljahren bis zum Abitur ist zwar das Überspringen der 10. Klasse mitunter erlaubt, aber die 11. Jahrgangsstufe kann nicht übersprungen werden.

Bedingungen Inwieweit der *High School*-Aufenthalt im Einzelfall die 11. Jahrgangsstufe oder das erste Halbjahr der 12. Jahrgangsstufe ersetzen kann, hängt von verschiedenen Umtänden ab. Von Bedeutung für eine eventuelle Anerkennung sind je nach Bundesland

- die Stellungnahme der Schulleitung nach Rücksprache mit dem Schüler, dessen Eltern und der Schulbehörde,

- Prüfungen zu Beginn des 12. Schuljahres,
- die Schulleistungen vor dem US-Aufenthalt, d.h. im Normalfall der 10. Klasse,
- ein Nachweis über den Unterrichtserfolg.

Antrag

Wird eine Anerkennung angestrebt, ist dazu in jedem Fall ein formloser schriftlicher Antrag an den Schulleiter oder – über ihn – an die Schulbehörde bzw. das Schulamt zu richten. In manchen Bundesländern muß ein solcher Antrag bereits vor der Abreise gestellt werden, was in Zusammenhang mit dem Antrag auf Beurlaubung geschehen kann. Auch für *High School*-Aufenthalte unter einem halben Jahr müssen Schüler beurlaubt werden. Eine Wiederholung des Schuljahres ist in diesem Fall nicht vorgesehen. Die Schulen erwarten jedoch vom Schüler ein selbständiges Nacharbeiten des Unterrichtsstoffs. In diesem Sinne gestatten einige Bundesländer auch Aufenthalte bis zu drei Monaten, die während der 12. Jahrgangsstufe stattfinden.

High School Diplom

Für das Überspringen eines Schul(halb-)jahres wird der Abschluß des *High School*-Diploms in keinem Fall vorausgesetzt. Die reguläre Unterrichtsteilnahme genügt. Das *High School*-Diplom kann in Deutschland als Mittlere Reife (Realschulabschluß) anerkannt werden. Dafür muß eine Reihe von Fächern durchgehend belegt werden. Unter besonderen Umständen kann man sich das Diplom auch als Abitur anerkennen lassen. Dafür sind allerdings die elfte **und** die zwölfte Klasse an einer amerikanischen Schule zu absolvieren. Außerdem muß man vier *Advanced Placement*-Prüfungen in vorgeschriebenen Fächern bestehen. Über einen entsprechenden Antrag entscheiden in diesen Fragen die Zeugnisanerkennungsstellen der Länder. In seltenen Fällen kommen weitere Möglichkeiten in Betracht – die Anerkennung ausländischer Abschlüsse ist so kompliziert, daß sich auch die Referenten der Kultusministerien mitunter von der dafür zuständigen KMK-Abteilung beraten lassen müssen. Für den Gastschüler und die Eltern kommt als Auskunftstelle zunächst das jeweilige Kultusministerium in Betracht. Wer dort nicht weiterkommt:

Die Internet-Adresse der KMK ist: www.kultusministerkonferenz.de, ✆ 0228/501-0.

4.2. Regelungen nach Bundesländern

Baden-Württemberg Ein Schüler bzw. eine Schülerin wird nach einem längerfristigen Schulbesuch im Ausland auf Antrag der Erziehungsberechtigten ohne Versetzungsentscheidung in die nächsthöhere Klasse bzw. in die Jahrgangsstufe 12 aufgenommen (§ 3 Abs. 3 der Versetzungsordnung Gymnasien). Eine Aufnahmeprüfung ist nicht erforderlich.

Bayern Das *High School*-Jahr kann angerechnet werden. Als Voraussetzung sind ein regelmäßiger Unterrichtsbesuch und eine "familiär gute Betreuung" in den USA nachzuweisen. Der Schüler/die Schülerin wird in diesem Fall zunächst auf Probe in die Jahrgangsstufe 12 aufgenommen. Die Einzelbestimmungen der jeweiligen Schulordnung sind zu beachten.

Berlin Die Anrechnung hängt vom Leistungsstand des Schülers ab. Die Entscheidung liegt beim Schulleiter, der diese auch von Prüfungen, einer Probephase und von den in Amerika erbrachten Leistungen abhängig machen kann. Wird wegen der Teilnahme an einem halbjährigen Schüleraustausch ein Halbjahr der Kursphase (12) versäumt, so können im Einzelfall die Leistungen aus dem 2. Halbjahr der 11. Klasse übertragen werden.

Brandenburg Es ist möglich, die 11. Jahrgangsstufe zu überspringen. Die Entscheidung über einen entsprechenden Antrag trifft das zuständige staatliche Schulamt auf der Grundlage der *High School*-Zeugnisse und in Abstimmung mit der Schule und den Eltern. Bei einem Auslandsschulbesuch von höchstens 3 Monaten während der Jahrgangsstufe 12 ist eine Wiederholung der Stufe nicht erforderlich. Für längere Auslandsaufenthalte während der Jahrgangsstufe 12 ist eine Wiederholung vorgeschrieben.

Bremen Die Oberstufenrichtlinien im Land Bremen (in der Fassung vom 5.5.1998) gestatten das Überspringen von maximal zwei Schulhalbjahren, darunter höchstens ein Halbjahr der 12. Jahrgangsstufe (in diesem Fall werden Noten aus der 11. Jahrgangsstufe angerechnet). Die Beurteilung darüber, ob der Schulaufenthalt im Ausland auf den Besuch der Oberstufe angerechnet wird, fällt in die Verantwortung der Schule. Das zuständige Senatsamt für Bildung, Wissenschaft, Kunst und Sport hat dazu ein "Merkblatt für Auslandsaufenthalte" herausgegeben.

Hamburg Neben dem regelmäßigen Unterrichtsbesuch in den USA verlangt die Hamburger Schulbehörde für eine Anrechnung des Schuljahres folgende Leistungen im letzten deutschen Zeugnis vor dem Aufenthalt: In den Fächern Deutsch, Mathematik sowie in einem naturwissenschaftlichen Fach im Durchschnitt befriedigende und keine mangelhaften oder ungenügenden Leistungen.

Hessen Nach einem *High School*-Besuch während der 11. Jahrgangsstufe kann der Unterricht in der Jahrgangsstufe 12 fortgesetzt werden, sofern ein "angemessener" Leistungsstandard nachgewiesen wird. Hat der Schulleiter Zweifel, so werden die Leistungen in den Fächern Mathematik, Deutsch und der ersten Fremdsprache schriftlich überprüft. Hinzu kommt eine mündliche Prüfung in einem der Fächer Geschichte, Gemeinschaftskunde oder einer Naturwissenschaft. Die Einzelheiten dieses Prüfungsverfahrens sind bei der Schule zu erfragen.

Mecklenburg-Vorpommern Mit der Einführung des 13. Schuljahrs im Jahr 1999/2000 gilt eine neue Regelung zur Anrechnung des Schulbesuchs im Ausland: Die Einführungsphase der Oberstufe (11. Jahrgangsstufe) kann übersprungen werden, wenn die erfolgreiche Teilnahme am Unterricht in folgenden Fächern nachgewiesen wird: Erste Pflichtfremdsprache und eine weitere Fremdsprache, Mathematik, eine Naturwissenschaft (Biologie, Chemie oder Physik) und ein gesellschaftswissenschaftliches Fach. Über einen entsprechenden Antrag entscheidet die Schulleitung. In Ausnahmefällen kann das Kultusministerium das Überspringen der zwölften Jahrgangsstufe genehmigen.

Niedersachsen Das Auslandsjahr kann anerkannt werden, wenn bestimmte Auflagen erfüllt worden sind, die v o r der Abreise festgelegt wurden. Daher muß, wie erwähnt, ein **Anerkennungsantrag vor der Reise** gestellt werden. Der Schüler erhält dann Vorgaben für die Fächerwahl in den USA. Nach der Rückkehr wird – nach Prüfung der Einhaltung aller Auflagen – auf der Grundlage der US-Zeugnisse über die Anerkennung entschieden.

Nordrhein-Westfalen Die 11. Jahrgangsstufe kann übersprungen werden, wenn im Zeugnis des ersten Halbjahres der Klasse 10 des Gymnasiums mindestens befriedigende, keine mangelhaften Leistungen und maximal eine ausreichende Leistung in den Fächern mit schriftlichen Arbeiten nachgewiesen werden. Schülerinnen/Schüler anderer Schulformen müssen ein Notenbild erreichen, das in allen Fächern um eine Notenstufe besser ist als die für den Übergang in die gymnasiale Oberstufe geforderten Leistungen. Ein Überspringen der 12. Stufe ist nicht möglich.

Rheinland-Pfalz Hier werden bereits die im zweiten Halbjahr der elften Jahrgangsstufe erbrachten Leistungen auf die Abiturnote angerechnet. Ein Überspringen der Jahrgangsstufe 11 ist dennoch möglich: Schülerinnen und Schüler, die nach Abschluß der Klasse 10 für ein Jahr zum Besuch einer Schule im Ausland beurlaubt waren (Antrag!), können in die Jahrgangsstufe 12 eintreten. Spätestens nach zehn Wochen entscheidet die Kurslehrerkonferenz, ob die bis dahin gezeigten Leistungen das Überspringen rechtfertigen. Wenn dies der Fall ist, werden die Noten des Halbjahres 12/2 doppelt gerechnet.

Saarland Die Entscheidung über eine Anerkennung erfolgt in Abwägung der Umstände des Einzelfalls durch den jeweiligen Schulleiter. Es steht in seinem Ermessen, nach Rücksprache mit Schüler, Eltern und Schulbehörde und Berücksichtigung der Leistungen in Klasse 10 einer Anerkennung zuzustimmen.

Sachsen Schülerinnen und Schüler, die nach der 9. Klasse in die USA gehen, können die 10. Klasse überspringen, wenn sie nach ihrer Rückkehr eine Feststellungsprüfung bestehen. Überspringen der 11.Stufe ist nicht möglich.

Sachsen-Anhalt Seit der Einführung des 13. Schuljahres (1998/99) gilt eine neue Regelung: Der Schulbesuch im Ausland kann auf den Besuch der Einführungsphase (11. Jahrgangsstufe) angerechnet werden. Das Überspringen der Einführungsphase ist möglich, wenn der Schüler bzw. die Schülerin in den folgenden Fächern der *High School* zumindest ausreichende Leistungen erzielt hat: in der Landessprache (USA: Englisch), einer weiteren Fremdsprache, in Mathematik, einer Naturwissenschaft und einem gesellschaftswissenschaftlichen Fach. Über einen entsprechenden Antrag entscheidet das Staatliche Schulamt. Für Schulen mit "komprimierter" Jahrgangsstufe 13 gilt eine Sonderregelung, über die das Kultusministerium Auskunft erteilt.

Schleswig-Holstein Leistungsfähige Schülerinnen und Schüler, die in der Jahrgangsstufe 11 für einen mindestens halbjährigen, höchstens einjährigen Schulbesuch im Ausland beurlaubt wurden, können nach ihrer Rückkehr einen Antrag auf Überspringen eines Schul(halb-)jahres der Einführungsphase (11) stellen. Über den Antrag entscheidet die Jahrgangskonferenz. Eine wichtige Rolle spielen dabei die Noten der 10. Klasse. Nach der Oberstufenverordnung vom 21.12.1998 ist auch das Überspringen der 12. Jahrgangsstufe möglich. In diesem Fall müssen Noten aus der Elften für die Abiturnote eingebracht werden. Über den Antrag entscheidet die Schulleitung.

Thüringen Die Klassenstufen 11 und 12 müssen, wenn auch nicht zusammenhängend, in der Thüringer Oberstufe (Klassenstufen 10-12) absolviert werden. Ein Überspringen der 10. Klasse ist möglich. Über einen entsprechenden Antrag entscheidet der Schulleiter.

5. Privat vermittelter USA-Aufenthalt und High School-Besuch

Die private Alternative

Prinzipiell ist es möglich, auch ohne die Vermittlung einer entsprechenden Organisation eine US-*High School* zu besuchen. In Betracht kommt das individuelle Arrangement besonders dann, wenn Verwandte oder Freunde der Eltern in den USA leben und bereit sind, das Mädchen/den Jungen aufzunehmen. Diese Lösung verlangt indessen ein starkes organisatorisches Engagement.

Folgende Bestimmungen müssen beachtet werden:

F1-Visum

Wer in den USA eine Schule besuchen möchte, benötigt ein Studenten-Visum. Bei Aufenthalten, die von Veranstaltern organisiert werden, erledigen diese üblicherweise den Großteil der damit verbundenen Formalitäten. Bei einem privat vermittelten Schulbesuch muß man selbst darauf achten, daß die *High School* eine Genehmigung des US-*Immigration and Naturalization Service* (INS) besitzt, ausländische Schüler aufzunehmen. Ohnedem gibt`s kein Visum.

INS-Genehmigung

Voraussetzung für den Erhalt des INS-Papiers sind eine ausreichende Lehrmittel- und Unterrichtsversorgung und die Empfehlung von drei Nachbarschulen. Der Leiter oder ein Mitglied des Kollegiums einer solchen Schule ist dann der sog. ***Designated School Official*** und damit berechtigt, spezifische Unterlagen – nämlich in diesem Fall das Formblatt I-20A-B für die Erteilung des **Visum vom Typ F-1** (➪ Seite 220)– auszufüllen und zu zeichnen. Die Kategorie "F" besagt, daß eine akademische Institution den Aufenthalt überwacht.

Der Gastschüler muß folgende Voraussetzungen erfüllen:

- ausreichende Englischkenntnisse, die durch die Unterrichtsteilnahme als nachgewiesen gelten können.
- Wohnsitz in den USA, also bereits bekannte Gastgeber.
- finanzielle Sicherung (Rückflugticket, Versicherungen).
- Vorhandensein eines über die beabsichtigte Dauer des Aufenthaltes hinaus gültigen Reisepasses.

Schulgeld

Die staatlichen Schulen in den USA sind für US-Bürger schulgeldfrei. Seit 1996 sind die *Public High Schools* gesetzlich verpflichtet, Gastschülern mit F-1 Visum die vollen Schulkosten zu berechnen. Diese können sich je nach Kommune auf $4.400-$10.500 belaufen. Der Durchschnitt liegt bei $6.500. Bevor das zuständige Konsulat in Deutschland dem Visumantrag stattgibt, muß eine Quittung über das bezahlte Schulgeld vorgelegt werden.

Wie gesagt, gibt es zahlreiche US-*High Schools* unter privater Trägerschaft, die von allen Schülern bzw. deren Eltern Schulgeld verlangen. Das muß der Gastschüler an einer Privatschule ebenfalls entrichten, wenn keine besondere Stipendienregelung getroffen wurde.

Zusammenfassung

Bei privatem Vorgehen ist also folgendes zu bedenken:

1. Die aufnahmewillige Familie in den USA erkundigt sich bei der nächstgelegenen *High School*, ob diese oder eine andere nahe Schule eine INS-Genehmigung besitzt. Tatsächlich sind die meisten amerikanischen *High Schools* berechtigt, Gastschüler aufzunehmen.
2. Findet sich eine Schule, die bereit ist, den privat vermittelten Schüler zu akzeptieren – vorher wird sie eine Reihe von Papieren sehen wollen, vor allem *Transcripts* von Zeugnissen (➪ Seiten 122/124) – füllt der *School Official* der INS das Formular aus und leitet es an die deutsche Familie weiter. Außerdem stellt die Schule eine Rechnung über das Schulgeld.
3. Der USA-Aspirant legt seinen Visumsantrag zusammen mit dem I-20-Papier und einer Quittung über das im voraus bezahlte Schulgeld dem zuständigen US-Konsulat bzw. der Botschaft vor (➪ Seite 263).

Fazit und Alternative

Seit die *Public High Schools* ausländische Schüler mit I-20 Visum nur noch kostendeckend aufnehmen dürfen, ist der privat vermittelte *High School* Besuch allein schon häufig teurer als der Programmpreis der Austauschorganisationen. Eine Alternative besteht darin, den USA-Aufenthalt in "konventioneller" Form über einen Veranstalter durchzuführen mit dem Unterschied, daß die Gastfamilie bereits bekannt ist. Dazu sollte sich die befreundete Familie bei der örtlichen *High School* erkundigen, welche Organisationen in der Region aktiv sind. Mit großer Wahrscheinlichkeit wird sich ein Anbieter mit deutscher Partnerorganisation bereiterklären, den Schüler in das Programm aufzunehmen, zumal für die Organisation die Gastfamiliensuche entfällt.

6. Erwerb und Anerkennung des amerikanischen Führerscheins (Driving License)

Erwerb

An vielen amerikanischen *High Schools* ist der Erwerb des Führerscheins ein Bestandteil des normalen *Curriculums.* Grundsätzlich kann auch ein Gastschüler am Fahrunterricht teilnehmen und die Prüfung ablegen. Das Mindestalter für den Führerscheinerwerb ist 16, in einigen Staaten 18 Jahre. Die Prüfung für die *Driving License* kostet nur wenige Dollar Gebühren. Wer die Prüfung in Amerika besteht, kann die heimischen Führerscheinkosten teilweise sparen und darf (in Deutschland) mit dem Papier sogar **vorübergehend** fahren.

Veranstalterrestriktionen

Ob man in den USA den Führerschein machen kann oder nicht, hängt nicht nur von der eigenen Absicht und Fähigkeit ab, sondern auch von der Organisation, über die man in die USA kommt. Einige Veranstalter untersagen den Führerscheinerwerb ausdrücklich oder ziehen die frisch erworbene *Driving License* vorübergehend ein (bis zum Rückflug). Auch von Veranstaltern, die in Bezug auf Fahrstunden und -prüfung keine Restriktionen verfügen, gibt es oft Empfehlungen oder sogar Auflagen an die Gasteltern, Gastsohn oder -tochter auf keinen Fall das Auto zu überlassen, Führerschein hin oder her. Grund dafür sind spürbar höhere Versicherungsbeiträge für alle Familienfahrzeuge nach einem (eventuell vom Gastschüler herbeigeführten) Unfall und die in einem solchen Fall möglicherweise auftretenden Probleme bei der Klärung von Schadensersatzansprüchen gegen den Gastschüler und/ oder die Organisation.

Anerkennung

Die Bewertung des US-Führerscheins **in Deutschland** ist einheitlich geregelt (§15, Abs. 1 Straßenverkehrs-Zulassungsordnung), wurde aber kürzlich wieder modifiziert:

Fahren hier

Grundsätzlich darf – wie gesagt – der aus den USA mit einer *Driving License* zurückgekehrte Schüler sich auch hierzulande ans Steuer setzen und am Straßenverkehr teilnehmen, sofern der **Aufenthalt in den USA mindestens 185 Tage** dauerte. Die **Fahrerlaubnis bei uns gilt nur** unter der Voraussetzung, daß der **Führerschein übersetzt und klassifiziert** wurde – siehe unten – und auch dann nur **für maximal 6 Monate**. Nach Ablauf dieser Frist muß die Umschreibung erfolgen bzw. erfolgt sein.

Diese Regelung findet zunächst auch auf Führerscheininhaber Anwendung, die zum Zeitpunkt der Rückkehr das 18. Lebensjahr noch nicht vollendet haben. Sind sie auch nach 6 weiteren Monaten noch nicht 18 Jahre alt, ist Schluß mit Fahren, bis die Volljährigkeit erreicht wird. Um bei uns über den Zeitraum von 6 Monaten hinaus weiter fahren zu dürfen, ist in allen Fällen der Führerschein umzuschreiben bzw. die deutsche Prüfung nach den folgenden Regeln abzulegen.

Umschreibung/ Erlaß einer Prüfung

Unter welchen Voraussetzungen der US-Führerschein auf eine deutsche Fahrerlaubnis "vereinfacht" umgeschrieben werden kann, hängt von dem US-Staat ab, in dem die Prüfung abgelegt wurde. Die Führerscheinstellen der Ordnungsämter erkennen die Führerscheine der folgende US-Bundesstaaten **ohne Zusatzprüfung** an:

Alabama, **Arizona, Arkansas, Colorado, Delaware, Illinois, Kansas, Massachussetts, Mississippi, New Mexico, Kentucky, South Dakota**, **Utah** und **Virginia**.

Jeweils aktuell im Internet: www.fuehrerschein.net

Für **Washington DC, Connecticut, Michigan, Missouri, Nebraska, North Carolina** und **Oregon** muß muß man in Deutschland nur die **theoretische Prüfung** nachholen.

Bei Führerscheinen aus anderen US-Staaten ist die komplette Fahrprüfung, d.h. praktischer und theoretischer Teil, in Deutschland zu wiederholen. (Stand April 2001)

Prüfung hier

Die Prüfung kann – wie sonst auch – nur mit Hilfe einer Fahrschule gemacht werden. D.h., Prüfungs- und ggf. Schulungsgebühren für die theoretische Prüfung fallen an. Verzichtet wird (und das ist der bedeutsame Unterschied gegenüber dem Führerscheinaspiranten ohne *Driving License* aus den USA) auf den Nachweis der sonst vorgeschriebenen Fahrstunden. Wer zum Zeitpunkt der Prüfung ausreichend gut fährt, so daß er (fast) keine Fahrstunden benötigt, spart den größten Teil der sonst hier anfallenden Kosten. In der Realität wird es aber ganz ohne Fahrstunden kaum abgehen, damit die "Einstimmung" auf die hiesigen Prüfungsumstände gelingt.

Details

Außerdem geht es auch nicht ohne Bürokratie. Unter anderem muß vor der **Ausnahmegenehmigung für die vereinfachte Prüfung** der amerikanische Führerschein mitsamt einer beglaubigten Übersetzung – beispielsweise durch den ADAC – vorgelegt werden. Weitere und lokal eventuell differierende Einzelheiten– wie etwa die **Frage der generell und im Einzelfall einzuhaltenden Fristen**, damit die durch den amerikanischen Führerschein erworbenen Privilegien nicht möglicherweise verfallen – lassen sich mit einem Anruf bei der nächsten zuständigen Führerscheinstelle leicht klären.

7. Daten und Adressen

7.1 Programmträger in Deutschland

Systematik

Im folgenden sind die meisten der in Deutschland tätigen Organisationen in alphabetischer Reihenfolge aufgelistet, die US-Familienaufenthalte mit *High School*-Besuch vermitteln. Neben Veranstalternamen, Telefon, Fax, Post-, Internet- und email-Adresse findet der Leser die wichtigsten Programmdaten und die jeweilige(n) amerikanische(n) Partnerorganisation(en), ➪ Seiten 257ff. Die **Programmkosten** beziehen sich großenteils auf das **Schuljahr 2001/2002**.

Die Daten beruhen auf den Angaben der Organisationen, die mit Sorgfalt ausgewertet wurden. Für die Richtigkeit und eventuelle Druckfehler, die sich trotzdem eingeschlichen haben mögen, übernehmen Autor und Verlag keine Haftung. Zu beachten ist, daß sich im Zeitablauf sowohl Anschriften, Telefonnummern usw. wie auch die Programmkonditionen ändern können. Auf Anfrage versenden alle Anbieter Prospekte und detaillierte Informationen. Ganz hilfreich für eine Vorauswahl ist auch ein Blick in die jeweiligen ***Websites***, über die mittlerweile fast alle Anbieter verfügen.

"Organisationen auf dem Prüfstand"

Post-, Telefon- oder Netzgebühren und den mühsamen Individualvergleich spart, wer das Buch "**Ein Schuljahr in den USA**" von Christian Gundlach oder die Broschüre "**Schuljahresaufenthalte USA**" von der Aktion Bildungsinformation zur Hand nimmt (➪ Seite 261). Dort sind für fast alle in Deutschland tätigen Organisationen die Leistungen, Kosten, Rücktrittsregelungen und weitere Daten übersichtlich zusammengestellt. Mit Hilfe dieser Übersichten lassen sich Anbieter, deren Leistungskatalog und Philosophie einem besonders zusagen, erkennen und – nach Unterlagensichtung – in die engere Wahl ziehen.

Adventures in Real Communication

Anschrift	Flotowstraße 7, 38106 Braunschweig
Telefon	(0531) 34 23 61
Fax	(0531) 34 06 53
e-Mail	rfolk@t-online.de
Geschäftsform	rechtlich nicht selbständig
Gemeinnützig	nein
Preis	10 Monate: ca. 10.600 DM inklusive Flugkosten, Kranken- und Unfall-versicherung, zuzüglich Haftpflichtvers. (ca. 100 DM)
Bewerbung bis	15.03.
US-Partner:	ARC

Advised Studies Sprachreisen GmbH

Anschrift	Wiesnerstraße 5, 44141 Dortmund
Telefon	(0231) 42 42 88
Fax	(0231) 41 14 51
e-Mail	Advised-Studies@t-online.de
Homepage	www.advised-studies.de
Geschäftsform	GmbH
Gemeinnützig	nein
Preis	10 Monate: ca. 10.200 DM 5 Monate möglich inkl. Versicherungen, zzgl. Flugkosten (bis 1.500 DM)
Bewerbung	31.03.
US-Partner:	ASA, CET, FSL

AFS Interkulturelle Begegnungen e.V.

Anschrift	Friedensallee 48, 22765 Hamburg Postfach 500142, 22701 Hamburg
Telefon	(040) 399 222 19
Fax	(040) 399 222 99
e-Mail	germany@afs.org
Homepage	www.afs.de
Geschäftsform	eingetragener Verein
Gemeinnützig	ja
Preis	10 Monate: ca. 11.900 DM, inklusive Flugkosten und Kranken- und Unfall-versicherung zuzüglich Haftpflichtvers. (ca. 100 DM)
Bewerbung bis	15.10.
US-Partner:	AFS

AIYSEP International

Anschrift	Manfred-von-Richthofen-Straße 6/III, 12101 Berlin
Telefon	(030) 788 997 12
Fax	(030) 788 997 13
e-Mail	Aiysep.Germany@aol.com
Homepage	www.aiysep.org
Geschäftsform	nicht selbständig

Gemeinnützig	in Deutschland nicht
Preise	10 Monate: ca. US$ 3.200 5 Monate möglich inklusive Kranken- und Unfallversicherung, zuzüglich Flugkosten und Haftpflichtversicherung
Bewerbung bis	31.05.
US-Partner:	AIYSEP

AMS Tours GmbH

Anschrift	Nachtigallenweg 28, 74906 Bad Rappenau
Telefon	(07264) 9 17 40
Fax	(07264) 78 61
e-Mail	AMS-Tours@t-online.de
Homepage	www.ams-tours.de
Geschäftsform	GmbH
Gemeinnützig	nein
Preise	10 Monate: ca. 10.000 DM 5 Monate möglich inklusive Flugkosten, zuzüglich Versicherungen
Bewerbung bis	01.05.
US-Partner:	CASE, ISE

Aspect Internationale Sprachschule GmbH.

Anschrift	Kaiser-Friedrich-Ring 49, 65185 Wiesbaden
Telefon	(0611) 89 08 560
Fax	(0611) 89 08 585
e-Mail	highschool@aspect-deutschland.de
Homepage	www.aspect-deutschland.de
Geschäftsform	GmbH
Gemeinnützig	nein
Preise	10 Monate: ca. 10.000 DM 5 Monate möglich inklusive Flugkosten, zuzüglich Versicherungen
Bewerbung bis	31.03.
US-Partner	ASPECT

ASSIST Deutschland
American Secondary Schools for International Students

Anschrift	Siegfriedstr. 21, 40549 Düsseldorf
Telefon	(0211) 955 96 38
Fax	(0211) 955 97 89
e-Mail	assist@assist-online.net
Homepage	www.assist-online.net
Geschäftsform	rechtlich unselbständige Niederlassung von Assist USA
Gemeinnützig	Assist USA
Preis	10 Monate: ca. $4.700 zzgl. Flüge (ca. 800 DM) und Versicherungen (ca. 650 DM)
Bewerbung bis	30.11.
US-Partner	ASSIST

AYUSA International e.V.

Anschrift	Ringstraße 69, 12205 Berlin
Telefon	(030) 84 39 39 0
Fax	(030) 84 39 39 39
e-Mail	info@ayusa.de
Homepage	www.ayusa.org
Geschäftsform	eingetragener Verein
Gemeinnützig	ja
Preise:	10 Monate: ca. 9.400 DM, 5 Monate möglich inkl. Versicherungen, zzgl. Flugkosten (ca. 1.700 DM)
Bewerbung bis	31.03.
US-Partner	AYUSA INTERNATIONAL

CAMPS - Gesellschaft für Ferien- und Ausbildungsprogramme mbH

Anschrift	Daimlerstraße 17, 25337 Elmshorn
Telefon	(04121) 47 29 90
Fax	(04121) 47 29 97
e-Mail	info@camps.de
Homepage	www.camps.de
Geschäftsform	GmbH
Gemeinnützig	nein
Preise	10 Monate: ca. 9.500 DM, 5 Monate möglich zzgl. Flug (ca.1.700 DM) und Versicherungen (ca. 800 DM)
Bewerbung bis	15.04.
US-Partner	CIEE, ICES, ISE

Carl Duisberg Centren gemGmbH

Anschrift	Hansaring 49-51, 50670 Köln
Telefon	(0221) 162 62 41
Fax	(0221) 162 62 56
e-Mail	highschool@cdc.de
Homepage	www.cdc.de
Geschäftsform	gemeinnützige GmbH
Gemeinnützig	ja
Preise	10 Monate: ca. 10.700 DM, 5 Monate möglich inkl. Flugkosten, zzgl.Versicherungen (850 DM)
Bewerbung bis	01.04.
US-Partner	ISE, CET

civitas mundi - Begegnung mit Kulturen e.V.

Anschrift	Willmanndamm 13, 10827 Berlin
Telefon	(030) 78 70 68 12
Fax	(030) 78 70 68 20
e-Mail	info@civitas.mundi.de
Homepage	www.civitas-mundi.de
Geschäftsform	e.V. in Gründung
Gemeinnützig	beantragt
Preise	10 Monate: ca. 11.900 DM inklusive Flugkosten und Versicherungen
Bewerbung bis	30.04.
US-Partner	EMF, CET

Council Deutschland e.V.
CIEE: Council on International Educational Exchange

Anschrift	Oranienburger Straße 13-14, 10178 Berlin
Telefon	(030) 28 48 59 53
Fax	(030) 28 09 61 80
e-Mail	highschool@councilexchanges.de
Homepage	www.CouncilExchanges.org
Geschäftsform	eingetragener Verein
Gemeinnützig	ja
Preise:	10 Monate: ca. 9.000 DM 5 Monate möglich inkl. Versicherungen, zzgl. Flugkosten (1.300-1.700 DM) bei *Private School Service* zzgl. Schulgebühren
Bewerbung bis	30.04.
US-Partner	CIEE

DASG, Deutsch-Amerikanische Studiengesellschaft e.V.

Anschrift	Pappelweg 1, 89275 Oberelchingen
Telefon	(07308) 20 03
Fax	(07308) 60 56
e-Mail	mail@dasg.de
Homepage	www.dasg.de
Geschäftsform	eingetragener Verein
Gemeinnützig	ja
Preise	10 Monate: ca. 11.200 DM 5 Monate möglich inkl. Flugkosten zzgl. Versicherungen (ca. 1.200 DM)
Bewerbung bis	30.04.
US-Partner	PAX, FTW

Deutsches Youth For Understanding Komitee e.V.

Anschrift	Averhoffstraße 10, 22069 Hamburg
Telefon	(040) 22 70 02 0
Fax	(040) 22 70 02 27
e-Mail	Info@yfu.de
Homepage	www.yfu.de
Geschäftsform	eingetragener Verein
Gemeinnützig	ja
Preis	11 Monate: ca.11.300 DM inklusive Flugkosten und Versicherungen,
Bewerbung bis	November
US-Partner	YFU

EEI - Educational Exchange International e.V.

Anschrift	Sedanstraße 31-33, 50668 Köln
Telefon	(0221) 739 19 58
Fax	(0221) 739 19 19
e-Mail	eei.ev@aol.com
Homepage	www.eei.de
Geschäftsform	eingetragener Verein
Gemeinnützig	ja

Preise	10 Monate: ca. 10.400 DM, 5 Monate möglich inkl. Kranken- und Unfallversicherung zzgl. Haftpflichtvers. (ca. 100 DM), zzgl. Flug (ca. 1.700 DM)
Bewerbung bis	15.02.
US-Partner	ARC-YP, CIEE

EF Education GmbH/EF High School Year

Anschrift	Markgrafenstr. 58, 10117 Berlin
Telefon	(030) 20 34 73 00
Fax	(030) 20 34 73 01
e-Mail	highschoolyear.de@ef.com
Homepage	www.ef.com
Geschäftsform	GmbH
Gemeinnützig	nein
Preise	10 Monate: ca. 9.900 DM 5 Monate möglich inkl. Flugkosten, zzgl. Versicherungen (ca. 950 DM)
Bewerbung bis	01.03.
US-Partner	EF

House of English Sprachreisen GmbH

Anschrift	Hölderlinplatz 2A, 70193 Stuttgart
Telefon	(0711) 63 10 89
Fax	(0711) 63 14 37
Geschäftsform	GmbH
Gemeinnützig	nein
Preise	10 Monate: ca. 10.500 DM 5 Monate möglich inklusive Flug, zzgl. Versicherungen (ca. 1000 DM)
Bewerbung bis	31.03.
US-Partner	CCI, CET, ERDT, FACE, REACH

EUROVACANCES Youth Exchange GmbH

Anschrift	Rothenbaumchaussee 5, 20148 Hamburg
Telefon	(040) 44 70 70 0
Fax	(040) 44 66 96
e-Mail	eurovacances@eurovacances.de
Homepage	www.eurovacances.de
Geschäftsform	GmbH
Gemeinnützig	ja
Preise	10 Monate: ca. 11.800 DM 5 Monate möglich inklusive Flugkosten und Versicherungen
Bewerbung bis	01.03.
US-Partner	ASPECT, NACEL

EXPERIMENT e.V.

Anschrift	Friesdorfer Straße 194a, 53175 Bonn
Telefon	(0228) 95 72 215
Fax	(0228) 35 82 82

e-Mail	highschool.exp-ge@t-online.de
Homepage	www.Experiment-ev.de
Geschäftsform	eingetragener Verein
Gemeinnützig	ja
Preise	10 Monate: ca. 11.400 DM 5 Monate möglich inklusive Flugkosten und Versicherungen
Bewerbung bis	15.09.
US-Partner	ERDT/Share, CCI

fee Sprachreisen GmbH

Anschrift	Leibnizstr. 3, 70193 Stuttgart
Telefon	(0711) 63 80 48
Fax	(0711) 63 65 378
e-Mail	info@fee-sprachreisen.de
Homepage	www.fee-sprachreisen.de
Geschäftsform	GmbH
Gemeinnützig	nein
Preise	10 Monate: ca. 10.500 DM 5 Monate möglich inkl. Flugkosten, zzgl.Versicherungen (ca. 1.000 DM)
Bewerbung bis	31.03.
US-Partner:	CCI, ERDT/Share, ACE, CET

FLAG Foreign Link around the Globe

Anschrift	Wiesengrund 4, 53819 Neunkirchen
Telefon	(02241) 26 59
Fax	(02241) 89 815
Geschäftsform	nicht selbständig
Gemeinnützig	nein
Preise	10 Monate: ca. 8.200 DM 5 Monate möglich inkl. Kranken- und Unfallversicherung, zzgl. Haftpflichtvers. (ca. 100 DM) und Flug (ca. 1.300 DM)
Bewerbung bis	28.02.
US-Partner:	FLAG

Dr. Frank Sprachen & Reisen GmbH

Anschrift	Kleiner Markt 11, 64646 Heppenheim
Telefon	(06252) 93 32 19
Fax	(06252) 93 32 60
e-Mail	info@dfsr.de
Homepage	www.dfsr.de
Geschäftsform	GmbH
Gemeinnützig	nein
Preise	10 Monate: ca. 10.900 DM 5 Monate möglich inklusive Flug, zzgl. Versicherungen (ca. 1.000 DM)
Bewerbung bis	15.04.
US-Partner	ERDT, CHI, ISE, CET

GGS Gemeinnützige Gesellschaft für internationale Sprachstudien und Kulturaustausch e.V.

Anschrift	Hölderlinstr. 55, 70193 Stuttgart
Telefon Fax	(0711) 63 21 25
Fax	(0711) 63 21 25
Geschäftsform	eingetragener Verein
Gemeinnützig	ja
Preise	10 Monate: ca. 10.400 DM, 5 Monate möglich inkl. Flugkosten, zzgl. Versicherungen (ca. 1.000 DM)
Bewerbung bis	31.03.
US-Partner	CET

GIJK - Gesellschaft für Internationale Jugendkontakte mbH

Anschrift	Baunscheidtstr. 11, 53113 Bonn
Telefon	(0228) 95 73 00
Fax	(0228) 95 73 010
e-Mail	gijk@gijk.de
Homepage	www.gijk.de
Geschäftsform	GmbH
Gemeinnützig	nein
Preise	10 Monate: ca. 11.900 DM, 5 Monate möglich inklusive Flugkosten, Kranken- und Unfallversicherung, z.zgl. Haftpflichtversicherung (ca. 100 DM)
Bewerbung bis	30.04.
US-Partner	AYA

GIVE - Gesellschaft für Internationale Verständigung mbH

Anschrift	In der Neckarhelle 127a, 69118 Heidelberg
Telefon	(06221) 38 93 50
Fax	(06221) 80 96 87
e-Mail	give@language.de
Homepage	www.language.de/give
Geschäftsform	GmbH
Gemeinnützig	nein
Preise	10 Monate: ca. 10.700 DM, 5 Monate möglich inkl. Flugkosten, zzgl. Versicherungen (ca. 1.000 DM)
Bewerbung bis	31.03.
US-Partner	ASSE

GLS Sprachenzentrum

Anschrift	Kolonnenstr. 26, 10829 Berlin
Telefon	(030) 78 00 89 11
Fax	(030) 78 74 191
e-Mail	highschool@gls.berlin.com
Homepage	www.gls-berlin.com
Geschäftsform	Einzelfirma
Gemeinnützig	nein
Preise	10 Monate: ca. 9.000 DM, 5 Monate möglich zuzüglichVersicherungen (ca. 900 DM) und Flugkosten (1.400 DM-1.800 DM)
Bewerbung bis	30.04.
US-Partner:	Face the World, ECI, WISE

Hardt-Forum e.V.

Anschrift	Kurhausstr. 22, 13467 Berlin
Telefon	(030) 404 10 69
Fax	(030) 404 05 25
e-Mail	office@hardt-forum.de
Homepage	www.hardt-forum.de
Geschäftsform	eingetragener Verein
Gemeinnützig	ja
Preise	10 Monate: ca. 10.000 DM 5 Monate möglich inklusive Flug, zzgl. Versicherungen (ca. 900 DM)
Bewerbung bis	31.03.
US-Partner:	CET, ECI

ICXchange-Deutschland Gesellschaft für internationalen Kulturaustausch e.V.

Anschrift	Bahnhofstr. 16-18, 26122 Oldenburg
Telefon	(0441) 92 398 0
Fax	(0441) 92 398 99
e-Mail	icx@icxchange.de
Homepage	www.icxchange.de
Geschäftsform	eingetragener Verein
Gemeinnützig	ja
Preise	10 Monate: ca. 11.400 DM 5 Monate möglich inklusive Flugkosten, Kranken- und Unfallversicherung, z.zgl. Haftpflichtversicherung (ca. 100 DM)
Bewerbung bis	31.03.
US-Partner	AIFS, PAX, FTW, OCEAN

iESP Schul- und Studienaustauschprogramme GmbH

Anschrift	Dürenstr. 3, 53173 Bonn
Telefon	(0228) 36 89 90
Fax	(0228) 36 89 99 9
e-Mail	info@iesp-germany.org
Homepage	www.iesp-germany.org
Geschäftsform	GmbH
Gemeinnützig	nein
Preise	10 Monate: ca. 10.000 DM 5 Monate möglich inkl. Versicherungen, zzgl. Flugkosten (1.700 DM)
Bewerbung bis	31.03.
US-Partner	iESP, NWSE, ISE

International Culture Education&Partner

Anschrift	Schloßgasse 17, 79112 Freiburg-Opfingen
Telefon	(07664) 50 13 14
Fax	(07664) 50 13 15
e-Mail	highschool@aol.com
Homepage	http://members.aol.com/highschool

Geschäftsform	GbR
Gemeinnützig	nein
Preise	10 Monate: ca. 11.200 DM 5 Monate möglich inklusive Flugkosten und Versicherungen;
Bewerbung bis	15.06.
US-Partner	REACH, UAEP

Into Schüleraustausch GmbH

Anschrift	Ostlandstr. 14, 50858 Köln
Telefon	(02234) 94 63 60
Fax	(02234) 94 63 623
e-Mail	germany@into.edu
Homepage	www.into.edu
Geschäftsform	GmbH
Gemeinnützig	nein
Preise	10 Monate: ca. 10.000 DM 5 Monate möglich inkl. Flugkosten zzgl. Versicherungen (ca. 800 DM)
Bewerbung bis	31.03.
US-Partner	INTO

ISKA-Sprachreisen, Intensiv-Sprachkurse im Ausland GmbH

Anschrift	Hausener Weg 61, 60489 Frankfurt
Telefon	(069) 97 84 720
Fax	(069) 78 30 29
e-Mail	ISKA-Sprachreisen@t-online.de
Homepage	www.iska.de
Geschäftsform	GmbH
Gemeinnützig	nein
Preise	10 Monate: ca. 9.800 DM 5 Monate möglich inklusive Flugkosten und Versicherungen
Bewerbung bis	15.03.
US-Partner	CASE, ICES, USSE

iSt - Internationale Sprach- und Studienreisen GmbH

Anschrift	Stiftsmühle, 69080 Heidelberg
Telefon	(06221) 89 00 120
Fax	(06221) 89 00 200
e-Mail	iSt@language.de
Homepage	www.language.de/ist
Geschäftsform	GmbH
Gemeinnützig	nein
Preise	10 Monate: ca. 10.700 DM 5 Monate möglich inkl. Flugkosten, zzgl. Versicherungen (ca. 1.000 DM)
Bewerbung bis	31.03.
US-Partner	ASSE, AISE

Kompaß Sprachreisen GmbH

Anschrift	Limburgstr. 11b, 40235 Düsseldorf
Telefon	(0211) 69 91 30
Fax	(0211) 69 91 322
e-Mail	info@kompass-sprachreisen.de
Homepage	www.kompass-sprachreisen.de
Geschäftsform	GmbH
Gemeinnützig	nein
Preise	10 Monate: ca. 11.000 DM 5 Monate möglich inklusive Flugkosten und Versicherungen
Bewerbung bis	31.03.
US-Partner	PIE

Kultur Life
Gesellschaft für Jugend-Kulturreisen mbh

Anschrift	Jungfernstieg 14, 24103 Kiel
Telefon	(0431) 93 00 8
Fax	(0431) 93 00 9
e-Mail	info@kultur-life.de
Homepage	www.kultur-life.de
Geschäftsform	GmbH
Gemeinnützig	nein
Preise	10 Monate: ca. 11.000 DM 5 Monate möglich inkl Flugkosten und Versicherungen, aber Inlandsflug Deutschland ggf. zuzüglich
Bewerbung bis	31.03.
US-Partner	NACEL Open Door

LSI - Language Studies International GmbH

Anschrift	Zeil 107, 60313 Frankfurt
Telefon	(069) 2 03 09
Fax	(069) 29 63 39
e-Mail	fra@LSI.edu
Homepage	de.LSI.edu.
Geschäftsform	GmbH
Gemeinnützig	nein
Preise:	10 Monate: 11.000 DM 5 Monate möglich inklusive Versicherungen und Flugkosten
Bewerbung bis	30.04.
US-Partner	CCI, CHI, ERDT/Share, ASA, WISE

MAP Sprachreisen GmbH
MUNICH Academic Programm

Anschrift	Türkenstraße 104, 80799 München
Telefon	(089) 35 73 79 77
Fax	(089) 35 73 79 78
e-Mail	highschool@map-sprachreisen.com
Homepage	www.map-sprachreisen.com

Geschäftsform	GmbH
Gemeinnützig	nein
Preise	10 Monate: ca. 10.800 DM 5 Monate möglich inkl. Flugkosten, zzgl. Versicherungen (ca. 750 DM)
Bewerbung bis	15.03.
US-Partner	CCI, FSL

Jürgen Matthes Sprachreisen

Anschrift	Bahnhofstr. 30a, 25524 Itzehoe
Telefon	(04821) 68 00
Fax	(04821) 61 305
e-Mail	usa@matthes.de
Homepage	www.matthes.de
Geschäftsform	GbR
Gemeinnützig	nein
Preise	10 Monate: ca. 11.500 DM 5 Monate möglich inkl. Flugkosten, zzgl. Versicherungen (ca. 750 DM) und Inlandsflug in Deutschland (ca. 200 DM)
Bewerbung bis	01.03.
US-Partner	AIFS, ECI; auch Privatschulvermittlung

OPEN DOOR Student Exchange e.V.

Anschrift	Mechthildisstr. 16, 50678 Köln
Telefon	(0221) 331 99 56
Fax	(0221) 331 99 58
e-Mail	info@opendoor.de
Homepage	www.opendoor.de
Geschäftsform	eingetragener Verein
Gemeinnützig	ja
Preise	10 Monate: ca. 10.900 DM 5 Monate möglich inklusive Flugkosten, Kranken- und Unfallversicherung, zzgl. Haftpflichtversicherung (ca. 100 DM)
Bewerbung bis	15.03.
US-Partner	NACELOpen Door.

Partnership International e.V.

Anschrift	Hansring 85, 50670 Köln
Telefon	(0221) 913 97 33
Fax	(0221) 913 97 34
e-Mail	office@partnership.de
Homepage	www.partnership.de
Geschäftsform	eingetragener Verein
Gemeinnützig	ja
Preise	10 Monate: ca. 11.800 DM 5 Monate möglich inklusive Flugkosten und Versicherungen
Bewerbung bis	31.01.
US-Partner	AYUSA, NWSE

Reflections International Inc. Deutsche Vertretung

Anschrift	Ergster Weg 30, 58093 Hagen
Telefon&Fax	(02334) 5 34 80
e-Mail	reflect@mhtc.net
Geschäftsform	nicht selbständig
Gemeinnützig	nein
Preise:	10 Monate: ca. 10.900 DM 5 Monate möglich inklusive Flugkosten und Versicherungen
Bewerbung bis	15. 11.
US-Partner	Reflections International

STEP IN School Programmes GmbH

Anschrift	Augustastr. 1, 531735 Bonn
Telefon	(0228) 95 69 50
Fax	(0228) 95 69 599
e-Mail	info@step-in.de
Homepage	www.step-in.de
Geschäftsform	GmbH
Gemeinnützig	nein
Preise	10 Monate: ca. 12.500 DM, 5 Monate möglich inklusive Flugkosten und Versicherungen
Bewerbung bis	30.04.
US-Partner	PAX

STS Sprachreisen GmbH

Anschrift	Mönckebergstr. 5, 20095 Hamburg
Telefon	(040) 303 999 23, free call (0800) 112 24 26
Fax	(040) 303 999 08
e-Mail	highschool.germany@sts.de
Homepage	www.sts-education.com
Geschäftsform	GmbH
Gemeinnützig	nein
Preise	10 Monate: ca. 10.000 DM 5 Monate möglich inkl. Flugkosten; zzgl. Versicherungen (ca. 900 DM)
Bewerbung bis	15.03.
US-Partner	AISE, STS Foundation, PAX

TASTE -Teenage Student ExchangeWistaedt GbR

Anschrift	Kurt Schumacher Straße 32, 30159 Hannover
Telefon	(0511) 32 99 77 + 88
Fax	(0511) 32 95 15
e-Mail	tastenet@aol.com
Homepage	www.tastenet.de
Geschäftsform	GbR
Gemeinnützig	nein
Preise	10 Monate: ca. 10.000 DM, 5 Monate möglich inklusive Flugkosten; zzgl. Versicherungen (ca. $340)
Bewerbung bis	30.04.
US-Partner	CHI

team! Sprachen und Reisen GmbH

Anschrift	Bärbroich 35, 51429 Bergisch Gladbach
Telefon	(02207) 91 13 90
Fax	(02207) 91 13 87
e-Mail	team@www.language.de
Homepage	www.language.de/team
Geschäftsform	GmbH
Gemeinnützig	nein
Preise	10 Monate: ca. 11.500 DM, 5 Monate möglich inkl. Flugkosten; zzgl.Versicherungen (ca. 1.000 DM)
Bewerbung bis	31.03.
US-Partner	WH

Terre des Langues e.V.

Anschrift	Ludwigstraße 6, 93047 Regensburg
Telefon	(0941) 56 56 02
Fax	(0941) 56 56 04
e-Mail	Terre-des-Langues@t-online.de
Homepage	www.vonGleichen.de
Geschäftsform	eingetragener Verein
Gemeinnützig	nein
Preise	10 Monate: ca. 9.900 DM. 5 Monate möglich inklusive Flugkosten und Versicherungen
Bewerbung bis	30.04.
US-Partner	ARC, Terra Lingua USA

TREFF – International Exchange e.V.

Anschrift	Negelerstraße 25, 72764 Reutlingen
Telefon	(07121) 24 07 47
Fax	(07121) 27 04 10
e-Mail	treff-sprachreisen@t-online.de
Homepage	www.treff-sprachreisen.com
Geschäftsform	eingetragener Verein
Gemeinnützig	ja
Preise:	10 Monate: ca. 10.800 DM, 5 Monate möglich inklusive Flugkosten und Versicherungen
Bewerbung bis	15.04.
US-Partner	ACE, ISE, WE

VIB, Verein für Internationale Begegnung e.V.

Anschrift	Augustastr. 1, 53173 Bonn
Telefon	(0228) 956 95 45
Fax	(0228) 956 95 49
e-Mail	info@vib.de
Homepage	www.vib.de
Geschäftsform	eingetragener Verein
Gemeinnützig	ja
Preise	10 Monate: ca. 11.500 DM 5 Monate möglich inkl. Flugkosten, zzgl. Versicherungen (ca. 1.000 DM)
Bewerbung bis	15.04.
US-Partner	OCEAN

World Experience Teenage Student Exchange Programs (Germany)

Anschrift	An der Plantage 29, 55120 Mainz
Telefon&Fax	(06131) 88 32 52
e-Mail	schmattloch@gmx.de
Homepage	www.worldexperience.org
Geschäftsform	nicht selbständig
Gemeinnützig	nein
Preise	10 Monate: ca. $3.800 5 Monate möglich inkl Kranken- und Unfallversicherung, zzgl. Haftpflicht-versich. (ca. 100 DM) und Flugkosten (ca. 1.300 DM)
Bewerbung bis	31.12.
US-Partner	WE

Xenos Leadership Exchange im Young-Life-Berlin e.V.

Anschrift	Eschershauser Weg 19i, 14163 Berlin
Telefon	(030) 814 996 12
Fax	(030) 814 996 13
e-Mail	austausch@young-life-berlin.de
Homepage	www.young-life-berlin.de
Geschäftsform	Teil eines eingetragenen Vereins
Gemeinnützig	ja
Preis	10 Monate: 9.900 DM inkl. Versicherungen, zzgl. Flugkosten (ca. 1.700 DM)
Bewerbung bis	15.10.
US-Partner	AMICUS, Student Quest

7.2 Die amerikanischen Partnerorganisationen deutscher Programmträger

CSIET-Liste Im folgenden sind die wichtigsten – unter 7.1 nur mit ihren Kürzeln genannten amerikanischen Partnerorganisationen der deutschen Programmträger mit voller Bezeichnung genannt, sofern sie auch in der CSIET-Liste 2001 verzeichnet werden.

Websites Wer sich für eine dieser Organisationen näher interessiert, erfährt mehr unter der angegebenen *Website*; man kann aber auch auf die ***Website* des CSIET** (www.csiet.org) gehen und dort die Liste der Organisationen anklicken: Sofern vorhanden, sind unter der vollen Bezeichnung e-Mail-Adresse und jeweilige *Website* gelistet und gleich als Link eingerichtet.

Dort finden sich jeweils *up-to-date* ggf. auch weitere *Websites*, deren Adresse bei Redaktionschluß dieses Buches noch nicht vorlagen bzw. sich änderten.

ACE Academic and Culture Exchange
Website: www.academicculturalexch.com

ARC-YP Adventures in Real Communication Year Program
Website: www.arcyp.com

AFS American Field Service Intercultural Programs
Website: www.afs.org/usa

AIFS American Insitute for Foreign Studies Foundation
Website: www.aifs.org

AISE American Intercultural Student Exchange
Website: www.aise.com

AIYSEP American Int'l Youth Student Exchange Program
Website: www.aiysep.org

AMICUS Amicus International Student Exchange

ASA Asa International
Website: www.asainternational.com

ASPECT ASPECT Foundation
Website: www.aspectworld.com

ASSE International Student Exchange Programs
Website: www.asse.com

ASSIST American Secondary Schools for International Students and Teachers

AYUSA	AYUSA International **Website:** www.ayusa.org
CASE	Cultural Academic Student Exchange **Website:** www.exchangestudents.org
CCI	Center for Cultural Exchange **Website:** www.cci-exchange.com
CET	Council for Educational Travel
CHI	Cultural Homestay International **Website:** www.chinet.org
CIEE	Council on International Educational Exchange **Website:** www.ciee.org
EF	Educational Foundation for Foreign Study **Website:** www.ef.com
EMF	Educational Merit Foundation **Website:** www.emfusa.org
ERDT/ Share	Educational Resource Development Trust **Website:** www.erdtshare.org
FACE	Foundation for Academic Cultural Exchange **Website:** www.faceexchange.org
FLAG	Foreign Links around the Globe **Website:** www.flag-intl.org
FSL	Foreign Study League
FTW	Face the World Foundation
ICES	International Cultural Exchange Services **Website:** www.ices.services.org
INTO (Ed)	Into Edventures
ISE	International Student Exchange
NACEL Open Door	Nacel Open Door **Website:** www.nacel.org
NISE	Northwest International Study Exchange, Inc. **Website:** www.nisenw.com
NWSE	Northwest Student Exchange **Website:** www.nwse.com

OCEAN	Organisation for Cultural Exchange Among Nations **Website:** www.oceanintl.org
PAX	Program of Academic Exchange **Website:** www.pax.org
PIE	Pacific Intercultural Exchange **Website:** www.pieusa.org
REACH	Resource Euro-Asian American Cultural Homestay **Website:** www.reachtx.org
Reflections	Reflections International
STS	STS Foundation **Website:** www.sts.foundation.org
USSE	United Studies Student Exchange **Website:** www.unitedstudies.org
WE	World Experience
WH	World Heritage International Student Exchange **Website:** www.world-heritage.org
WISE	Foundation for Worldwide Int`l Student Exchange **Website:** www.wisefoundation.com.
World Learning	World Learning Inc. **Website:** www.worldlearning.org
YFU	Youth for Understanding International Exchange **Website:** www.yfu.org

CSIET

Wer sich für weitere Einzelheiten über die amerikanischen Partner interessiert, kann auch das Büchlein ***Advisory List of International Travel and Exchange Programs*** (jährlich neu) gegen Einsendung eines Schecks über $20 direkt beim *CSIET* anfordern:

CSIET

212 S Henry Street

Alexandria, VA 22314 USA

✆ (703) 739-9050, Fax (703) 739-9035.

Website: www.csiet.org

7.3 Das parlamentarische Patenschaftsprogramm

Aus Anlaß der 300-jährigen Wiederkehr des Tages, an dem deutsche Einwanderer erstmalig ihren Fuß auf nordamerikanischen Boden setzten, haben der Kongreß der Vereinigten Staaten von Amerika und der Deutsche Bundestag 1983 gemeinsam das sog. Parlamentarische Patenschaftsprogramm zur Förderung des Jugendaustausches beschlossen.

Teilnehmerkreis

Teilnahmeberechtigt sind junge Berufstätige und Schüler. Erstere müssen den Abschluß einer Lehre nachweisen und zwischen 16 und 21 Jahre alt sein. In Ausnahmefällen werden auch Bewerber bis zum 24. Lebensjahr berücksichtigt. Bei Schülern sind Abschluß der Hauptschule oder der 10. Klasse ("Mittlere Reife") und ein Alter von 15-18 Jahren Voraussetzung für die Teilnahme.

Durchführung

Für das **Berufstätigenprogramm** ist die Carl-Duisberg-Gesellschaft zuständig (Weyerstraße 79-83, 50676 Köln). Die Teilnehmer besuchen ein *Community College.*

Um das **Schülerprogramm** kümmern sich die Organisationen AFS, YFU, GIVE, Experiment und *Partnership International* (2001/2002).

An welche dieser vier eine Bewerbung zu richten ist, hängt davon ab, in welchem Wahlkreis der Bewerber wohnt. Die meisten Bundestagsabgeordneten übernehmen Patenschaften für Gastschüler ihres Wahlkreises. Ein Faltblatt "Junge Leute für 1 Jahr in die USA", das beim Deutschen Bundestag (Referat PB-4, Bundeshaus, 53113 Bonn - neue Adresse Berlin lag bei Redaktionsschluß noch nicht vor) und den genannten Programmträgern erhältlich ist, erteilt Auskunft über die jeweilige Zuständigkeit und weitere Einzelheiten.

Besonderheiten

Das PPP zeichnet sich u.a. dadurch aus, daß Vollstipendien mit ihm verbunden sind. D.h., der Bundestag übernimmt die gesamten Programmkosten inkl. der Flüge und Versicherungen. Außerdem werden alle Teilnehmer zu einem gesonderten einwöchigen Vorbereitungsseminar eingeladen, das ähnlich abläuft, wie unter 2.4 beschrieben. In den USA finden für PPP-Stipendiaten – zusätzlich zum üblichen Programm – weitere Veranstaltungen statt, wie etwa ein Besuch in Washington DC.

Die Auswahl der Teilnehmer und Zuordnung zu Schulen und Familien erfolgt jedoch nach denselben Kriterien wie die der anderen Gastschüler der jeweiligen Organisation.

Chancen Bei den attraktiven Bedingungen des PPP ist die Zahl der Bewerbungen naturgemäß relativ hoch. Sie liegt bei rund 10 für jeden zu vergebenden Platz. Die zuständige Organisation filtert zwei bis drei ihr besonders geeignet erscheinende Kandidaten aus und legt die Unterlagen dem/der zuständigen Bundestagsabgeordneten (Wahlkreis) zur endgültigen Auswahl vor.

Auswahl Diese(r) bestimmt den/die Teilnehmer/in. Es gibt einige Wahlkreise, in denen eine Patenschaft zeitweise nicht übernommen wird. Wer sich für das Programm interessiert, sollte im Büro des für den Wahlkreis gewählten Bundestagsabgeordneten anrufen.

7.4 Anlaufstellen für weitere Informationen

Weitere Informationen zu Gastschülerprogrammen und über die USA erhält man bei folgenden Institutionen:

- Aktion Bildungsinformation e. V. (ABI) in Stuttgart
- Pädagogischer Austauschdienst (PAD) in Bonn
- Amerika-Häuser und Deutsch-Amerikanische Institute

ABI e.V. Die **Aktion Bildungsinformation** besitzt als Marktbeobachter – ➪ auch Seite 223 – einen Überblick über die Anbieter von US-*High-School*-Programmen und gibt eine Broschüre "Schuljahresaufenthalte in den USA" heraus.

Darüber hinaus kann man sich mit Fragen auch direkt an die ABI wenden:

ABI e.V., Frau B. Engler, Alte Poststraße 5, 70173 Stuttgart ✆ (0711) 29 93 35, Fax (0711) 29 93 30.

Kommerzielle Beratung Im Zuge des boomenden Schüleraustausches haben sich einige Unternehmen der kommerziellen Bildungsberatung verschrieben. Eine Einzelberatung kostet je nach Gesprächsdauer 35-200 DM. Preiswerter – bezogen auf den einzelnen Interessenten – sind Gruppenberatungen und Vorträge an Schulen. U.a. bietet der ***Council*** so etwas an (siehe folgende Seite).

PAD

Der **Pädagogische Austauschdienst** kümmert sich neben anderen Aktivitäten um den Besuch von Schulklassen (z.B. Klassenreisen) und veröffentlicht Info-Broschüren:

Nassestraße 8, 53113 Bonn, ✆ (0228) 5010

Amerikahäuser/ DAI

Die **Amerikahäuser** sind eine Einrichtung des *United States Information Service* (*USIS*). Als Folge von Budgetkürzungen wurden die Leistungen der Amerikahäuser für das allgemeine Publikum leider stark eingeschränkt. Das betrifft auch Bibliotheken. Die ebenfalls mit öffentlichen Mitteln geförderten **Deutsch-Amerikanischen Institute** (DAI) stellen dagegen nach wie vor Informationen aller Art (Bücher, Videos etc.) zu Kultur, Geschichte und Gesellschaft der USA zur Verfügung. In vielen Amerika-Häusern und DAI, mitunter auch in Schulen, findet einmal jährlich eine ***Youth Exchange Fair*** statt. Dabei sind Mitarbeiter der verschiedensten Organisationen anwesend.

Council

Die Studienberatung wurde von USIS an eine nichtstaatliche Organisation abgegeben. Seit Ende 1997 führt die Abteilung ***Education USA*** des *Council on International Educational Exchange* e.V. (kurz: *Council*) eine Studienberatung für Schüler und Studenten auf kommerzieller Basis durch und organisiert mehrmals im Jahr die oben erwähnten ***Youth Exchange Fairs*** in einer Reihe von großen Städten.

Education USA ist in den Amerikahäusern in Leipzig, Berlin, Frankfurt und Köln vertreten. Nachschlagewerke und andere Informationsquellen werden dort kostenlos – wie bisher – zur Verfügung gestellt. Eine individuelle Beratung kostet 35 DM pro Stunde. Unter Telefon 0190-57 27 27 (1,20 DM/Min) bietet *Education USA* auch einen telefonischen Beratungsservice an.

Informationen im Internet sind unter **www.educationusa.de** abzurufen. Das *Council* hat sich verpflichtet, neutral und unparteiisch zu informieren.

Amerikahäuser		**Council-Durchwahl**
Hardenbergstr. 22–24	10623 Berlin	(030) 31 32 732
Apostelnkloster 13–15	50672 Köln	(0221) 25 80 290
Staufenstr. 1	60323 Frankfurt	(069) 97 20 56 49
Wilhelm-Seyfferth-Str. 4	04107 Leipzig	(0341) 21 38 444

Deutsch-Amerikanische Institute		Durchwahl
Holtenauerstraße 9	24103 Kiel	(0431) 55 48 66
Berliner Prom. 15	66111 Saarbrücken	(0681) 31 160
Sophienstr. 12	69115 Heidelberg	(06221) 60 7315
Charlottenplatz 17	70173 Stuttgart	(0711) 22 81 80
Karlstr. 3	74072 Tübingen	(07071) 34 071
Kaiser-Joseph-Str. 266	79098 Freiburg	(0761) 292 44 16
Haidplatz 8	93047 Regensburg	(0941) 52 476
Gleissbühlstr. 13	90402 Nürnberg	(0911) 230 69 14

Amerikazentren

Amerikazentrum Hamburg
Rothenbaumchaussee 15
20148 Hamburg, © (040) 450 10 422

Bayerisch-Amerikanisches Zentrum
Karolinenplatz 3
80333 München, © (089) 55 25 370

Konsulate

Die Konsulate sind für die **Ausstellung der Visa** verantwortlich. Die Konsularabteilung der US-Botschaft Berlin ist für Berlin, Hamburg, Bremen, Schleswig-Holstein und Niedersachsen sowie die neuen Bundesländer zuständig und das Konsulat in Frankfurt für NRW, Hessen, Rheinland-Pfalz, das Saarland, Baden-Würtemberg und Bayern.

Botschaftsbüro (Berlin) und **General-Konsulat** (Frankfurt)

– Clayallee 170 14195 Berlin
– Siesmayerstr. 21 60323 Frankfurt

Informationen im **Internet** unter **www.usembassy.de**; Antwort auf alle Visafragen als Bandansage unter © **0190/270789** (1,21 DM/min). Wem das nicht genügt: persönliche Beratung unter © **0190/882211** (3,63 DM/min).

Internet

Das Internet bietet zum Thema USA und Schüleraustausch eine unüberschaubare Vielfalt an Informationen auf unterschiedlichem Niveau. Unter seiner Webadresse **www.schueleraustausch.net** hat der Autor u.a. auch eine Reihe von Links zum Thema zusammengestellt.

Darüber hinaus liefern die bekannten Suchdienste (sehr gut: **www.google.de**) vielfältige Einträge unter Stichworten wie ***student exchange***, **Austauschschüler**, **Schüleraustausch,** ***US Highschool*** etc.

Worauf man achten muß, damit der High School-Besuch ein Erfolg wird

Wie verbringe ich ein perfektes High School-Jahr? Welche Organisation ist die beste? Wie können wir sichergehen, daß keine schwerwiegenden Probleme auftreten?

Das sind naheliegende Fragen für zukünftige Gastschüler und ihre Eltern. Und sie sind nicht leicht zu beantworten. Denn ein Rezept für den gelungenen High School-Aufenthalt gibt es nicht. Der eine wechselt dreimal die Familie und schimpft auf den unzuverlässigen Regionalbetreuer der Austauschorganisation, die andere kommt bei einer besonders netten Gastfamilie unter und lobt dieselbe Organisation für die gelungene Familienauswahl. Dennoch gibt es einige Kriterien, die man bei Planung eines High School-Jahres beachten sollte. Im vorstehenden Kapitel wurden einige davon genannt.

Im folgenden werden zunächst die Ursachen für häufige Probleme diskutiert. Hier hat eine **Studie des amerikanischen Außenministeriums** interessante Ergebnisse zutage gefördert. Abschließend sind **Tipps für das Gelingen des Auslandsaufenthaltes** zusammengefaßt.

Bestandsaufnahme

Seit Ende der 90er-Jahre wird es für die amerikanischen Organisationen immer schwieriger, Familien und *High Schools* zu finden, die einen Gastschüler für ein Schuljahr aufnehmen wollen. Eine Austauschorganisation berichtete von gravierenden **Engpässen, die im Schuljahr 2000/2001 aufgetreten seien**. Sie sandte nach Beginn des Schuljahres einen Hilferuf an Familien, die bereits eine Schülerin oder einen Schüler aufgenommen hatten. Die Familien sollten im Bekanntenkreis nach potentiellen Gastfamilien Ausschau halten. Von diesen Plazierungsschwierigkeiten waren auch deutsche Jugendliche betroffen. Einige saßen bis Ende Oktober auf gepackten Koffern und warteten auf die Adresse eines Gastgebers.

Gastschüler-Boom

Diese Situation spiegelt eine allgemeine Erfahrung wider: Die High School-Programme wurden bei Jugendlichen aus aller Welt immer beliebter, doch die Gastfreundschaft der Amerikaner überstrapaziert. Im Schuljahr 2000/2001 nahmen 31 000 Teenager aus vielen Ländern an einem ein- oder halbjährigen High School-Programm teil, doppelt so viel wie vor zehn Jahren. Etwa jeder dritte kommt dabei aus Deutschland. Manche Schulen wollen schon keine Gastschüler mehr aufnehmen oder begrenzen die Zahl der Gastschüler. Auch bei den Familien gibt es einen gewissen Sättigungseffekt. Mitunter werden Familien von den Gebietsrepräsentanten regelrecht dazu überredet, Schüler aufzunehmen. Um den Mangel an Gastfamilien zu beheben, werden Übergangsfamilien geworben, bei denen Jugendlichen vorübergehend wohnen, bis eine "permanente" Gastfamilie gefunden ist.

Gastschüler-Studie: *Welcome families*, Familien- und Schulwechsel

Diese Praxis ist inzwischen so verbreitet, daß das amerikanische Außenministerium eine Studie in Auftrag gab, um die Auswirkungen auf das Wohl der Gastschüler zu untersuchen. Die fundierte Untersuchung wurde von dem Beratungsunternehmen *Carlyn Consulting* durchgeführt und im März 2000 veröffentlicht. Sie basiert auf einer repräsentativen Befragung von Gastschülern, Gastfamilien und High School-Lehrern. Ergebnis: Jeder siebte Gastschüler kommt zu Beginn des Aufenthaltes bei einer so genannten *welcome family* unter. Diese Jugendlichen verbringen jedoch weder ein besseres noch ein schlechteres Schuljahr als die übrigen Gastschüler. Demnach braucht man nichts Schlimmes zu befürchten, wenn der Sohn oder die Tochter zunächst bei einer Übergangsfamilie wohnt.

Erstmals liefert die Gastschüler-Studie auch konkrete Zahlen zum Thema Familienwechsel. Es wurde festgestellt, daß von allen Gastschülern etwa 30% mindestens einmal während des Schuljahres die Familie wechselten, immerhin 7% der Schüler wechselten sogar die High School. Von den Jugendlichen, die zunächst in einer *welcome family* untergebracht worden waren, wechselten 64% die Familie mindestens einmal und 14% die High School. Etwa jede dritte Übergangsfamilie entschied sich aber letztlich dafür, den Gast für das ganze Jahr aufzunehmen. Von den Schülern, die von Anfang an von einer "regulären" Gastgeberfamilie aufgenommen worden waren, wechselten 24% die Familie.

Die Gastschüler-Studie gibt auch einen Einblick in andere Bereiche der High School-Programme. Sie zeigt auf, welche Faktoren das Gelingen eines High School-Jahres beeinflussen. Die Berater nennen als wichtigste Voraussetzungen für ein erfolgreiches High School-Jahr:

- Die Austauschorganisation prüft im Vorfeld, ob die Jugendlichen für das Programm geeignet sind.
- Die Gebietsrepräsentanten reagieren schnell und angemessen bei Notfällen und anderen Problemen.
- Die Gastfamilie und die Gastschüler werden von der Organisation angemessen auf das Programm vorbereitet.

Die Gastschüler-Studie ergab auch, daß überraschend viele Gastfamilien nachlässig ausgewählt und schlecht vorbereitet wurden. Nach Angaben der befragten Beratungslehrer und Vertrauenspersonen an den High Schools betrifft dies 17%-19% der Familien. Nur jede zweite Gastfamilie nahm an einem Vorbereitungstreffen (*host family orientation*) teil, obwohl dies von den amerikanischen Behörden vorgeschrieben ist.

Zwischenfazit

Wenn man voraussetzt, daß der Gastschüler dem Auslandsjahr prinzipiell gewachsen ist, gilt folgendes: Die Qualität der High School-Programme steht und fällt mit der Arbeit der

Gebietsrepräsentanten. Die Berater des Außenministeriums schreiben in ihrer Studie: "Wenn die Gebietsrepräsentanten die Austauschschüler unterstützen und in Notfällen und bei anderen Problemen schnell und angemessen reagieren, ist es sehr wahrscheinlich, daß die Auslandserfahrung ein Erfolg wird. Selbst wenn ein Schüler in eine sehr belastende Situation gerät, hat die starke Unterstützung von jemandem außerhalb der Familie einen sehr positiven Einfluß darauf, wie der Schüler seine Auslandserfahrung und seine eigenen Fähigkeiten wahrnimmt." Der Gebietsrepräsentant müsse dabei eine unabhängige Bezugsperson sein, die mit der Gastfamilie weder verwandt noch eng befreundet sein darf.

Rat im Internet

Nun sieht man den Organisationen freilich nicht am Namen an, wie sie ihre Gebietsrepräsentanten auswählen und schulen. Hier können jedoch die Erfahrungen von ehemaligen Gastschülern weiterhelfen. Und im Zeitalter des Internet findet man solche Erfahrungen zuhauf. Zu den wertvollsten Informationsquellen gehören die Internetforen mit ihren Archiven, in denen häufig auch über schlechte Erfahrungen mit Organisationen berichtet wird. Im Austauschschüler-Forum oder Eltern-Forum kann man natürlich auch selber Fragen stellen. Einige dieser Internetangebote verzeichnen 20 und mehr Einträge pro Tag. Sie werden auch von Schülern beachtet, die sich gegenwärtig in den USA aufhalten. Aktuelle Links zu den wichtigsten Webseiten sind auf der Website des Autors verzeichnet (**www.schueleraustausch.net**).

Indikatoren für die Wahl der Organisation

Aus der oben zitierten Studie sowie den Erfahrungen von Schülern, Eltern und Organisationen lassen sich zusammenfassend einige Indikatoren für zuverlässig arbeitende Organisationen ableiten:

- Die Organisation führt ein persönliches Auswahlgespräch mit den Jugendlichen durch und prüft sorgfältig, ob sie für das Programm geeignet sind.
- Mögliche Probleme werden im Beratungs- oder Vorstellungsgespräch offen angesprochen.
- Vertragspartner der Eltern ist die deutsche Organisation mit Gerichtsstand in Deutschland.
- Eine solide Vorbereitung der Schülerinnen und Schüler sowie ein Vorbereitungstreffen für die Eltern sind Teil des Programms.
- Die amerikanischen Partnerorganisationen sind in der aktuellen CSIET-Liste verzeichnet.
- Die Organisation und ihre amerikanischen Partner haben ausreichend Erfahrung (je mehr Jahre, desto besser) in der Durchführung von High School-Programmen.
- Die Adresse der Gastfamilie liegt spätestens zwei Wochen vor Abreise vor. Reisen Schüler nach Schulbeginn in die USA, gibt es die Möglichkeit, vom Vertrag zurückzutreten oder einen Teil der Kosten erstattet zu bekommen.
- Die Gastschüler können die amerikanische Partnerorganisation rund um die Uhr erreichen.

Wer mehr über die vertragsrechtlichen Regelungen der Gastschulaufenthalte erfahren möchte, dem sei die Lektüre des ausgezeichnet recherchierten Ratgebers "Ein Schuljahr in den USA" (Gundlach/Schill) und/oder der Broschüre "Schuljahresaufenthalte in den USA" der Aktion Bildungsinformation empfohlen, ➪ Literaturhinweise auf Seite 304.

Ausblick

Falls die Zahl der Gastschüler in den USA nicht abnimmt, könnten die High School-Programme mit Familienaufenthalt in eine ernste Krise geraten. Schon jetzt leidet die Qualität der Gastfamilien unter dem verschärften Konkurrenzkampf der

Organisationen. Dahinter steckt jedoch auch ein gesellschaftliches Problem, und es wäre unfair, allein die Austauschorganisationen für die zunehmenden Schwierigkeiten verantwortlich zu machen: Das *Volunteering*, die ehrenamtliche Arbeit in Kirche, Gemeinde und Vereinen, hat bei den 30- bis 59-jährigen Amerikanern stark abgenommen. Die ehrenamtliche *Church Lady* mittleren Alters, das Rückgrat des Schüleraustausches, ist vom Aussterben bedroht.

Für die Zukunft sind verschiedene Szenarien denkbar. Die Autoren der Gastschüler-Studie empfehlen den Austauschorganisationen, weniger Schüler pro Jahr zu vermitteln. Nur so könnten der Zeitdruck verringert und die Familien sorgfältiger ausgewählt und vorbereitet werden. Es ist jedoch fraglich, ob sich die konkurrierenden Organisationen ohne Druck in der Lage sehen, diesen Weg einzuschlagen. Vielleicht entschließt sich das amerikanische Außenministerium eines Tages dazu, die Zahl der Einreisevisa für Gastschüler zu begrenzen. In Australien ist diese Praxis schon gang und gäbe. Dort werden nur so viele Schüler ins Land gelassen, wie australische Jugendliche in andere Länder ausschwärmen. Eine vergleichbar restriktive Regel wäre für den Schüleraustausch in die Vereinigten Staaten allerdings fatal. Denn die amerikanischen Teenager zieht es kaum in die Fremde.

Eine andere Entwicklung könnte dahin gehen, daß Reiseveranstalter mehr Internats- und College-Aufenthalte vermitteln oder kürzere Schulaufenthalte mit wechselnden Familien anbieten. Die klassischen High School-Programme werden sich in die kleinen *Communities* verlagern, in Städte mit 10 000 Einwohnern oder weniger, wo der soziale Zusammenhalt noch funktioniert. Unter dem *American Way of Life* stellen sich viele freilich etwas anderes vor.

Eltern und Schüler sollten sich heute ernsthaft die Frage stellen: Müssen es unbedingt die Vereinigten Staaten sein? Ein Schuljahr in Polen, China oder Brasilien könnte eine nicht minder wertvolle Erfahrung sein.

Teil 3
Gastland USA

1. Die Reise nach Amerika

1.1 Formalitäten

Eine Einreise in die USA für einen 90 Tage überschreitenden Zeitraum ist nur mit einem Visum möglich, ausgestellt durch die zuständige Auslandsvertretung der Vereinigten Staaten. In Deutschland sind das die Konsularabteilung der US-Botschaft in Berlin (Norddeutsche und Neue Bundesländer) und das Generalkonsulat in Frankfurt (alle weiteren Bundesländer).

Visum

Beim Visum handelt es sich um eine in den Paß gestempelte "Unbedenklichkeitsbescheinigung" für den Einwanderungsbeamten an der amerikanischen Grenze bzw. am Flughafen, ohne die er die Einreise für mehr als 90 Tage auf keinen Fall gestatten darf. Trotz Visum kann der *Immigration Officer* u.U. noch die Einreise verweigern, etwa bei Schmuggel oder Rauschgiftbesitz.

Pass

Der Pass muß mindestens 3 Monate über den Termin der Rückreise hinaus gültig sein. Für einen 10-monatigen *High School*-Aufenthalt bedeutet das: noch mindestens 13 Monate vom Zeitpunkt der Einreise in die USA.

Visumbeschaffung

Bei Teilnahme an einem offiziellen *High School*-Programm klärt die Trägerorganisation die formellen Voraussetzungen für das erforderliche Schülervisum wie in Teil 2 beschrieben. Auch auf die Vorgehensweise bei einer privaten Vermittlung wurde bereits eingegangen. Um die Visumeinholung muß sich der Gastschüler in allen Fällen selbst kümmern. Dazu schickt er folgendes an das zuständige Konsulat (kein Einschreiben!):

- Reisepaß
- das ausgefüllte Visum-Antragsformular (sollte zusammen mit anderen Unterlagen von der Vermittlungsorganisation gestellt worden sein, wird auf Anfrage aber auch von den Konsulaten zugesandt)
- ausgefülltes Formblatt IAP-66 oder I-20A-B (➪ Seiten 220ff) über den in die Wege geleiteten Schulbesuch
- Paßfoto
- frankierten Rückumschlag

Die Bearbeitung dauert mehrere Wochen. Man kann auch persönlich bei den Konsulaten vorsprechen.

Alle sonstigen Formalitäten wie die Einreichung ärztlicher Atteste, Versicherungen etc. wurden im Teil 2 bereits ausführlich behandelt.

Besucher Sollten Eltern, Verwandte oder Freunde erwägen, anläßlich des *High School*-Aufenthaltes ihres Sprößlings etc. eine USA-Reise zu unternehmen, benötigen sie dafür kein Visum, soweit der beabsichtigte Aufenthalt 90 Tage nicht überschreitet und sie im Besitz eines Reisepasses sind, der in einem Land der EU ausgestellt wurde. Eltern mit Bei Plänen für längere Aufenthalte muß – wie beschrieben – ein Touristen-Visum (*Non-Immigration Visa*) beantragt werden. An die Stelle des IAP-66 Formulars tritt ein allgemeines Antragsformular und ein formloses Schreiben zur Erläuterung der Reisepläne.

Kosten Das Visum wird gegen eine **Gebühr** (75 DM-90 DM je nach Dollarkurs) von den US-Generalkonsulaten in **Berlin** (Clayalle 170, 14195 Berlin: Neue Bundesländer und Norddeutschland) und **Frankfurt** (Siesmayerstr. 21, 60323 Frankfurt: alle anderen Bundesländer) erteilt.

Formulare gibt's in Reisebüros, als **Faxabruf** unter der Nummer ✆ **0190/92110111** (3,63 DM/min) oder im

Internet zum *Download* und Ausdruck:

www.usembassy de

Auskunft Telefonauskunft, d. h., Ansagen für alle denkbaren Reisezwecke unter ✆ **0190/270789** (1,21 DM/min). Fragen, die von der Ansage nicht beantwortet werden, kann man persönlich loswerden unter ✆ **0190/882211** (3,63 DM/min).

1.2 REISEVORBEREITUNG

Besitzt man das Flugticket bzw. kennt den Abflugtermin der vom Programmträger organisierten Gruppenreise, genügt es im Grunde, rechtzeitig die Koffer zu packen und die notwendigen Unterlagen einschließlich der vorsorglich beschafften Dollars einzustecken. Sich Gedanken zu den im folgenden angesprochenen Punkten zu machen, kann jedoch nicht schaden:

Gepäck Erfreulicherweise sind im Transatlantikverkehr mit Liniengesellschaften die Gepäckregelungen erheblich großzügiger als auf anderen Flugstrecken. Neben dem kleinen *Bordcase,* der mit in die Kabine darf, können zwei Gepäckstücke pro Person mit je bis zu 32 kg, also bis zu 64 kg, mitgenommen werden. Weitere Gepäckstücke, auch wenn sie insgesamt weniger wiegen, kosten extra! Ausnahme: **Musikinstrumente** bis zu 1 m Länge dürfen neben dem Handgepäck in der Kabine verstaut werden. Da sich im Laufe der Zeit in Amerika doch einiges ansammelt, was man mit nach Deutschland nehmen möchte, ist es ratsam, auf dem Hinflug das Limit deutlich zu unterschreiten.

Kleidung

Die Frage, welche Kleidung man in den USA braucht, läßt sich nicht mit generellen Hinweisen beantworten, da die klimatischen Unterschiede in Abhängigkeit von der geographischen Lage der neuen "Heimat auf Zeit" erheblich sein können. Die Mehrzahl der Organisationen sind bei der Lösung dieses Problems mit "Checklisten" behilflich. Vorsicht bei ausgefallenen Kleidungsstücken: Die Amerikaner sind konservativer als wir und gegenüber allem, was aus dem dortigen Rahmen fällt, oft nicht sehr tolerant. Falls man das eine oder andere – sich erst drüben als nützlich herausstellende und vor Ort nicht aufzutreibende – Stück nicht eingepackt hat, ist das nicht tragisch. Die Kosten für Postpakete per Seeweg (4-6 Wochen Laufzeit) liegen auf einem noch tragbaren Niveau. Luftpostpakete sind dagegen fast unbezahlbar.

Kleidungskauf in den USA

Keinen großen Sinn macht es, sich vor der großen Reise noch Kleidungstücke in der Heimat zu kaufen. Speziell während unregelmäßiger, immer irgendwo stattfindender Ausverkaufsaktionen gibt es Kleidung preiswert in *Department Stores* und Filialen von "Klamotten-Ketten". Zu normalen Preisen ohne Sonderangebote ist vieles teurer als bei uns, solange der Kurs des Euro 1 Dollar nicht wieder deutlich überschreitet. Produkte mancher Markenhersteller (Kleidung, *Sportswear* etc.) findet man zu besonders niedrigen Preisen in den ***Outlet Malls***, Shopping Zentren voller ***Factory Stores***, die angeblich direkt ab Fabrik verkaufen. Es gibt sie in oder in der Nähe fast jeder mittelgroßen Stadt; ein Jeansladen *(Levis* oder *Lee)* ist nahezu immer dabei, wo die Durchschnittspreise pro Hose zwischen $25 und $40 liegen. Auch hinsichtlich einer gewissen Anpassung an die neue Umwelt ist es keine schlechte Idee, die Kleidung erst in den USA um ohnehin notwendige Stücke zu ergänzen.

Filme Wer die Absicht hat, in Amerika zu fotografieren, findet alle gängigen Filmsorten (Negativ-Filme) auch drüben, durchweg jedoch nur die Marken *Kodak* und *Fuji*. Die hierzulande bekannte Markenvielfalt mit guten Billigfilmen gibt es in den USA nicht. Die Kosten für Abzüge vom Negativ unterscheiden sich nicht wesentlich von bei uns üblichen Preisen. Gelegentlich gibt es sogar eine Gratis-Filmrolle als Zugabe. Bei Dia-Filmen ist die Sache anders: die Auswahl ist meist begrenzt, die Entwicklung nie im Preis enthalten; sie muß gesondert bezahlt werden. Selbst wenn der Dollarkurs wieder substanziell fallen sollte, bleiben Umkehrfilme daher bei uns günstiger, sofern man nicht auf besonders teuren Marken besteht.

Kamera Ist geplant, für die Amerika-Reise eine neue Kamera zu kaufen, bieten die USA zur Zeit keine Vorteile mehr. Die früher noch in Einkaufszentren größerer Städte oder in den Shopping Zonen der Cities preiswerter als bei uns erhältlichen Kameras sind – bei Dollarkursen über 2,00 DM bzw. 0,98 Euro – teurer. Auf dem "flachen Lande" und in Kleinstädten war es zudem um Auswahl und Fachberatung noch nie sonderlich gut bestellt; spezialisierte Fotoläden gibt es nur in Großstädten.

Dollars Die Frage der finanziellen "Versorgung" während des Aufenthaltes wurde in Teil 2 bereits erörtert. Für die Anreise ist es ratsam, ein bißchen Dollarwährung in bar mitzuführen (mindestens $200). Davon möglichst $20 in $1-Noten (Slang: *Buck*), die man bei jeder Gelegenheit braucht. Den Rest in $5-, $10- und $20-Scheinen. Mit der Annahme von größeren als $50-Noten gibt es nicht selten Probleme. Aufpassen muß man beim Wechseln: alle Scheine sind von identischer Größe **und** Farbe: Vorderseite grau, Rückseite grün, daher auch der Slangbegriff ***Greenback*** für den Dollar.

Münzen Zwar gibt es auch $1-Münzen, aber sie sind kaum im Umlauf. Die – wegen vielen damit zu fütternder Automaten aller Art – wichtigste Münze ist der ***Quarter*** (25 Cents). Daneben gibt es noch den ***Dime*** (10 Cents) und den ***Nickel*** (5 Cents) sowie die kupferne ***1-Cent-Coin***.

Geldwechsel Deutsches Geld kann zwar an internationalen Flughäfen und in bestimmten Banken großer Cities gewechselt werden, aber nur zu extrem ungünstigen Kursen. In Klein- und Mittelstädten ist ein Wechseln ausländischer

Währung außer der kanadischen praktisch unmöglich. Ein 100-Mark/Euro-Schein taugt deshalb in den USA nicht einmal als Notgroschen.

Reise-schecks

Wie gesagt, empfiehlt sich über den Barbestand hinaus als Reserve (und ggf. als Taschengeldfond) die Mitnahme von auf Dollar lautenden ***Traveler Cheques***. Die werden (bei Vorlage des Passes) auch noch in der winzigsten Bankfiliale eingelöst und in den meisten Läden wie Bargeld akzeptiert.

Mit-bringsel

Man sollte nicht vergessen, dem immer starken Interesse der amerikanischen Gastgeber an Person und "Hintergrund" ihres neuen Familienmitgliedes entgegenzukommen. Am besten geeignet ist eine eigens für diesen Zweck zusammengestellte, vielleicht sogar in einem Album englisch beschriftete Fotoauswahl zu seinem/ihrem Leben in Deutschland. Also mit Bildern von der ganzen Familie, der Schule, der Klasse, des Hauses, der örtlichen Kirche (!), von eigenen und gemeinsamen Aktivitäten in der Familie, mit Freunden, im Sportverein und dergleichen. Sehr schön ergänzen lassen sich private Fotos durch Bildbände über Sehenswürdigkeiten der Umgebung und von Deutschland allgemein (Burgen!).

Kleine Mitbringsel für die amerikanische Familie insgesamt oder auch für einzelne Mitglieder können nie schaden. Sollte es bebilderte Veröffentlichungen über die eigene Heimat in englischer Sprache geben, wären die auf jeden Fall sehr erwägenswert. Immer richtig liegt der Gast mit Artikeln, die in Amerika als "typisch" deutsch angesehen werden, vor allem die berühmte (und leider recht teure) Kuckucksuhr. Schöne Mitbringsel sind auch geschnitzte Nußknacker, Bierseidel/Maßkrüge aus Steingut (amerikanisch: *Steins*), Wappenteller, Porzellanfigürchen und überhaupt alles, was unter dem Begriff *Souvenir* zusammengefaßt werden kann.

Kitsch gibt's nicht

Am besten ist es natürlich, wenn zwischen Gastgeschenk und Heimatort des Gastes ein Zusammenhang besteht. Ein bißchen "kitschig" darf es ruhig sein. Amerikaner neigen viel weniger als wir bei solchen Dingen zu kritischer Haltung. Man braucht sich deshalb auch keine besonderen Gedanken darüber zu machen, ob mit dem Mitbringsel der "Geschmack" der Bedachten getroffen wird. Auf die gute Absicht kommt es an.

Kulinarische Spezialitäten

Obwohl auch bestimmte kulinarische Spezialitäten aus deutschen Landen wie z.B. Wurst und Schinken gute Mitbringsel wären, kommen sie nicht in Frage. "Rohe" Lebensmittel dürfen in die USA nicht eingeführt werden. Im Zweifel sollte man bei einem der Konsulate nachfragen. Problematisch sind auch Alkoholika, da sich die Freigrenzen für die Einfuhr auf Personen ab 21 Jahren beziehen. Auch alkoholhaltige Genußmittel sind daher nur als Gastgeschenk für spätere, ältere Besucher geeignet, sofern die Einstellung der Gastgeber-Familie zum Alkohol nicht ablehnend ist (➪ Seite 165).

Süßigkeiten

Auf keine Schwierigkeiten stößt dagegen die Einfuhr der meisten Süßigkeiten. "Geschwistern" im Kindesalter wird man mit Gummibärchen, ähnlichen Tütenprodukten, Schokolade und dem in Amerika weitgehend unbekannten Marzipan mit Sicherheit Freude machen. Auch wenn diese Dinge vielleicht nicht die gesündesten Mitbringsel sind.

1.3 Glückliche Ankunft

Zeitverschiebung

Auf dem Flug nach Westen "gewinnt" man je nach Ziel und Jahreszeit zwischen fünf und neun Stunden mit der Folge, daß scheinbar nur 2-3 Stunden zwischen Start und Ankunft auf amerikanischem Boden liegen. Man sollte versuchen, aufkommende Müdigkeit zu überwinden und sich möglichst erst zur (Orts-) Nachtzeit aufs Ohr legen. Die Zeitumstellung schafft man so im ersten Anlauf.

Passkontrolle

Davor stehen auf jeden Fall die Paß- und Zollkontrolle. Beide Instanzen lassen bereits im Flugzeug Formulare verteilen, die sorgfältig in Druckschrift und Großbuchstaben ausgefüllt werden müssen. Der *Immigration Officer* legt den unteren Abschnitt des ausgefüllten Formulars, den ***Departure Record*** – versehen mit den Daten des Aufenthalts – in den Paß. Er verbleibt dort bis zur Ausreise. Sollte im Rahmen einer Reise die Grenze nach Canada oder Mexico überschritten werden, muß man auf die Rückkehrabsicht in die USA hinweisen, um eine Entnahme dieses Papiers zu verhindern.

Zoll Beim Zollformular ist die wahrheitsgemäße Beantwortung der Frage "Ich habe Früchte, Gemüse, Fleischwaren u.a.m. dabei und/oder war kürzlich auf einem Bauernhof, *Yes or No*? zu beachten. *Yes* führt zu Rückfragen.

Wer bei der Ankunft noch wursthaltige Marschverpflegung und einen Apfel im Gepäck hat, muß alles spätestens jetzt auffuttern oder wegwerfen.

Connecting Airlines Geht die Reise nach Ankunft auf einem der internationalen *Airports* gleich mit einem inneramerikanischen Flug weiter, muß auf vielen Großflughäfen das Gebäude gewechselt werden. Zwischen den oft weit auseinanderliegenden *Terminals* der verschiedenen Gesellschaften oder dem *International* und *Domestic Terminal* verkehren (durchweg kostenlose) *Airline Connection*-Busse oder Schnellbahnen.

2. Wie sieht`s drüben aus?

2.1 Der amerikanische Haushalt

Amerikaner *Mark Twain* hat einmal gesagt, das einzige wirklich gemeinsame Merkmal der Amerikaner, welches er entdecken könne, sei ihre Vorliebe für Eiswasser. Bei einer Bevölkerung von rund 280 Millionen Menschen mit unterschiedlichsten kulturellen Voraussetzungen und vielfältiger ethnischer Herkunft erscheint diese Äußerung – obschon etwas überspitzt – gar nicht abwegig.

In Anbetracht der Tatsache, daß Gastschüler in der Regel von weißen Familien mit mittleren bis höheren Einkommen aufgenommen werden, soll dieser Abschnitt kurz (und verallgemeinernd) erläutern, wie es in Haushalten des Mittelstandes aussieht bzw. aussehen könnte.

Haus/ Wohnung In vielen Häusern fällt die plüschige und verschnörkelte Inneneinrichtung auf. Die Fußböden sind oft mit hohen, flauschigen Teppichen ausgelegt. Das Empfinden für eine geschmackvolle Zusammenstellungen von Art/Farbe des Mobiliars und sonstiger Gegenstände ist ganz anders als bei uns. Einkommen und Bildungsstand spielen eher für die Größe von Haus, Grundstück und den Wert der Einrichtung eine Rolle.

Konstruktion der Häuser

In den wärmeren Regionen besitzen die meisten Häuser eine Klimaanlage. Sofern es sich nicht um (laute) separate Kästen in jedem Zimmer handelt, verlaufen deren Rohre unsichtbar unter den Fußböden mit unauffälligen Austrittsöffnungen im Boden oder an der Wand. Im Winter wird dadurch Warmluft in die Räume geblasen. Gut isolierte Steinhäuser haben Seltenheitswert. Die weitaus überwiegende Zahl der ein- bis zweigeschossigen Privathäuser besteht vom Fundament bis zu den Dachziegeln aus Holz. Auf den ersten Blick fällt das oft gar nicht auf, weil die Außenwände (Balkengerippe mit Sperrholzverschalung) mit einem putzähnlichen Kunststoff überzogen werden. Holzfassaden bestehen meist aus überlappend angebrachten Planken (*Clapboards)* wie bei uns aus dem Bootsbau bekannt. Auch die Holzschindeln der Dächer entpuppen sich oft erst bei sehr genauem Hinsehen als das, was sie sind.

Betten

Das heimische Federbett – obwohl es auch das ausnahmsweise (unter der Bezeichnung *Eiderdaunen*) gibt – wird man selbst in winterkalten Regionen vergeblich suchen. Standard ist in amerikanischen Schlafzimmern die nicht bezogene Wolldecke, die mit einem zweiten Bettlaken festgezurrt wird. Der Schläfer wühlt sich zwischen die Laken, wie man es auch in amerikanischen Filmen sieht. In kalten Nächten, sofern die Heizung nicht ausreicht, holt man sich eben eine zweite Wolldecke. Wer seine Decke beziehen möchte oder sogar ein Federbett mitbringt, darf Bettbezüge nicht vergessen. Die gibt`s in den USA (so gut wie) nicht.

Installationen und Geräte

Bei Installationen und Haushaltsgeräten ist die oft unbefriedigende Funktionalität und/oder Qualität etwas überraschend. Zwar produzieren die USA in der Elektronik und im Weltraum-/Rüstungsbereich Spitzentechnologie, aber vor den Gebrauchs- und Ausstattungsartikeln des täglichen Bedarfs hat der Fortschritt halt gemacht. Von Türklinken über Lichtschalter und Wasserhähne bis zu Waschmaschinen und Büchsenöffnern erscheint vieles altmodisch, wenig ökologisch und unpraktisch. **Nichts könnte indessen verkehrter sein, als dies explizit zu äußern**. Die meisten Amerikaner halten ihr Land mit kleinen Einschränkungen für das führende der Welt – und zwar in jeder Beziehung. Kritische Äußerungen zum technischen Standard amerikanischer Produkte werden daher sehr leicht persönlich genommen, erst recht in Verbindung mit dem in solchen Fällen naheliegenden Hinweis auf (besseres) deutsches/ausländisches Design und höhere Qualität.

Kühlschrank In keinem Haushalt fehlt der voluminöse, europäische Normen weit übertreffende Kühlschrank, der erhebliche Vorräte zur Befriedigung der unterschiedlichen Vorlieben und Eßgewohnheiten der Familienmitglieder faßt. Viele von ihnen zeichnen sich durch eine integrierte Eiswürfelmaschine aus, die auf Knopfdruck zu jeder Tages- und Nachtzeit lärmend beliebige Mengen Eis ausspuckt.

Autos Im Gegensatz zu früheren Jahren nur noch geringfügig überdimensioniert sind neuere amerikanische Automodelle. Mittelstandsfamilien besitzen selten weniger als zwei Autos, häufig mehr. Fast alle sind mit *Air Conditioning* ausgestattet. Automatikgetriebe überwiegt auch in den populären Minivans, in 4WD-Wagons, Jeeps und kleinen Pick-up Trucks. Unverkennbar ist in den Städten (kaum auf dem Land) der Trend zu kleineren, technisch hochwertigeren Wagen. Japanische, großenteils bereits in den USA gebaute Autos sind recht beliebt, deutsche Fabrikate dank des starken Dollar wieder sehr im Kommen, speziell der *New Beetle* von Volkswagen und die kleinen Sport- wie 4WD-Modelle von Mercedes und BMW. Letztere und auch Audi halten – neben traditionellen Nobelkarossen wie *Ford Lincoln, Cadillac* und *Toyata Lexus* – in der automobilen Oberklasse sogar einen recht hohen Marktanteil.

2.2 Transportmittel

Als Transportmittel ist das Auto in den USA noch unentbehrlicher als bei uns. Viele Teenager aus *Middle-Class-Families* besitzen bereits mit 16 Jahren Führerschein und eigenes Fahrzeug. Die *High Schools*, wo deshalb schon Zehntklässler per Auto vorfahren, verfügen daher über große *Parking Lots*.

Schulbus Grundsätzlich sorgen zwar auch die typischen gelben Schulbusse im Einzugsbereich der *High Schools* für den Transport der Schüler, aber richtig angenommen werden sie im wesentlichen von den Jüngeren. Und das auch nur, soweit nicht *Mom* oder *Dad* das Familienauto anspannen oder sich elterliche Fahrgemeinschaften bilden. Bei den immer noch relativ niedrigen Benzinpreisen (Anfang 2001: 0,75-1,00 DM/l) und der mit dem Auto verbundenen Flexibilität, ist es kein Wunder, wenn ab Teenageralter die Liebe zum Schulbus stark abnimmt.

Alles per Auto Auch sehr kurze Distanzen werden in Amerika vorzugsweise (stärker ausgeprägt als bei uns) mit dem Auto bewältigt. Für den Weg zum 200 m entfernten Postamt steigt im Grunde jeder in seinen Wagen. Bequemlichkeit und eine radfahrerfeindliche Infrastruktur mögen zwei Ursachen sein, aber es liegt auch an der Gewöhnung. Viele Geschäfte und Dienstleister haben sich voll darauf eingestellt und *Drive-Thru*-Schalter eingerichtet, vornehmlich Banken und *Fast Food* Restaurants, aber auch Wäschereien, Fotoshops und Postämter. Briefkästen sind oft in "Armreichweite" am Fahrbahnrand positioniert.

Fahrrad Eine Fahrradbenutzung für kurze Strecken – zum Beispiel für den Schulweg – oder als Ausflugsvehikel ist in den USA etwas ganz Ungewöhnliches. Autofahrer und die Anlage der Straßen sind in keiner Weise auf Radfahrer eingestellt. Radfahrwege haben Seltenheitswert. Fahrradfahren ist deshalb mit mehr Risiken als bei uns verbunden. Ein Fahrrad zur Benutzung durch den Gastschüler wird im Haushalt der Gasteltern aber ohnehin kaum aufzutreiben sein. Es verwundert daher kaum, daß viele Amerikaner gar nicht radfahren können. Wer sich in Amerika auf den Sattel schwingt, radelt überwiegend aus rein sportlichen Motiven und besitzt ein *Mountainbike.* oder eine "Rennmaschine".

Öffentliche Verkehrsmittel Öffentliche Verkehrsmittel (Straßenbahn und Bus) kommen als Transportmittel zur Schule wie auch privat nur selten in Betracht. Mit der Ausnahme größerer Städte existieren sie im Nahverkehr so gut wie gar nicht oder verkehren in großen Abständen. Für den Überlandverkehr dagegen ist das Streckennetz in den meisten Regionen relativ gut ausgebaut.

2.3 Einkaufen

Shopping Malls

In Amerika kauft man im wesentlichen im *Shopping Center* bzw. in der (überdachten) *Shopping Mall* ein. Deren Bedeutung ist in den USA ungleich größer als bei uns. Einkaufszentren findet man noch in kleinen Ortschaften von 2.000 Einwohnern und darunter. In allen größeren Städten ballen sich kleine und große Ladenkomplexe an jeder Ausfallstraße. Im *Shopping Center* gibt es neben diversen Fachgeschäften mindestens einen Supermarkt (*Food Mart*), einen *Drug Store* und häufig ein Warenhaus (*Department Store*).

Drugstore

Der *Drugstore* ist in Amerika ein wichtiger Ladentyp. Im Kern entspricht sein Sortiment dem unserer Drogerien, umfaßt aber meistens auch jegliche Art von Papierwaren/Schulartikel und Süßigkeiten. Da in Amerika Apotheken (***Pharmacies***) viel seltener sind als bei uns, verfügen viele *Drugstores* (und auch *Food Marts*) über eine Medikamentenabteilung. Medikamente werden erstaunlicherweise im neutralen Tütchen ohne Beipackzettel ausgegeben. Rezeptfreie Medikamente erhält man in *Drugstore* und Supermarkt per Selbstbedienung.

Supermärkte

Entgegen weit verbreitetem Vorurteil ernähren sich die Amerikaner durchaus nicht nur von Hamburgern, Steaks und pappigem Brot. Das Obst- und Gemüseangebot in den meisten Supermärkten ist überwältigend. Die Vielfalt an gesunder Kost (*Health Food*) übertrifft in manchem Lebensmittelmarkt das Sortiment eines mittelgroßen deutschen Reformhauses. Einen besonderen Hinweis verdienen die Frühstücks-Cereals von den *Corn Flakes* bis zu den "Schweizer Müsli" ähnlichen Mischungen, die ausgesprochen schmackhaft sind. Für alle der Gesundheit dienlichen Produkte wird man aber auch in Amerika ziemlich kräftig zur Kasse gebeten.

Schulmaterial, Bücher

Hefte, Schreibmaterial usw. gibt es im Supermarkt, *Department-* und *Drugstore* zu ähnlichen Preisen wie bei uns. Auch der schuleigene Buchladen (*Bookstore*), der in erster Linie für Beschaffung und Verkauf der Schulbücher zuständig ist, die wichtigsten Artikel.

Preisniveau

Bei einem Dollarkurs über 1,80 DM/unter 1,10 Euro sind die USA aus unserer Sicht insgesamt ein ziemlich teures Land, auch wenn einzelne Produkte (siehe oben)

Preise und Dienstleistungen durchaus billiger als bei uns sein können. Die **Preisauszeichnung** in den Läden bezieht sich im übrigen immer auf den Nettowert. Erst an der Kasse addiert man die von Staat zu Staat differierenden Umsatzsteuern, die den Endpreis noch um 6%-9% erhöhen können (Lebensmittel sind oft von der Umsatzsteuer befreit).

Unterschiedliche Preise für identische Artikel sind auch bei uns an der Tagesordnung, in den USA können solche Differenzen aber noch erheblich ausgeprägter sein. Vor Anschaffungen ist daher ein Preisvergleich wichtiger als hierzulande, möchte man nicht zuviel bezahlen.

Alkohol Die Alkoholgesetzgebung in den USA ist Sache der Bundesstaaten. Sie ist im Vergleich zu europäischen Regelungen – bei kleinen Unterschieden im Detail – restriktiv. Gemeinsam ist allen Staaten, daß Alkoholkonsum (und -kauf) unter 21 Jahren streng untersagt ist (*strictly prohibited by law*). Ebenso Alkoholgenuß in der Öffentlichkeit. Mit einer Bierdose oder Weinflasche im Park oder am Strand dürfen daher auch über 21jährige Männer und Frauen nicht erwischt werden, ohne daß eine saftige Geldstrafe, wenn nicht Schlimmeres droht. Wo sich üblicherweise Jugendliche aufhalten oder kaufen, z.B. in Snack Bars wie den Filialen der *Fast Food* Ketten (*McDonald's, Burger King, Dairy Queen* etc.) gibt es konsequenterweise nicht einmal Bier.

Ladenschluß Im Gegensatz zu Deutschland existieren in den USA keine Ladenschlußzeiten. Jeder Ladenbesitzer hält seine Türen so lange offen, wie er es für richtig hält. In Innenstadtbereichen, wo bald nach Büroschluß meist nichts mehr los ist, schließen viele Shops am späten Nachmittag bzw. frühen Abend. Man kann aber davon ausgehen, daß Einkaufszentren an Werktagen einschließlich Samstag bis mindestens 21.00 Uhr geöffnet sind. Supermärkte bieten häufig einen 24-Stunden-Service.

Tag und Nacht geöffnet sind oft auch die zahlreichen *Mini Marts,* kleine Lebensmittelmärkte in Verbindung mit Tankstellen. Lediglich für Banken und Postämter gelten begrenzte Öffnungszeiten ähnlich denen in Deutschland.

2.4 Die Medien

Radio, Fernsehen

In den USA operieren Radio- und Fernsehstationen entweder als Privatunternehmen oder als Ableger kirchlicher Gruppierungen. Dementsprechend sind sie kommerziell ausgerichtet und unterbrechen die Sendungen ungeahnte Male und lange durch Werbespots oder versorgen ihre Hörer und Zuschauer mit religiösen Botschaften. **Radiostationen** sind überwiegend lokal ausgerichtet mit geringen Reichweiten.

Eine faszinierende Angelegenheit sind landesweit ausgestrahlte politische Sendungen, die von konservativen bis rechtsradikalen Organisationen gesponsert werden. In die mit Tagesereignissen verknüpften Tiraden gegen alles, was nach Sozialgesetzgebung, gar Verweichlichung und Einschränkung des freien Waffenbesitzes "riecht", können sich Hörer telefonisch einklinken und mitdiskutieren. Wer sprachlich fit genug ist, um den Ausfällen des Stars seiner Zunft, *Rush Limbaugh* (sprich: Limbo), folgen zu können, mag kaum glauben, daß so etwas straffrei möglich ist.

Programme

Die Anspruchslosigkeit der meisten amerikanischen Fernsehsendungen läßt das deutsche öffentlich-rechtliche Programm in einem ganz anderen Licht erscheinen und unterbietet auch das Niveau der Privatsender in Deutschland ohne Mühe.

Fernsehen

Wirklich sehenswerte Sendungen besitzen drüben noch eher Seltenheitswert als bei uns. Dabei gibt es in einigen Landesteilen selbst ohne Kabelanschluß oder Satellitenschüssel zahlreiche Wahlmöglichkeiten. Kabelfernsehen gegen Gebühren nutzt man in Amerika, um sich Spielfilme am laufenden Band ohne Unterbrechung durch Werbung ins Haus zu holen.

Nachrichten

Abgesehen davon, daß einige *News-Programs* locker und kurzweilig gemacht sind und damit interessanter erscheinen, ist der Informationsgehalt der Nachrichten insgesamt begrenzter als bei uns. Internationale Nachrichten, soweit sie nicht die Politik der USA zumindest indirekt betreffen oder Sensationswert besitzen, darf man von amerikanischen Radio- und Fernsehsendern nicht erwarten. Auch nicht vom – auch bei uns wohlbekannten – reinen Nachrichtensender CNN.

Kommentare dauern selten länger als eine halbe Minute, schon gar nicht, wenn sie Vorgänge in Übersee betreffen. Sie ergänzen die dürftige Berichterstattung nur unzureichend. Auch daran wird deutlich, daß Kansas oder Montana doch sehr weit weg von Europa liegen. Allemal sind die aktuellen Probleme des benachbarten Bundesstaates im Wortsinn näherliegender.

Presse

Die einseitige Ausrichtung der Medien auf Amerika ist in den regionalen Tageszeitungen und Zeitschriften noch augenfälliger. Selbst die einzige wirklich national verbreitete Zeitung ***USA Today*** unterstreicht diesen Eindruck. Die wenigen etwas weltoffeneren Zeitungen wie zum Beispiel die *New York Times* und die *Washington Post* erhält man außerhalb ihres angestammten Verbreitungsgebietes nur in *News Shops* der großen Städte. Abgesehen davon, daß man Zeitungen ganz normal in Supermärkten und anderen Läden kaufen kann, sind "Automaten" weit verbreitet: nach dem Einwurf der entsprechenden Münzen öffnet sich der Deckel zu einem Transparentbehälter – der ehrliche Käufer entnimmt nur eine Zeitung.

Zeitschriften

Zeitschriften besitzen im allgemeinen nur Unterhaltungs- und Werbewert. Die amerikanischen Originale der weltweit erscheinenden Nachrichtenmagazine *Newsweek* und *Time* unterscheiden sich von den europäischen Ausgaben durch unterschiedliche, d.h. eher amerikanische Schwerpunkte bei der Berichterstattung. Zeitschriften oder Wochenblätter, die es etwa mit dem "SPIEGEL" oder "Focus" aufnehmen könnten, existieren nicht. Anspruchsvoller sind dagegen eine Reihe von Wirtschaftsmagazinen.

Deutsche Zeitungen

Deutsche Presseprodukte wird man im allgemeinen vergeblich suchen. Es gibt sie hier und dort in *News Shops* supergroßer Cities für viel Geld. Selbst an *International Newsstands* der Flughäfen mit direkten Verbindungen nach Europa stößt man nur ausnahmsweise auf andere als britische und spanischsprachige Publikationen.

2.5 Eating out and Socializing

Fast Food

Viel üblicher als bei uns ist es, (mit der ganzen Familie) essen zu gehen. Und zwar nicht im Sinne von "Ausgehen" in ein besseres Restaurant – das gibt es natürlich auch – sondern ganz einfach anstelle der Essenszubereitung zu Hause. *McDonald's* ist das bekannteste Beispiel für das, was man in den USA vor diesem Hintergrund als *Family Restaurant* bezeichnet. Die *Fast Food Places* (Snack Bars und Cafeterias) jeder Art, ob sie nun *Hamburger, Hot Dogs,* Pizzas, Hähnchenteile, mexikanische Tacos oder sonstwas servieren, bilden für viele Familien mehrmals wöchentlich regelmäßige Anlaufpunkte. Sie sind (relativ) preiswert, und niemand beklagt sich, wenn die *Kids* eine *Big Mess* veranstalten. Alles ist aus Plastik und Nullkommanix wieder abgewischt.

Treff-punkte

Fast Food Restaurants existieren überall in großer Zahl, speziell an Ausfallstraßen zwischen Tankstellen und *Shopping Malls.* Sie sind wie alle Geschäfte und Dienstleistungsbetriebe außerhalb der Cities von großen Parkplätzen umgeben. Vorfahren, Hamburger und Cola ordern und erhalten geht ruck-zuck, zumal am *Drive-Thru-Counter* (siehe oben). Für Schüler sind ***Fast Food Places* beliebte Treffpunkte**.

Obwohl der Begriff des ***Family Restaurant*** – wie gesagt – auch für die *Fast Food Places* benutzt wird, bezieht er sich eigentlich eher auf ein Zwischending zwischen *Fast Food* und *Full Service Restaurant* (mit Alkohollizenz). Ein Familienrestaurant ist gekennzeichnet durch ein Preisniveau, das sich – bei Sonderangeboten für die Kids (*children eat free with adults*) – auch Familien mit Kindern leisten können, eine große Auswahl amerikanischer *Items,* eine gehobene Plastikeinrichtung und die weitgehende Abwesenheit von Alkoholika.

Denny`s

Das *Family Restaurant* an sich ist *Denny`s.* Die Filialen von *Denny`s* gibt es überall. Ihre Anzahl dürfte nur von *McDonald`s* übertroffen werden. Die meisten *Denny`s Restaurants* sind Tag und Nacht geöffnet und servieren alles vom Frühstück bis zum Nachtisch jederzeit. Bei *Denny`s* gibt es eine Theke für den eiligen Gast und die in den USA so beliebten Tischabteile (wie in alten Eisenbahn-Speisewagen).

Restaurant/ Cafeteria *"Let`s go to a restaurant"* ist eine stehende Redewendung für Gelegenheiten, wo man sich bei uns eher ins – in dieser Form in den USA kaum vorhandene – Café oder in eine Kneipe setzen würde. In diesem Zusammenhang bezeichnet *Restaurant* die simple *Cafeteria*, nicht das – teure und für Minderjährige ohnehin nur in Erwachsenenbegleitung zugängliche – Restaurant mit Alkohollizenz. Erstaunlich populär sind auch *Bars* für den süßen Snack wie *Donut Hut* oder *Dunkin` Donuts*, in denen ausschließlich Kaffee, Tee und alle nichtalkoholischen Getränke (*Beverages*) und vielfältige Varianten des "Berliners mit Loch" und Sandwiches serviert werden.

Zu Hause Das *Socializing* (Treffen mit Freunden) findet ansonsten entweder in der *High School*, die in dieser Beziehung einen viel höheren Stellenwert als die deutsche Schule besitzt, oder zu Hause statt. Man versammelt sich vorm Fernseher oder guckt gemeinsam Video. Kommt Hunger auf, und im Kühlschrank findet sich nichts Passendes, genügt ein Anruf beim *Delivery Service*; der bringt preiswert Pizzas, Hähnchenteile, Salate oder was auch immer in Rekordzeit ins Haus.

Kino Das Kino spielt trotz Fernsehen in den USA eine größere Rolle als bei uns. Filmtheater sind oft mit Einkaufszentren verbunden und kosten für Jugendliche erschwingliche Eintrittspreise. Vor allem in Schönwettergebieten findet man noch hier und dort Autokinos. In ländlichen Regionen bieten sie neben den wenigen Kneipen und

Autokino dem Schulsport die häufig einzige Zerstreungsmöglichkeit außerhalb der eigenen vier Wände. Im Autokino ist der Film auch nicht immer die Hauptsache. Man kann sich dort ungestört auf den/die Freund/in konzentrieren, mit dem anderen Geschlecht im Auto nebenan flirten und die – unauffällig in der Papiertüte verborgene – Dose Bier statt Cola trinken. Die große Zeit der *Drive-in Cinemas* ist allerdings lange vorbei.

Filmkategorien Filme in den USA unterliegen ähnlich wie bei uns einer abgestuften Zulassungsbeschränkung. Von Belang für Gastschüler sind nur die Restriktionen R und X. Für den Besuch von Filmen, die mit einem R gekennzeichnet sind, muß man mindestens 17 Jahre alt sein. *X-Rated Movies* sind erst für Erwachsene ab 21 Jahren erlaubt. Auf die Einhaltung der Vorgaben wird streng geachtet.

2.6 Wochenende und Ferien

Urlaub in den USA

Die meisten Gastschüler werden zumindest dann und wann die Gelegenheit haben, mit der amerikanischen Familie und/ oder Freunden an Wochenenden und in den Ferien etwas mehr von Amerika zu sehen als nur den "Heimatort". Die Urlaubstage sind im Gegensatz zu Deutschland recht begrenzt. Nur wenige Amerikaner im Berufsleben haben oder nehmen sich mehr als 2-3 Wochen Jahresurlaub.

The Great Outdoors

Und das, obwohl gerade die USA zahlreiche Möglichkeiten für Freizeitgestaltung und Ferienvergnügen bieten, von denen wir Europäer nur träumen können. Das bezieht sich sowohl auf kommerzielle Einrichtungen für den Familienspaß, die *Family Fun*, als auch auf die in ganz Nordamerika immer noch unermeßlichen Gebiete unzerstörter Natur, in denen die Amerikaner ihre *Great Outdoors* (Camping, Wandern, Kanufahren, Angeln u.v.a.m.) verbringen können: Ziemlich "zivilisiert" mit einer darauf abgestimmten Infrastruktur oder auch in totaler Einsamkeit weitab vom touristischen Getriebe, und dennoch in vielen Fällen gar nicht besonders weit entfernt von dicht besiedelten Regionen.

Herausragend attraktive Landschaften und Naturwunder wie etwa der *Grand Canyon* sind bekanntlich als Nationalparks ausgewiesen, die natürlich nicht nur für aus dem Ausland eingeflogene Touristen, sondern auch für die Amerikaner Ausflugs- und Ferienziele erster Ordnung darstellen.

National Parks, State Parks und -Forests

National-park-Idee Die Schaffung der Parks basiert auf dem Gedanken, außergewöhnliche Landschaften, Naturvorkommnisse und historische Stätten vor der Zerstörung durch die Zivilisation und vor einer kommerziellen Ausbeutung zu bewahren, gleichzeitig aber jedermann den Zugang zu *America`s Wonderlands* zu ermöglichen. Der erste und berühmteste, der *Yellowstone Park* in der Nordwestecke Wyomings, wurde bereits 1872 zum Nationalpark erklärt. Aber erst seit 1916 gibt es den *National Park Service*, der mit seinen *Rangern* die Nationalparkidee vorbildlich in die Praxis umgesetzt hat.

National-park-system Zum System gehören nicht nur die 48 Nationalparks, sondern auch eine Vielzahl von *National Monuments, Historic* und *Military Sites, Recreation Areas* sowie *National Lake- and Seashores*. Die Parks umfassen in der Regel größere Gebiete, in denen die Besucher sowohl beeindruckende Naturschönheit als auch unberührtes Hinterland finden. Im Mittelpunkt der Nationalmonumente und der national bedeutsamen historisch/militärischen Orte steht dagegen mehr deren geschichtliche und landschaftlich/geologische Besonderheit.

Erholungsgebiete *National Recreation Areas* sind vornehmlich für Aktiv- und Familienferien geeignete Landschaften, die wegen ihren natürlichen Attraktivität ohne die Kontrolle des Staates wahrscheinlich lange Opfer von Kommerz und privater Spekulation geworden wären. Ähnliches gilt im Prinzip für die Nationalküsten am Meer und an den Großen Seen. Bei ihnen gesellt sich zum Erholungsaspekt der Naturschutzgedanke für Flora und Fauna.

Eintritt/ Besucherzentren Fast alle Einrichtungen des Nationalparksystems kosten Eintritt. Und zwar einen Pauschalpreis zwischen \$3 und \$20 je Wagenladung. Radfahrer und Busreisende zahlen \$1-\$10/Person. Im Eintritt eingeschlossen ist überall ein Faltblatt mit einer genauen Karte des Parks und den wichtigsten Informationen. Immer unterrichten *Visitor Center* eindrucksvoll über Entstehung, Geschichte und andere wesentliche Einzelheiten. In den stärker frequentierten Parks, Monumenten usw. gehören Dia-und Film-Shows zum Standardprogramm der Besucherzentren. Oft werden Abendveranstaltungen (*Campfire Programs*) mit Lichtbildervorträgen und Filmen angeboten. Tagsüber kann man sich geführten Wanderungen mit Erläuterungen zu Natur und Geschichte anschließen.

National Forest Landschaftliche Schönheit und Unberührtheit sind nicht unbedingt abhängig von der Bezeichnung *National Park*. Namentlich manche Nationalforste (*National Forests*) stehen den Parks in dieser Beziehung oft kaum nach. Besonders im Westen bedecken sie riesige Flächen. Ihre Nutzung kostet keinen Eintritt. Sie sind Geheimtip für alle, die Einsamkeit und Natur pur suchen.

State Parks Neben den unter nationaler Verwaltung stehenden Parks unterhalten alle Bundesstaaten ihre *State Parks*. Bei diesen handelt es sich um Erholungsareale an den Küsten, an natürlichen Binnengewässern und an ebenso zahlreichen Stauseen, in Gebirgs- und Waldgebieten oder anderweitig landschaftlich reizvollen Zonen. Staatsparks sind – ebenso wie die national verwalteten Einrichtungen – meistens durch Campingplätze erschlossen. Auf ihnen verbringen noch mehr Amerikaner ihre Ferien und Wochenenden als in den Nationalparks. Was für die Nationalforste grundsätzlich gesagt wurde, gilt auch für Waldgebiete im Besitz der Staaten, die *State Forests*.

Lage der Parks Die Nationalparks in den USA konzentrieren sich auf die Staaten im Westen des Kontinents. National- und Staatsforste sowie *State Parks* gibt es dagegen in großer Zahl über die gesamten Vereinigten Staaten verstreut.

Kommerzparks und Zuschauerspaß

Das Kontrastprogramm zu Wochenende und Freizeit in der Natur bieten viele kommerzielle Anlagen im Umfeld der Großstädte und in touristisch frequentierten Regionen sowie lokale Ereignisse und Einrichtungen.

Eintrittspreise Im Gegensatz zu den *Outdoors* kosten die im folgenden beschriebenen Attraktionen Eintritt. Und zwar nicht zu knapp, soweit der Spaß privatwirtschaftlich organisiert ist. Einsame Spitze in der Preisgestaltung sind die Einrichtungen von Disneyworld (*Magic Kingdom, EPCOT, Disney/MGM-Studios/Animal Kingdom*) in Florida und Disneyland in Los Angeles mit über $40 für den Tagespaß pro Person ab 12 Jahren.

Amusementparks

Kaum eine amerikanische City verfügt nicht über mindestens einen *Amusementpark*. Dabei handelt es sich um fest installierte Jahrmärkte in oft parkähnlicher Anlage mit Karussells, Achterbahnen, Riesenrädern und weiteren mehr oder minder originellen Fahrgeschäften. Restaurants, Souvenirshops, Showbühnen und sonstige Besucherattraktionen ergänzen das Vergnügen und geben dem Ganzen ein eigenes, mit europäischen Einrichtungen nur begrenzt vergleichbares Gepräge. Dabei existieren zahlreiche Varianten, in denen die Jahrmarktszene mit Zirkusakrobatik, Zoo, Oktoberfest, Wildweststunts, historischen Eisenbahnfahrten und anderem mehr kombiniert wird. Am perfektesten gemacht sind die zahlreichen Amusementparks rund um Orlando/Florida.

Planschparks

In den Gutwettergebieten des Kontinents haben sich bereits in den 80er-Jahren die Anlagen für den großen Wasserspaß mit originellen Bezeichnungen wie *Splish Splash, Wet`n Wild, Raging Waters* o.ä. ausgebreitet. Wichtigster Bestandteil der "Planschparks" sind riesige Wasserrutschen mit langen Kurven und Spiralen in immer wieder neuen, sich gegenseitig überbietenden Konstruktionen. Ein nasser Tag in so einem Park macht viel Spaß. Leider muß man den mit Eintrittspreisen ab $12 bis weit über $20 ziemlich teuer bezahlen.

Aqua Marine Parks

Eine maritime Abart der Amusementparks sind die *Aqua Marine Parks,* die man vor allem in Küstenstädten, hier und dort aber auch im Binnenland findet. Als die besten gelten die *Sea World* Komplexe in San Diego, San Antonio/Texas und Orlando. Ihre Hauptattraktion sind kaum zu glaubende Dressurakte mit Delphinen, Killerwalen, Robben und Seelöwen. Da immer auch noch weitere Vorführungen von Wasserski bis Fallschirmspringen geboten werden, kann man in maritimen Parks spielend einen ganzen Tag mit Unterhaltung und Spaß ausfüllen und dabei viel Geld loswerden.

Nostalgiebahnen

Zahlreiche alte Eisenbahnlinien aus den Gründerjahren der USA haben sich über die Jahre gerettet bzw. wurden aus nostalgischen/touristischen Motiven wiederbelebt.

Old West Towns

Manche Strecke wurde auch in "authentisch" rekonstruierte *Old Western Towns* verlegt, wo außerdem täglich Pistolenduelle und Postkutschenfahrten stattfinden.

Dorfrodeo irgendwo in Arizona

Rodeo

Kaum ein Städtchen in den Prärie- und Weststaaten veranstaltet nicht wenigstens einmal im Jahr ein Rodeo. Rodeo besteht traditionell aus verschiedenen Wettbewerben, die auf typischen Cowboyfertigkeiten wie Zureiten, Rinder mit dem Lasso fangen usw. basieren. Man muß durchaus keines der großen Rodeos besuchen, die überregional Beachtung finden, um Spaß zu haben. Im Gegenteil, gerade Dorf- und Kleinstadtrodeos, wo man bisweilen nah am Gatter stehen kann, mit "echten" *Cowboys* und (oft jugendlichen) Akteuren im Sattel vermitteln viel mehr Atmosphäre.

Wissenschaft und Technik Museen

Unter dem Begriff des *Science Center* verbergen sich technische Museen, die Belehrung mit Unterhaltung und Spaß beim Mitmachen verbinden. In ihnen werden Naturwissenschaft und Technik durch erheiternde und interessante Experimente verständlich gemacht, an denen die Besucher teilnehmen oder welche sie selber auslösen. Museen zum Mitmachen gibt es unter verschiedenen Bezeichnungen in den meisten großen Städten. Sie sind in erster Linie für Kinder und Jugendliche gedacht. Vielfach sind sie Ziel von Schulausflügen, aber auch privat unbedingt einen Besuch wert.

"Lebende" Museen Die amerikanische Variante des deutschen Museumsdorfes ist das eher im Osten der USA zu findende *Living Museum*. In liebevoll restaurierten Dörfern oder Militär- und Handelsforts aus dem 19. Jahrhundert wird (zumeist nur in der Touristensaison) die Rolle der früheren Bewohner von Ortsansässigen und Studenten übernommen und in historischer Kleidung lebensecht nachgespielt. Oft beschränkt man sich nicht auf die Schauspielerei, sondern fertigt tatsächlich Fässer, Boote, Blechgeschirr, Lederbekleidung und manches mehr auf alte Art. Einige der "lebenden" Museumskomplexe (z.B. das *Old Sturbridge Village* in Massachusetts) werden ganz normal bewohnt und alternativ bewirtschaftet. Großer Beliebtheit erfreuen sich Militärspektakel in alten Uniformen, während der nicht nur kräftig getrommelt, sondern auch geprügelt und geschossen wird.

Planetarien, Laser Shows Zu neuen Ehren sind in vielen Cities die Planetarien gekommen. Zogen die üblichen Vorträge über Sternenhimmel und Astronomie nur ein kleines Publikum in die Kuppelsäle, so ist es heute manchmal schwer, überhaupt Tickets für eine der *Laser Shows* zu erhalten, die man dort veranstaltet. Es handelt sich dabei um farbenprächtige 3D-Projektionen in den freien Raum. Zu den Klängen von klassischer oder Rockmusik verändern sich in der Dunkelheit Farben und Formen der per Laserstrahl kreierten Figuren.

Den Besuch einer *Laser Show* sollte man sich, wenn irgend möglich, nicht entgehen lassen. Sie ist nicht vergleichbar mit dem, was hierzulande in Discos oder bei Stadtfesten unter identischer Bezeichnung geboten wird.

IMAX, OMNIMAX und Circle Vision Oft in Verbindung mit Planetarien, aber mehr und mehr auch als reines *Business* in touristisch frequentierten Gebieten findet man sogenannte *Imax*- oder *Omnimax* Filmtheater, die über eine Halbrundleinwand und eine ganze Batterie von Lautsprechern dem Auditorium das Gefühl geben, sich inmitten des Geschehens zu befinden. Nicht Spielfilme, sondern z.B. aus Flugzeugen gefilmte Landschaften, Naturereignisse und damit verbundene *Action* werden gezeigt. Eine Weiterentwicklung des *Omnimax* Theaters ist die *Circle Vision,* wobei sich der Zuschauer tatsächlich in der Position der rundumfilmenden Kamera befindet.

3. Alles, was sonst noch wichtig ist

3.1 Post

Zip-Code

Die amerikanische Post, so lehrt die Erfahrung, arbeitet zuverlässig, wenngleich nicht immer besonders schnell, was Briefe von/aus Übersee betrifft. Man muß mit Laufzeiten zwischen fünf und zehn Tagen rechnen. Für den Postempfang von den Lieben daheim ist es wichtig, daß die ebenfalls fünfstellige amerikanische Postleitzahl nicht vergessen wird. Sie heißt in den USA *Zip Code* und wird mitsamt dem jeweiligen "Staatskürzel" hinter oder unter den Ortsnamen geschrieben, also z.B. wie folgt, wobei TN = Tenessee:

Rainer Meyer c/o Miller
17, Chattanooga Avenue
Nashville, TN 32074
USA

Schreibweise von Zahlen

Bei den **Ziffern Eins** und **Sieben** ist darauf zu achten, daß sie nicht entsprechend deutscher Gewohnheit geschrieben werden: die Eins mit Aufstrich wird leicht als Sieben mißinterpretiert, und auf eine schwungvolle deutsche Sieben mit Querstrich kann sich mancher Briefträger keinen Reim machen. Man schreibt die **Eins** als Strich und die **Sieben** eben wie gedruckt:

7

Briefkästen

Wer nicht in einem Stadtbezirk unterkommt, in dem die Post noch an der Haustür abgeliefert wird, findet eingehende Briefe usw. im offenen Hausbriefkasten unmittelbar an der Straße.

Auf dem Lande stehen diese Briefkästen meist in Gruppen an der nächsten Durchgangsstraße weitab von den Häusern und dienen sowohl für ankommende wie für ausgehende Sendungen. Damit die Familien schon vom Auto aus sehen können, ob sich Post im Kasten befindet, klappt der Postbote bei der Ablieferung eine Plastikfahne aus. Ebenso kennzeichnet das Fähnchen für den Postboten, ob Briefe mitzunehmen sind.

Briefmarken

Briefmarken kauft man in den USA nicht nur beim Postamt, sondern auch in Automaten, die in Supermärkten, Busbahnhöfen und sonstwo aufgestellt sein können. Die

Automaten sind jedoch "teurer", d.h., der Nennwert der Briefmarken ist niedriger als effektiv gezahlt wurde.

Aero-gramme Für nicht allzu lange Briefe nach Deutschland ist das in allen Postämter erhältliche sogenannte *Aerogramm* die ideale Versendungsform. Dieser Faltbrief kostet inklusive Porto dasselbe wie die Briefmarke für einen separat geschriebenen Luftpostbrief.

3.2 Telefonieren

System In Nordamerika untersteht das Telefonwesen schon seit langem nicht einer einzigen Monopolgesellschaft, sondern wird seit eh und je von privaten Gesellschaften getragen. Das in ganz Nordamerika und Mexico gültige Ziffernsystem entspricht dem Aufbau

***Area Code*+*Regional Code*+Rufnummer:** (619) 227-7368

Die in Klammern gesetzte Vorwahl, der *Area Code,* steht für einen bestimmten Staat (in Canada eine Provinz), gelegentlich auch für größere Bereiche innerhalb besonders dicht besiedelter Bundesstaaten (hier: Großraum San Diego). Die zweite dreistellige Vorwahl bezieht sich auf eine Stadt oder einen Landkreis, in Großstädten auf Stadtteile. Da den Zifferntasten 2-9 jeweils 3 Buchstaben zugeordnet sind (2=ABC, 3=DEF, etc., aber kein Q und Z), können Telefonnummern auch als einprägsame Buchstabenfolge geschrieben werden, also z.B. *CAR-RENT* anstelle von 227-7368. Diese Möglichkeit wird gerne für Werbezwecke genutzt.

Local Calls

Long Distance Ortsgespräche (*Local Calls*) gibt es nur bei identischer zweiter Vorwahl. Gespräche über den regionalen *Area Code* hinaus gelten bereits als *Long Distance Calls* und erfordern wie alle Ferngespräche, daß vor der eigentlichen Ziffernfolge eine **0** oder **1** gewählt wird.

Ausland Für Gespräche nach Deutschland ist **01** oder **011** vorzuwählen, danach der Landescode **49** für die Bundesrepublik und dann die deutsche Vorwahl ohne die Null.

Das Telefonieren von privaten Apparaten aus bereitet weder innerhalb der USA noch nach Übersee Probleme.

Pay Phones Nun wird man als Gastschüler nicht gut die Telefonrechnung der amerikanischen Familie strapazieren können und gelegentlich vielleicht einen Münzfernsprecher

(*Pay-Phone*) vorziehen. *Pay Phones* gibt es in den USA an jeder Ecke. *Local Calls* lassen sich von ihnen problemlos führen; sie kosten meistens einen *Quarter* (25 Cents). ***Long Distance Calls*** – regional, national oder international – sind von öffentlichen Telefonen aus per direkter Durchwahl nur für Inhaber von Telefon(kredit)karten (***Calling Cards***) möglich. **Ferngespräche mit Münzeinwurf** laufen immer über die Vermittlung, den *Operator:*

Vermittlung/ Operator

Nach der korrekten Durchwahl (vorweg eine **0**) schaltet sich der *Operator* ein, häufig nur eine Computerstimme, und nennt die Kosten für die ersten 3 min, die unabhängig von der Dauer eines Gesprächs immer fällig sind. Eine Rückzahlung gibt es nicht. Nach Ablauf der 3 min fordert der *Operator* Nachwurf.

Telefonkosten Pay Phones

Die Gesprächskosten mit Münzeinwurf von *Pay Phones* aus sind immer viel höher als von privaten Anschlüssen; die kurze, geldsparende Mitteilung wie bei uns gibt es wegen der 3-Minuten-Regel nicht. Da die größte Münze der *Quarter* ist, muß vor jedem *Long Distance*-Gespräch großzügig Kleingeld disponiert werden. Absurde Ausmaße erreicht dieses Erfordernis bei Auslandsgesprächen über den *International* oder *Overseas Operator,* Vorwahl **00**. Anrufe in Europa kosten dabei ab etwa $5 (20 Quarters) für die ersten 3 min.

Calling Cards

Praktischer sind die überall (Supermärkte, Tankstellen, Restaurants etc) verkauften ***Calling Cards*** diverser Telekommunikationsfirmen. Die Minutenpreise liegen im Schnitt bei ca. $0,10-$0,20 pro angefangener Minute Ferngespräch innerhalb der USA. Überseegespräche nach Europa kosten mit einer *Calling Card* ab $0,15/min.

Die ***Calling Cards*** funktionieren in Apparaten ohne Einsteckschlitz (das ist die große Mehrheit, sieht man ab von Canada, wo faktisch kaum noch *Pay Phones* ohne Kartenaufnahme mehr existieren) wie folgt: 800-Nummer für die gewünschte Sprache wählen, dann nach Anweisung die Codenummer der Karte eintasten, die anzurufende Nummer wählen und fertig.

Eine Ansage nennt die noch verfügbaren Restminuten. Außer den niedrigen Kosten ist ein Vorzug des Systems die Sicherheit: mehr als der jeweilige Restwert der Karte kann nicht verlorengehen.

3.3 Daten, Maße und Gewichte

Feiertage An Feiertagen bleiben Banken, Postämter und die öffentlichen Verwaltungen sowie Schulen und Universitäten geschlossen. Private Geschäfte brauchen ein Feiertagsgebot aber nicht zu beachten und locken ihre Kunden gerade dann mit Sonderangeboten zum großen *Family-Shopping*. Auffällig sind die auf einen Montag gelegten Feiertage. Viele Amerikaner haben nur 1-2 Wochen Jahresurlaub und nutzen die langen Wochenenden für Kurzferien und Familientreffen.

Feiertagsbezeichnung	Datum	Bemerkungen
New Years Day	1. Januar	Neujahrstag wie bei uns
Martin Luther King Day	3. Montag im Januar	Gedenktag an den ermordeten Prediger wider den Rassenhaß
President`s Day	22. Februar	Washington`s Geburtstag, heute Feiertag zu Ehren aller Präsidenten
Good Friday	Freitag vor Ostern	Karfreitag
Memorial Day	Letzter Montag im Mai	Tag zur Ehrung aller Gefallenen. Das Wochenende läutet den Sommer ein
Independence Day	4. Juli	Unabhängigkeitstag, wichtigster Feiertag der USA, Umzüge und Paraden, Feuerwerk
Labor Day	1. Montag im September	Tag der Arbeit, wie bei uns der 1. Mai. Ende der Feriensaison.
Columbus Day	12. Oktober	Gedenktag an die Entdeckung Amerikas
Veteran`s Day	11. November	Ehrentag für die Veteranen der US-Armee
Thanksgiving	4. Donnerstag im November	Erntedankfest
Christmas Day	25. Dezember	Nur **ein** Weihnachtstag

Datum Deutsche verwirrt bisweilen die amerikanische Schreibweise des Datums: An die erste Stelle kommt der Monat, danach der Tag. **Der 12. Juni 2001** schreibt sich zum Beispiel **06/12/2001** oder **06-12-01**

Uhrzeit Der Tag in Amerika ist nicht in 24, sondern in zweimal 12 Stunden aufgeteilt. Daher steht **am** (*ante meridiem,* vormittags) oder **pm** (*post meridiem,* nachmittags) hinter jeder Zeitangabe:

9 Uhr	9 am
21 Uhr	9 pm

Besonders zu beachten sind:

12.00 Uhr	12:00 pm oder ***noon***
12.20 Uhr	12:20 pm
24.00 Uhr	12:00 am oder ***midnight***
0.20 Uhr	12:20 am

Zeitzonen In den kontinentalen USA gelten vier Zeitzonen, die 6-9 Stunden hinter der MEZ zurückliegen; z.B. entspricht 15 Uhr nachmittags in Mitteleuropa 6am in Los Angeles:

- *Eastern Time* (MEZ minus 6 Stunden)
- *Central Time* (MEZ minus 7 Stunden)
- *Mountain Time* (MEZ minus 8 Stunden)
- *Pacific Time* (MEZ minus 9 Stunden)

In den meisten Staaten wird eine Sommerzeit (*Daylight Saving Time*) eingeführt. Da dies zu anderen Terminen als bei uns geschieht, kommt es während kurzer Perioden zu einem nur fünf- bis achtstündigen Zeitabstand.

Die Karte zeigt den ungefähren geographischen Verlauf der Zeitzonen:

Elektrizität Nordamerika verfügt über ein 125 Volt Wechselstromnetz mit einer Frequenz von 60 Hertz. Apparaten, die sich auf 110/125 Volt umschalten lassen, schadet der Frequenzwechsel von unseren 50 auf 60 Hertz nicht. Globetrottshops, aber heute auch Kaufhäuser und Elektroläden führen Adapter für die Stecker. **In den USA sind Adapter schwer zu finden**.

Maße und Gewichte Obwohl auf dem Papier die Einführung metrischer Maß- und Gewichtseinheiten seit Jahren gesetzlich beschlossen ist, findet man bis heute nur auf Wegweisern und in Broschüren der Nationalparks so exotische Angaben wie Kilometer, Liter, Kilogramm und in Celsius gemessene Temperaturen. Ansonsten gelten *Miles, Gallons, Pounds* und *Fahrenheit*:

1 inch		2,54 cm
1 foot	12 inches	0,30 cm
1 yard	3 feet	91,44 cm
1 mile	1760 yards	1,61 km
1 acre	4840 square yards	0,40 ha
1 square mile	640 acres	2,59 km^2
1 fluid ounce		29,57 ml
1 pint	16 fluid ounces	0,47 l
1 quart	2 pints	0,95 l
1 gallon	4 quarts	3,79 l
1 barrel (Öl)	42 gallons	158,97 l
1 ounce		28,35 g
1 pound (lb)	16 ounces	453,59 g
1 ton 2	000 pounds	907,19 kg

Temperaturen

Celsius	–15°	–10°	-5°	0°	5°	10°	15°	20°	25°	30°	35°	40°
Fahrenheit	5°	14	23°	32°	41°	50°	59°	68°	77°	86°	95°	104°

Fahrenheit/ Celsius Für die Umrechnung gelten die Formeln:

°F = 32° + 1,8 x °C bzw. **°C = (°F – 32°) : 1,8**

Näherung: °F = 30° + 2 x °C bzw. **°C = (°F – 30°) : 2**

3.4 Vokabular für die High School

Die folgenden Begriffe werden dem Gastschüler mit großer Wahrscheinlichkeit begegnen. Ihre Kenntnis ist nützlich. Die meisten sind rein amerikanisch und nicht alle in der hier angegebenen Bedeutung im Lexikon zu finden:

absentee	abwesender Schüler
absentee slip	Liste der Abwesenheiten
academic achievement	erbrachte Leistungen
advanced placement class	Kurs auf College-Niveau
advising	Beratung
attendance	(Schul-) Anwesenheit
assignment	Hausaufgaben
assembly	(Voll-) Versammlung
bulletin board	"Schwarzes Brett"
bull (-shit)	[slang] Quatsch, Unsinn
cafeteria	Eßbereich in der Schule
(to) call the roll	Anwesenheitsliste führen
casual (wear)	informell(e Kleidung)
(to) challenge	Anforderungen stellen
chaperoning	Schüler beaufsichtigen
cheat	schummeln
cheerleader	weibliche "Einpeitscher" bei sportlichen Ereignissen
citizenship	hier: allgemeines Verhalten in der Schule und außerhalb
class load	Klassenstärke
(to) control a class (= to handle the kids)	eine Klasse (pädagogisch) im Griff haben
(to) cover a subject	ein Sachgebiet durchnehmen
credits	(Belegungs-) Punktwerte für Kurse, keine Zeugnisnote
curfew	Spätester Zeitpunkt fürs Nachhausekommen
curriculum	persönliche Kurszusammenstellung (auch: Lehrplan)
(to) cut classes	schwänzen
(to) **date** someone	mit jemandem "gehen"
department	Fachbereich
detention	Nachsitzen(auch:Festnahme)
detention room/pit	Raum für eben diesen Zweck
(to) disrupt a class	den Unterricht stören
driver's ed(ucation)	Fahrausbildung
(to) drop out	vorzeitig die Schule verlassen
(a) drop out	Schulabgänger ohne Abschluß
drop out rate	%-Satz vorzeitiger Schulabgänger

enrollment	Einschreibung für die Kurse
to erase	radieren, auslöschen
faculty meeting	Lehrkörperbesprechung
faculty room	Lehrerzimmer
(to) fail someone	jemanden durchfallen lassen
(to) fail a test	einen Test nicht bestehen
failure	Versagen, Mißerfolg
fee	Gebühr/Eintrittsgeld
flag team	Flaggenclub, der das Schulfahne-schwingen für Paraden übt
(to) flunk a test	einen Test "in den Sand setzen"
fooling around	Dummheiten machen, blödeln, verschiedene Freundinnen haben
formal (wear)	formell (Kleidung=Anzug,Kleid)
freshman	Schüler/in in der 9.Klasse; Student im 1.College-/Universitätsjahr
fund raising	Sammlungen, Geld "beschaffen" für gemeinsame Unternehmungen oder wohltätige Zwecke
fuss	Wirbel, Getue
gifted program	Begabtenförderung
giggling	Gekicher
grade	Note
grade points	Zensurverbundene Punktzahl
grade point average (GPA)	Erreichter Punktedurchschnitt
graduation	Abschluß (Schule und Universität)
graduation ceremony	Abschluß-/Entlassungsfeier
guidance counselor	Curriculum-Berater/ akademischer Vertrauenslehrer
guidance office	Büro für Curriculum-Fragen
gym(nasium)	Turnhalle
Head of department (auch: department chairman)	Fachleiter
home room (oder: guide)	"Schulstunde" (meistens kürzer) zur Regelung organisatorischer Angelegenheiten
homecoming	einmal jährlicher Festakt, an dem auch Ehemalige teilnehmen: Sportveranstaltungen, Parade, Ball
honor roll	Liste herausragender Schüler
independent study	selbständiges Lernen
I.D. Card	(Schüler-) Ausweis
intercom	Ansagesystem über Lautsprecher
janitor	Hausmeister
jock	"großer" Sportler
john	[slang] Toilette

junior	Schüler in Klasse 11, Student im 3. College-/Universitätsjahr
junior varsity	"zweite" Mannschaft (im Sport)
kid	Jugendlicher, Schüler (schulintern)
"kraut"	unfreundliches Wort für Deutsche
Kinder (garten)	wie im Deutschen, auch: Vorschule
librarian	Bibliothekar/in
locker	Schließfach
lounge	Eßbereich
main office	Schulsekretariat
module	kurze Unterrichtseinheit
nerd	Streber, Langweiler
nurse	(Schul-) Krankenschwester
(going) nuts	"verrückt" (durchdrehen)
organized	ordentlich
get organized!	beruhige Dich! beruhigt Euch!
pad	Schreibunterlage
(to) pass	bestehen
pass mark	Zensur, mit der man besteht
(to) pass out something	etwas (in der Klasse) verteilen
pep rally (oder: assembly)	Ritual vor Sportveranstaltung zur Unterstützung des Teams
period	Unterrichtsstunde, auch Ausruf: Schluß jetzt! Basta!
(to) pick on someone	auf jemandem herumhacken
physical education	Sportunterricht
physicals	Sportuntersuchung
placement test	Einstufungsprüfung
plan book	Buch mit Unterrichtsplanung
potty pass	"Erlaubnispaß" für Gang zur Toilette während der Stunde
preppie	"Popper"
(vice) principal	stellvertretender) Schulleiter
prom/prom night	Abschlußball zur *graduation*
(to) push someone	jemanden drängen
(to be) pushy	fordernd, unangenehm (sein)
red neck	"Hinterwäldler", "Bauer" (abwertend für Südstaatler)
registration	Anmeldung und Kurswahl
representative	Kurssprecher
requirements	Voraussetzungen, Erfordernisse (hier: für die Zulassung zum Kurs, Studium oder fürs Diplom)

research paper	wörtlich: Forschungsarbeit, in der Schule: schriftliche Ausarbeitung zu einem Thema
restroom	Toilette (höfliche Umgangssprache)
roster	Schülerkartei
schedule	Stundenplan, Terminplan
school board	Schulaufsichtsbehörde
school regulations	Schulordnung
scholarship	Stipendium
senior	Schüler/in der 12. Klasse, Student/in im 4. College-/Unijahr.
(to) show up	erscheinen, "auftauchen"
(to) sign in/out	sich durch Unterschrift an- bzw. abmelden.
(to) skip classes	schwänzen
social life	gesellschaftliches Leben
sophomore	Schüler/in der 10. Klasse, Student/in im 2. College-/Unijahr.
sponsor	finanzieller Förderer
spring break	Frühjahrsferien
staff room	Lehrerzimmer
student council	Schülerrat
study hall	Stillbeschäftigungsstunde
substitute	Vertretungslehrer
superintendent	Vorsitzender des *school board*
suspension	Schulverbot
tardiness	Verspätung, Unpünktlichkeit
(to) be tardy	zu spät kommen
teacher's aid	(Schüler-) Hilfskraft der Lehrer
teacher's pet	Lehrerliebling
term paper	Ausarbeitung, die am Ende des Terms abzuliefern ist.
track (and field)	Leichtathletik
transfer (to be transferred)	Versetzung an eine andere Schule
trials	Vorausscheidungen für Sportmannschaften, schulintern wie auch in Wettkämpfen
troublemaker	Störenfried, Unruhestifter
tutoring	Nachhilfe, auch durch Lehrer der eigenen Schule (aber außerhalb der Unterrichtszeit)
tuxedo	Frackartiger Anzug mit "Bauchbinde"; bevorzugte *formal wear* bei feierlichen Anlässen wie den *prom nights*.

3.5 Informationsschriften und Bücher

Grundmann u.a.
REISE KNOW-HOW Reiseführer für die USA, ➪ Seite 308.

Aktion Bildungsinformation e. V.:
Schuljahresaufenthalte in den USA - Eine Orientierungshilfe
siehe Seite 242, jährlich neu; 29,00 DM inkl. Versand.
Erhältlich direkt bei

ABI e.V., Frau B. Engler, Alte Poststraße 5, 70173 Stuttgart
✆ (0711) 29 93 35, Fax (0711) 29 93 30

Christian Gundlach, Sylvia Schill
Ein Schuljahr in den USA
Austausch-Organisationen auf dem Prüfstand
Hamburg 2000, ISBN 3-930902-03-6; 29,80 DM, ➪ Seite 196

Heike Berg
What`s up?
Das Buch für Austauschschüler(innen) und Eltern
Erfahrungsbericht eines Mädchens, poetisch und spannend
Selbstverlag Aachen 1999, ISBN 3-9803785-1-9; 19,80 DM;
Bezug auch beim RKH-Verlag Dr. Grundmann GmbH, ➪ Seite 308

Nancy King, Ken Huff,
Host Family Survival Kit - A Guide for American Host Families
Yarmouth Intercultural Press, ISBN 1-877864-37-4;US$14, Bezug u.a. im Internet bei www.amazon.de.
Ein Buch auf Englisch, das sich eigentlich an die Gastgeberfamilie richtet und alle möglichen Probleme und ihre Lösung beschreibt. Sehr interessant auch für Gastschüler und ihre Eltern, um die Situation und Mentalität in der amerikanischen Familie zu verstehen.

LETS GO, The Budget Guide to the USA
jährlich neu für ca. $24 von den *Harvard Student Agencies*;
in vielen großen deutschen Buchhandlungen verfügbar
Das richtige amerikanische Buch für alle, die während der Ferien oder nach dem High School Besuch Nordamerika mit öffentlichen Verkehrsmitteln bereisen wollen.

How to survive in the USA
English for travelers and newcomers, Max Hueber Verlag
Ein praxisnahes Lernbuch für die amerikanische Sprache mit wichtigen Informationen für den Alltag.

American Slang und More American Slang, das andere Englisch
Kauderwelsch-Bände 29 und 67, Peter-Rump-Verlag, Bielefeld
Humorvoll verfaßte Sprachbücher im Postkartenformat mit viel aktueller Sprache für "Szene", Straße und Highschool

Know-How auf einen Blick

Qatar

Rajasthan
Rhodos
Rom
Rügen und Hiddensee

Sächsische Schweiz
Salzburger Land
San Francisco
Sansibar
Sardinien
Schottland
Schwarzwald – Norden
Schwarzwald – Süden
Simbabwe
Singapur
Sizilien
Skandinavien – Norden
Sporaden, Nördliche
Sri Lanka
St. Lucia, St. Vincent, Grenada
Südafrika
Südnorwegen, Lofoten
Sylt
Syrien

Taiwan
Tansania, Sansibar
Teneriffa
Thailand
Thailand – Tauch- und Strandführer
Thailands Süden
Thüringer Wald
Tokyo
Toscana
Trinidad und Tobago
Tschechien
Tunesien
Tunesiens Küste

Umbrien
USA/Canada
USA/Canada BikeBuch
USA, Gastschüler
USA, Nordosten
USA – der Westen
USA – der Süden
USA – Südwesten, Natur u. Wandern
USA – Südwesten, Kalifornien, Baja California
Usedom

Venezuela
Vereinigte Arab. Emirate
Vietnam

Welt im Sucher
Westafrika – Sahelländer
Westafrika – Küstenländer
Wien
Wo es keinen Arzt gibt

Praxis

All Inclusive
Daoismus erleben
Dschungelwandern
Essbare Früchte Asiens
Fernreisen auf eigene Faust
Fernreisen mit dem eigenen Fahrzeug
Fliegen ohne Angst
GPS Outdoor-Navigation
Hinduismus erleben
Höhlen erkunden
Islam erleben
Kanu-Handbuch
Küstensegeln
Orientierung m. Kompass u. GPS
Reisefotografie
Reisen u. Schreiben
Richtig Kartenlesen
Schutz vor Gewalt und Kriminalität
Sicherheit im und auf dem Meer
Sonne, Wind, Wetter
Survival-Handbuch, Naturkatastrophen
Tauchen in kalten Gewässern
Tauchen in warmen Gewässern
Trekking-Handbuch
Vulkane besteigen
Wildnis-Ausrüstung
Wildnis-Küche
Winterwandern

Edition RKH

Finca auf Mallorca
Geschichten aus dem anderen Mallorca
Goldene Insel
Mallorquinische Reise, Eine
Please wait to be seated!
Salzkarawane, Die

KulturSchock

Ägypten
China
Indien
Iran
Islam
Japan
Marokko
Mexiko
Pakistan
Russland
Thailand
Türkei
Vietnam

Wo man unsere Reiseliteratur bekommt:

Jede Buchhandlung in der BRD, der Schweiz, Österreichs und in den Benelux-Staaten kann unsere Bücher beziehen.
Wer trotzdem keine findet, kann alle Bücher über unseren Internet-Shop unter **www.reise-know-how.de** oder **www.reisebuch.de** bestellen.